JN040340

NFT
の教科書

Game / Art / Metaverse / Sports / Trading Card /
Fashion / Music / Blockchain / Law / Accounting

ビジネス・
ブロックチェーン・
法律・会計まで
デジタルデータが
資産になる未来

日本暗号資産ビジネス協会
NFT部会長
天羽健介

弁護士
増田雅史 編著

朝日新聞出版

NFTの現在地を知るために

　本書は、NFT（Non-Fungible Token＝ノン・ファンジブル・トークン）にまつわるビジネスや技術といった社会実態にはじまり、法律・会計・税務上の取り扱いなどの制度面に至るまでを幅広くカバーする、NFTに興味をもつすべての方を対象とした総合的なテキストブックです。

　NFTは、2009年1月に始動したビットコインに端を発し、仮想通貨・暗号資産の分野で世界的に利用されるようになった分散型台帳・ブロックチェーン技術を利用しています。ブロックチェーン上で取り引きされる暗号資産や「トークン」は、もとは数量によって把握される没個性的なものでしたが、2017年11月に提供が開始されたゲームサービス「CryptoKitties（クリプトキティズ）」が提供する個性的な「猫」のトークンはただちに話題を呼び、同年内には日本円にして1000万円以上の金額で取り引きされる「猫」トークンが出現しました。

　その後もNFTは、いわゆるブロックチェーンゲームの分野を中心としてその利用が徐々に拡大しましたが、NFTが本格的な注目を集め、大衆メディアを含めて大きく取り上げられるようになった契機は、2021年3月にオークションハウスChristie's（クリスティーズ）にて、デジタルアーティストBeeple（ビープル）の作品「Everydays - The First 5000 Days」のNFTが約6900万米ドル（75億円！）で落札され世界の話題をさらったことでした。

　その後も、NFTの利活用は本書で取り上げるようなさまざまな分野で拡大し、現在もそのブームは続いています。他方、NFTとは何か、NFTにできること・できないこと、といった実情はあまり知られないまま話題ばかりが先行し、「NFT」という言葉がバズワード化しているきらいもあります。

　私は、NFTが現在みられる分野にとどまらずさまざまに利用され、

社会に大きなインパクトを与える可能性のある技術だと信じていますが、真に利活用が進むためには、地に足の着いた議論が必要だと感じています。NFTの将来を語る足がかりとして、まずはNFTの現在地を知るところからはじめよう、というのが本書執筆の動機です。

　私は弁護士として、NFTにまつわる種々の法的論点と日々向き合っているわけですが、NFTをテーマとした書籍を企画できないかと考えたとき、未成熟・発展途上である法律面だけの書籍とするのでは社会のニーズに応えるには不十分であり、もっと幅広く、NFTの事業的側面からの情報提供もできるような執筆陣によるオムニバス形式での書籍がいま一番求められているものだと直観しました。

　当時は折しも、私が法律顧問として参画する日本暗号資産ビジネス協会（JCBA）NFT部会から「NFTビジネスに関するガイドライン」が公表され、部会としての活動がちょうどいち段落したところでした。そこで、折角ならば本書の執筆にはNFT分野のオールスターといえる陣容で臨みたいと考え、まずNFT部会長である天羽健介さんにお声がけし、共同編集代表としてのご参画を快諾いただいたことで、本書の企画が正式に走り出しました。結果、これ以上ない豪華な執筆陣により完成した本書を世に送り出せることを、本当にうれしく思います。

　本書の大まかな構成は、次の通りです。

　まず、第1章「NFTビジネスの全体像」では、そもそもNFTとは何か、といった解説からはじまり、事例を交えつつビジネス面から技術面まで、NFTが社会にどのようなインパクトを与えているのかを総合的に整理します。天羽さん監修のもと、取引所・ゲーム・アート・スポーツ・音楽・トレーディングカードといった具体的な活用分野を個別に取り上げ、各分野を語るにふさわしい執筆陣により、画面キャプチャや図表などをふんだんに使用し、必要な情報をコンパクトにわかりやすく伝えることを企図しています。

次に、第2章「NFTの法律と会計」では、急速に発展したNFTの分野が、実社会の制度上どのように扱われることになるかを、JCBA NFT部会のコアメンバーでもある専門家がそれぞれ解説しています。発展途上の分野であり、必ずしも政策面での議論が追いついていない現状もあるなか、前向きな試論も交えつつ、非専門家にもわかりやすく解説することを心がけました。

　そして、第3章「NFTの未来」では、ここまで整理してきたNFTの現在地からどのような未来が見えるのか、NFT分野のビジョナリーといえる方々にさまざまな視座をいただきました。

　このように本書は、いわばオールスターといえる執筆陣により、NFTの総合的なテキストブックとして、NFTの過去・現在・未来を知ることができる内容に仕上がっています。

　本書を上梓するにあたっては、朝日新聞出版の谷野友洋さんから、編集作業の面でも大きなお力添えをいただきました。谷野さんとは、2012年に『デジタルコンテンツ法制 過去・現在・未来の課題』(生貝直人・一橋大学大学院准教授との共著)の編集をご担当いただいてからのご縁であり、再び貴重な機会をいただいたことに感謝を申し上げます。

　また、おぼろげな企画案が持ち上がってからわずか半年で本書の発行にこぎつけられたのは、共同編集代表を務めていただいた天羽さんのご尽力のみならず、執筆陣の皆様による献身的なご協力(及びそのご所属元のご配慮)の賜物でもあります。ここに改めて感謝申し上げます。

　最後に、本書がNFTにかかわるすべての方にとって良き道しるべとなり、将来におけるNFT利活用の一助となれば幸いです。

2021年9月吉日

共同編集代表　増田雅史

Contents

第2章

175 NFTの法律と会計

はじめに　　　　　　　　　　増田雅史

第1章

NFTビジネスの全体像

Chapter 1

第1章　NFTビジネスの全体像

はじめに

天羽健介（日本暗号資産ビジネス協会NFT部会長）

　第1章「NFTビジネスの全体像」は、現状のNFTの全体像をつかんでいただくことが目的です。そのため、NFTの活用が期待される主要なカテゴリーで、その代表的な活用事例とその裏側にあるテクノロジーについてご紹介します。執筆はそれぞれのNFTカテゴリーにおいて最前線にいる方々に、自社を含めた代表的サービスとその展望・課題を解説していただきました。

　まず、セクション1では、なぜいまNFTが注目されているのか、そもそもNFTとは何か、NFTを取り巻く環境を私が概論としてまとめています。

　セクション2では実際に購入する体験を味わっていただきたいという意味を込めて、主要なNFT取引所とその買い方について説明します。担当は国内でCoincheckNFT（β版）でNFT事業を手がける中島裕貴さんです。

　セクション3はアートです。NFTと特に親和性が高いこのカテゴリーは、アート・クリエイター特化型マーケットプレイスである「nanakusa」を運営するSBINFTの高長徳さんが担当します。

　セクション4は急速に市場が立ち上がってきているメタバースに関してです。メタバースとは一体何なのか。仮想商店街Conataを運営するBeyondConceptの福永尚爾さんが解説します。

　セクション5は国内ゲームでCryptoGamesの小澤孝太さん、セクション6は海外ゲームでThe Sandboxのセバスチャン・ボルジェさんが担当です。日本ではトレーディングカードが主流のゲーム業界ですが、海

外ゲームは立体的な同時参加型ゲームがメインです。その潮流を追います。

　セクション7はスポーツです。スポーツ界に変革をもたらすChillizのアレクサンドル・ドレフュスさん・元木佑輔さんが、近未来に起こりうるスポーツ業界の変革を解説します。

　セクション8がトレーディングカード。国内でNFTトレーディングカード事業を手がけるcoinbookの奥秋淳さんが現状を紹介します。

　セクション9がファッション。ジョイファの平手宏志朗さんが担当し、アート、メタバースなど、ファッション領域のNFTの新たな試みを解説します。

　セクション10は音楽。The NFT Recordsを運営するKLEIOの神名秀紀さんが、世界中で起きている音楽×NFTの可能性をご紹介します。

　セクション11とセクション12はNFT特化型ブロックチェーンについてです。海外はDapper Labs CBOのミカエル・ナイームさんと北原健さんが担当、国内はHashPortの吉田世博さんが担当します。

　セクション13はNFTの技術的課題として、CoincheckNFT（β版）でNFT開発責任者を務める善方淳さんが解説します。

　NFTはアート、ゲームなど、ジャンルにより課題や展望が異なります。またアート×トレカやゲーム×メタバース、ファッション×メタバースなどクロスする状況になっています。本書でご紹介するのはあくまで2021年9月の現状で、細かい分類は常に変わっていくと思います。またコンテンツやIP自体が魅力的であることが前提で、NFTやブロックチェーンを使う必要がある本質的なNFTのみが生き残っていくことでしょう。ですので、あくまで現時点におけるさまざまな事例を通して、本質的に価値があるNFTについて皆さまが考えるきっかけになれば幸いです。

NFTの現状

コンテンツ・権利の流通革命、なぜ、いまデジタル資産NFTが注目されているのか

2021年現在、NFTというワードが沸騰している。また、海外のみならず日本でも多くの企業がNFTビジネスに参画を表明。その背景には何があるのか──本書の共同編集代表であり、日本暗号資産ビジネス協会NFT部会長でもある天羽健介がNFTの現状を解説する。

Author

天羽健介 大学卒業後、商社を経て2007年株式会社リクルート入社。 新規事業開発を経験後、2018年コインチェック株式会社入社。国内暗号資産取扱数No.1を牽引。2020年5月より執行役員に就任。現在はNFTやIEOなど新規事業開発や暗号資産の新規上場関連業務などを行う部門を管掌。2021年2月コインチェックテクノロジーズ株式会社の代表取締役に就任。日本暗号資産ビジネス協会（JCBA）NFT部会長。

2021年、急速に拡大するNFT市場

　2021年3月、2つのオークションが世界的なニュースになりました。ひとつは、デジタルアート作家「Beeple（ビープル）」ことマイク・ウィンケルマン氏のNFT作品「Everydays - The First 5000 Days」が約75億3000万円で落札されたこと。もうひとつは、Twitterの共同創業者で同社CEOのジャック・ドーシー氏のNFT化された初ツイートが約3億1600万円で落札されたこと。

　過去を振り返ると、インターネット黎明期も世の中に新しい技術が認知・普及するときは突然のきっかけと共にある種の怪しさをまとった熱狂がありました。いまNFTは、そういう意味で「新しい時代の入り口」に立っている状況といえるかもしれません。NFTと相性が良いとされるコンテンツや権利がNFT・ブロックチェーンにひも付きデータ化することでその価値が可視化され、国境を越えてグローバルに売買できることからNFTの登場はコンテンツや権利の流通革命といわれ、毎日のようにゲームのアイテムやデジタルアート、トレーディングカード、音楽、各種の会員権、ファッションなど、さまざまな領域で急速に新規ビジネスが立ち上がっています。

図1　NFTの市場は、2021年に入り急速に拡大

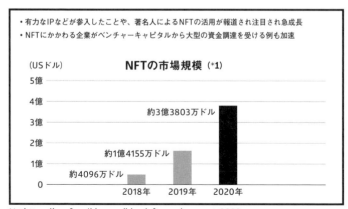

・有力なIPなどが参入したことや、著名人によるNFTの活用が報道され注目され急成長
・NFTにかかわる企業がベンチャーキャピタルから大型の資金調達を受ける例も加速

（USドル）　　　　**NFTの市場規模** (*1)

- 5億
- 4億
- 3億　　　　　　　　　　約3億3803万ドル
- 2億　　　　約1億4155万ドル
- 1億　約4096万ドル
- 0
　　　　　　2018年　　　2019年　　　2020年

*1：https://nonfungible.com/blog/nft-yearly-report-2020

2020年、2021年は新型コロナウイルスの影響もありデジタル化が進みました。会社に出社していた毎日から自宅でWeb会議ツールを使ってデジタル空間で打ち合わせすることが当たり前になり、リアルな空間とデジタルな空間の境目が曖昧になり融合が進んでいます。いまは平らなスクリーン上ですが、今後VR/ARなどのメタバース（仮想空間）や5Gなどの通信技術が普及することで、それは一層加速するでしょう。

メタバースは次世代のSNSといわれています。2021年8月にはFacebook社のCEOであるマーク・ザッカーバーグ氏もメタバースに注力していく旨を発表しました。従来のゲームをするのだけの空間から、その中で仕事や遊び、ファッションや恋愛などの自己表現やコミュニケーションを楽しむなどリアルな世界と変わらない生活がメタバースで行われるようになります。生活が行われるということはそこで経済活動が行われます。リアル空間でお金とモノやサービスの交換が行われるのと同様にデジタル上でもデジタルなお金とデジタルなモノやコト、サービスが交換される。このときに使われるのがNFTなのです。世の中のほとんどのモノは唯一無二でありまったく同じモノはないですよね？考えただけでその膨大な影響範囲と無限の可能性に気づく方もいるかもしれません。

NFTというデジタル資産とブロックチェーン

さて、皆さんすでにご存じかもしれませんが、念のため、NFTについて辞書的な確認をしておきましょう。

NFTとはNon-Fungible Token、ノンファンジブル・トークンの略です。ファンジブルが代替可能という意味なので、ノンファンジブルは「代替不可能」、つまりひとつひとつが固有で唯一無二ということ。トークンには代用貨幣や引換券などの意味もありますが、ここでは「世界にひとつだけのデジタル資産」と、あえてわかりやすく意訳しておきます。

現在、最も広く流通しているデジタル資産といえば、ビットコイン

図2　NFT（Non-fungible token）とは

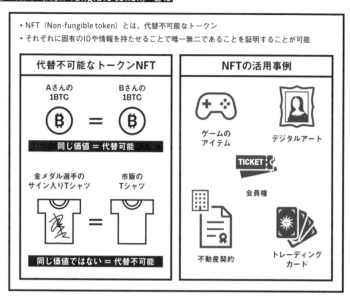

- NFT（Non-fungible token）とは、代替不可能なトークン
- それぞれに固有のIDや情報を持たせることで唯一無二であることを証明することが可能

代替不可能なトークンNFT

Aさんの
1BTC　　　　Bさんの
1BTC

同じ価値 = 代替可能

金メダル選手の
サイン入りTシャツ　　　市販の
Tシャツ

同じ価値ではない = 代替不可能

NFTの活用事例

ゲームの
アイテム　　　デジタルアート

TICKET

会員権

不動産契約　　　トレーディング
カード

（bitcoin）やイーサリアム（Ethereum）などの暗号資産（仮想通貨）です。暗号資産の場合、Aさんがもっている1ビットコインとBさんがもっている1ビットコインは、円やドルなどの現金通貨と同じように、当たり前ですが、まったく同じ価値のものです。なので、たとえばAさんとBさんのビットコインを入れ替えたところで何の支障もありません。そのため暗号資産はFT（ファンジブルトークン）、代替可能なデジタル資産と呼ばれるわけです。

　NFTも暗号資産もブロックチェーンという共通の技術が使われているのですが、NFTは暗号資産とは違い、ブロックチェーンの中にいわば個別の識別サイン、「唯一無二の固有のデータ」が記録されています。それによってひとつひとつのデジタル資産はそれぞれが固有のもの、入れ替え不可能なものになっています。

　同じTシャツでも、金メダリストの直筆サイン入りTシャツなら、まったく違う価値をもつ「1点もの」になります。それと同じように、この

世にひとつしか存在しないNFTには、固有の価値が生まれます。そのため、わざわざ代替不可能なデジタル資産、NFTという名前が付けられているのです。

　せっかくですからブロックチェーンについても少し確認しておきましょう。ブロックチェーンとは、ごく簡単にいうと「管理者が存在しない台帳」のこと。NFTもFT（暗号資産）も、同じこのブロックチェーン技術を用いています。

　ネット内でのデータ管理の仕組みには、公開された情報を複数のユーザーが相互承認して信用を付加していく「分散型台帳」という技術があります。これは、中央集権的な特定の権限者による管理の仕組みとは異なる、非常に民主的なデータ管理の技術です。この分散型台帳の技術領域のひとつがブロックチェーンというわけです。

　ブロックチェーンの特長は大きく3つあります。ひとつは改ざんできない、コピーできないこと。もうひとつは価値そのものを移転できること。たとえば、銀行の海外送金は複数の事業者を介したりデータの付け替えが行われたりすることからたくさんの手数料コストがかかりますが、暗号資産であれば余計なコストがかからず、1通貨のデータを付け替えることなく1通貨そのものをダイレクトに送金することができます。そして3つ目は追跡可能でそれを誰でも閲覧可能なことです。これはインターネットではできません。インターネットの上にくる技術といわれています。

　さて、NFTはブロックチェーン技術における規格の一種ともいえます。誰でも参加できる相互承認の仕組みになっているという点ではFTと同じですが、先に述べた通り唯一無二の価値を証明できるように、FTとは異なる規格を用いています。つまり、NFTのデータには固有のIDが付加されているわけです。

　こうした技術的な特長を踏まえると、NFTと親和性の高いビジネスは容易にイメージできるでしょう。代表的なのはキャラクターや版権な

どのIP（Intellectual Property、知的財産）ビジネスです。冒頭で紹介したデジタルアートなどのほか、著作権などが発生するあらゆるコンテンツビジネスはNFTと非常に相性がいい。この先、オリジナルデータの売買はもちろん、再販や権利取り引きなどがNFTを用いた仕組みにリプレイスされていくとすれば、リアルの小売業がネット通販に置き換わったのと同じように、NFTビジネスの潜在的可能性は莫大なものになります。

はじまりは「ブロックチェーンゲーム」

　　NFTが注目されるようになったのは2017年ごろからです。カナダのゲームアプリ会社「Dapper Labs（ダッパーラボ）」（→138ページ参照）が開発した世界初のブロックチェーンゲーム「CryptoKitties（クリプトキティズ）」がリリース直後から大人気になりました。

　　CryptoKittiesは、たまごっちのような育成系のゲームで、イーサリアム（暗号資産の名称として知られているが、分散型アプリ開発用の基盤技術の名称でもある）のNFTの規格を使うことで、ユーザー同士がおたがいに育てた猫のキャラクターを交配したり売買したりと、ネット上でトレードできるようになっているのが最大の特徴です。初期には、1匹のキャラクターが約1200万円という高額で売買されて話題になりました。

　　ところが、一気にユーザーによる取り引きが活発になったためにブロックチェーンネットワークが混雑し取り引きが滞るという問題（業界で「ガス代問題」や「スケーラビリティ＝拡張性問題」などと呼ばれる現象）が生じたのです（ガス代とは、イーサリアムのネットワーク手数料です。NFTの発行や移転などトランザクションを発生させる際に必要となります。ガス代の金額はその時のネットワーク状況によって変動します。NFTやDeFiなどの流行によって、ガス代の高騰が課題となっています）。

　　FTにしろNFTにしろ、デジタル資産の取り引きはブロックチェーンネットワーク上の「マイナー」（採掘者、取り引きデータを検証し、既存のブロックチェーンに新たなブロックを追加することで報酬を得る第三者）がその取り引きを承認することによってはじめて成立します。

日本円やドルなどの法定通貨の場合、その発行や流通は政府や中央銀行が信用を付加して行われます。これはまさに中央集権型の仕組みです。それに対して暗号資産やNFTなどのデジタル資産は、取り引きデータがネット上に公開されて、全世界から集合している不特定多数のマイナーによって検証され、問題がなければそのデータが承認されて、はじめてその発行や流通が行われるという分散型の仕組みで、その信用を担保しています。

　デジタル資産の魅力は、特定の国や企業によるクローズドな中央集権的管理ではない、誰でも参加できるオープンな分散型相互管理にあります。ただ一方で、そうであるがゆえに、かえって承認に時間や費用がかかるなど、技術面にとどまらない、信用の付加にかかわるさまざまな課題がまだまだあるわけです。

　NFTを発行するにあたり世界で最も使われているのはイーサリアム財団が提供する「ERC-721」という規格です。イーサリアムのERC-721以外にもNFT用の規格はありますが、イーサリアムが先行していたので、現在もシェアは一番大きく、代表的な規格になっています。また、本書でもご紹介するようにFlow（フロー）やPallet（パレット）というNFTで運用しやすいブロックチェーン技術が出てきています。

　イーサリアムはスマートコントラクト（ブロックチェーン上で行われる取引行動を自動的に実行するプログラム）のNFT領域において、いま世界で最も使われています。ただしNFTに特化した技術ではなく、さまざまな領域でイーサリアムのスマートコントラクトが使えるようになっています。

　じつは、このスマートコントラクトの技術的な違いがビットコインとイーサリアムの決定的な違いです。ビットコインは価値そのものを移転させる仕組みしかもっていません。それに対してイーサリアムは、独自のスマートコントラクトによってその中に付随する契約内容を内蔵することができます。

図3 2021年からのNFTをめぐる動向

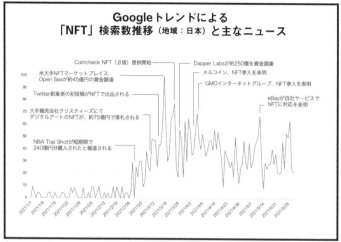

参照：Googleトレンドおよび公開データより作成

世界と日本のNFT市場のいま

　日本では、2020年からNFTに対するビジネス界隈の関心が高まりました。暗号資産の取引所やIT系の事業者はもちろん、ゲーム会社や出版社などNFT化できる版権やコンテンツを保有するIP事業者がNFTビジネスに参入しはじめたのです。

　日本におけるNFTの一般的な注目度については、図3の2021年のGoogleの検索ボリュームの推移を見るとわかりやすいでしょう。

　2021年2月終わりから3月はじめにかけて検索数が急激に伸びています。火付け役は、これも前述のDapper Labsでした。米プロバスケットリーグのNBAと提携して、プレイヤーの画像や動画を採用したNFTのトレーディングカードゲーム「NBA Top Shot（NBAトップショット）」（109ページ参照）を2020年10月にリリース。これが爆発的な人気となり、ちょうどそのころ、NFTマーケットプレイス（取引所）でのNBA Top Shotの

NFTトレーディングカードの売買総額が2億ドルを超えたといったニュースが流れ、注目度が急上昇したのです。

先に紹介した2つの高額オークションの影響もあって、2021年3月以降、検索数の伸びだけでなく、ビジネス投資も一気に活発になりました。2021年9月現在では、LINEやメルカリ、GMOインターネットグループ、楽天、mixiなど大手ネット系企業がNFTの取引所事業に参入するようになりました。

NFTの市場規模は2020年の段階でも、グローバルで400億円弱に過ぎません。それだと大手のネット系企業、IP企業が参入するには、いかにも規模が小さい状況でした。けれども2021年になって、市場が急拡大し日本でもNFTの活用が一気に注目されるようになり、超大手企業の本格的な参入がはじまっています。ざっくりまとめると、これが世界と日本のNFTビジネスの現状です。

NFTビジネスはIPビジネス

NFTビジネスは日本も含め、世界中で盛り上がっている状況です。そんな中、日本には「ポケモン」や「遊☆戯☆王」をはじめ、世界トップクラスの版権・IP・コンテンツがたくさんあります。つまり、いま世界中のNFTビジネスのプレイヤーが日本のIPに注目しているわけです。たとえば、ブロックチェーンゲーム「The Sandbox（ザ・サンドボックス）」（→80ページ参照）や「F1® Delta Time（F1デルタタイム）」で知られる香港企業のAnimoca Brands（アニモカ・ブランズ）（→288ページ参照）は香港にあるサンリオ・デジタルを2021年はじめに買収したほか、Dapper Labsも日本のコンテンツの獲得に向けて活発に動いています。

日本のプレイヤーはそんな獲得競争に勝たなければいけません。テクノロジーへの理解や法的な整備は海外のほうが一部早かったりします。でも、せっかくコンテンツ大国という地の利があるのですから、負けてしまったらあまりにもったいない。その意味でも日本は、法的な整備を含め、NFTビジネスへの理解を加速する必要があるのです。

そうした動きを加速する起爆剤は、やはり日本人なら誰でも知っている超人気コンテンツや大物アイドルがNFTビジネスに参入することでしょう。ヒットしているとはいえ、CryptoKittiesでさえブロックチェーンゲームをやっている人しか知らない。それでは起爆剤になりえません。あくまでも最上位はIPです。それを活用する手段がNFTであり、ゲームやトレーディングカードといった利用用途なのです。IP事業者を含め、NFTビジネスのプレイヤーは、何の価値に対してどんなNFTを設計するか、またそれは本当に価値があるNFTなのかということを本質的に考える必要があるのです。

　NFTが活用できるビジネス領域はとても広いですし、成長のポテンシャルも大きいことは明白です。たとえば、ブロックチェーンゲームはゲームの価値を変えつつあります。早晩、ゲームは単なる遊び道具ではなく、アイテムなどのNFTを売ってお金を稼ぐ仕事道具になっていくでしょう。実際、フィリピンの事例ですが、Axie Infinity（アクシィインフィニティ）というゲームで一日中プレイして2万円ほど稼ぎ、生活の手段にしている人たちも出てきています。

　NFTによってアートの流通も変わっていくでしょう。その変化は、リアルの作品にひも付けたNFTとデジタルで完結するNFTに分けることができます。リアルのほうでは、所有権などの証明書をNFT化することによって流動性が高まり、作品の価値が上がりやすくなるはずです。また、これまでは転売されたときにクリエイターに一切還元されなかった利益を、NFTの「追跡」の機能によって、転売のたびにクリエイターに還元されるようにすることも可能です。
　デジタルアートのNFTは新しい分野なので、そういう仕組みを容易に組み込めます。さらに絵画的なものに限らず、新しい技術を使った作品がどんどん出てくるでしょう。また、作品の相場や真贋を判定する「鑑定士」のようなサービスも登場するはずです。

メタバースでのNFTの活用も注目です。ゲームやSNSに限らず、さまざまな「空間」が登場しており、それをNFT化することで、不動産売買のような現実社会と同様の経済活動が行われるようになっていくでしょう。たとえばファッション業界は、もうすでにアバター用のNFTファッションの開発などに取り組んでいます。

　スポーツや芸能などのファンビジネスなら、トレーディングカードや生写真のほか、特別なVIP席に入れるといった会員権などもNFTで販売するようになるはずです。特にスポーツはゲームとの相性が非常にいい。実際、日本のプロチームの中にはトレーディングカードを使ったゲーム開発に乗り出しているケースもあります。また、ライブチケットの転売問題なども、NFT化することで解決できるでしょう。

　音楽はCDからダウンロード、そして定額・聴き放題のサブスクリプションに移行しつつあります。その中で、NFTをもっている人しか聴

図4　今後の成長のキーファクター

・2021年に入りNFTは急激に注目が集まっているが、市場規模はまだ小さい
・今後の成長には以下の3つが必要である

**IP・コンテンツ
ホルダーの参入**

NFTはゲーム業界を中心に活用されてきたが、2021年にデジタルアートやスポーツ、音楽などさまざまな業界で活用されている。
国内においても大手企業や誰もが知っているアーティストの参入が発表されている。

UI/UXの改善

NFTの取り引きの多くは、複数のサービスを介する煩雑な取り引きが必要であり、UI/UXに改善の余地がある。暗号資産の黎明期に取引所が誕生したように、多くの人が簡単に安心して使えるサービスが今後の成長の鍵となる。

**プロトコルの
技術革新**

NFTの多くはイーサリアムネットワーク上で動いており、スケーラビリティの問題が発生している。
一方で、それらの課題を回避するテクノロジーが誕生しつつある。

けない仕組みや楽曲使用料の管理など、いろいろな活用法が出てくるで
しょう。

　また、いま多くのクリエイターがクラウドファンディングで資金調達
をしていますが、NFTと組み合わせることで、その可能性も広がります。
たとえば映画なら、単発の作品への出資を募って終わりではなく、NFT
を使えば、その監督の次回作以降にも有効な優待の権利などを販売する
ことで中長期にわたるファンコミュニケーションができるでしょう。

　こうした事例が2021〜2022年の短期間で一気に登場することが予
想されます。

　NFTビジネスに共通しているのは「唯一無二の権利等の何かを証明（正
確には識別）できる」NFTならではの特性に加え、「価値そのものを送付・
移転することができる」「コピー・改ざんができない」「価値の移転を追
跡できる」というブロックチェーンならではの特性を活用する点です。
その意味でも、ビジネスプレイヤーは「本当にそれはNFTである必要
があるのか」ということを、ユーザー目線も含めて、きちんと問わなけ
れば成功しないでしょう。

　当たり前ですが、何でもかんでもNFTを発行してビジネスをやれば
うまくいくというものではありません。それぞれの業界によって商慣習
や課題が異なるので、それぞれの業界における課題やニーズに合わせた
アプローチが必要なのです。

　個別の事例については後のセクションでたっぷり説明します。

NFTを成長させるためのルール整備がはじまった

　NFTのマーケットプレイスを利用するユーザーからすると、出品さ
れているものがどういうものか、正規のものなのか気になるでしょう。
たとえば、海外のNFTマーケットプレイスの一部では、誰でも自由に
NFTを発行できる仕組みになっているので、ネット上から人気アニメ

の画像をコピーして出品したり、NFTの画像のスクリーンショットを撮ってさも「本物」のように出品したりといった悪質なケースが出てきています。そうした不正を防ぐため、著作権侵害がないかなどきちんとチェックして、問題がないものだけを取り扱うなどのルール整備が求められています。

　世界的に暗号資産のブームだった2018年ごろ、ICO（Initial Coin Offering＝イニシャル・コイン・オファリング）という資金調達の仕組みが流行りました。ごく簡単にいうと、起業家が「こういうプロジェクトをやっていくので、基軸暗号資産であるイーサリアムを振り込んでください。その代わり自社発行の暗号資産と交換します」と、ブロックチェーン技術を使って投資を募ったわけです。これが第三者のチェックを受けないまま盛んに行われ、実際に多くの資金が動きました。ところが、プロジェクトに失敗したり詐欺が発生したりするケースが世界的に頻発したのです。当然ながら、各国の金融監督機関によってルールが整備されました。

　その結果、IEO（Initial Exchange Offering＝イニシャル・エクスチェンジ・オファリング）という仕組みに変わりました。現在はライセンスを受けている取引所が第三者的にきちんとそのプロジェクトをチェックしないと投資を募ることができなくなっています。

　つまり、いまNFTは一部のマーケットプレイスを除き、ICOブームのときと同じような状況になっているわけです。誰でも発行できるがゆえに、玉石混淆状態になっています。なのでNFTも過熱したり詐欺的な行為が頻発したりした場合は利用者保護の目的で法的な規制が入り、同様の仕組みが導入されるでしょう。

　NFTの市場を発展させていく初期段階では、取引対象の多さや「儲かりそう」といったイメージや熱狂も大事かもしれません。けれども基本的には「いいものがちゃんと残っていく」という市場に収斂していかないと決して発展しないのです。さらにユーザー目線でいえば、NFTのマーケットプレイスの使い勝手も重要です。たとえば、海外取引所ではじめて日本人がNFTを購入する場合、まず日本の暗号資産取引所で口座を開設して、そこに日本円を送り、日本円をイーサリアムに交換し

て別途専用のウォレットをつくり、そこから海外取引所に接続すると、ようやくNFTを買えるようになるという仕組みです。

　こうした手続きの煩雑さやネットワーク手数料のガス代問題は、世界的な課題として、いま盛んに課題解決のアプローチが行われています。

　このようにNFTは急成長している期待のビジネス分野です。ただ、あまりにも市場拡大のスピードが速いため、フィットした法律、規制・ルールがいまのところ日本はもちろん、世界的にもあまり整備されておらず現行法に完全に連動していないのが現状です。

　日本で暗号資産の取り引きについて、資金決済法の改正など、法律面が整備されはじめたのもここ数年の話ですから当然といえば当然なのですが、この点については、NFTをめぐる今後の重要課題として、第2章で詳しく説明したいと思います。

　ちなみに、暗号資産主要取引所やLINEやメルカリといった日本を代

図5　成長させるためのルール整備①

・NFTの利用範囲は広く、現在はさまざまな団体がルール整備に向け動いている
・今後は、業界団体同士で連携をとりつつ環境整備を進める

一般社団法人 日本暗号資産 ビジネス協会 (*1)	ブロックチェーン 関連の業界団体 (*2)	ジャパン・コンテンツ・ ブロックチェーン・ イニシアティブ (*3)
日本暗号資産ビジネス協会 Japan Cryptoasset Business Association	Blockchain Association JBA BCCC	Japan Contents Blockchain Initiative
暗号資産取引業者や弁護士事務所、ブロックチェーン領域で事業を行う企業など約100社が所属する日本暗号資産ビジネス協会で、ビジネスシーンでのNFTの利用促進や顧客保護を目的にNFTの法的な定義や関連法案を整理する「NFTビジネスに関するガイドライン」を公表。	ガイドライン整備や国内事業者の国際競争力強化のための環境整備などを議論するために、日本ブロックチェーン協会、ブロックチェーン推進協会、ブロックチェーンコンテンツ協会の3団体合同でNFT分科会を設立。	NFTを通じたコンテンツ流通の円滑化、活性化等のために、コンテンツに関わる企業や官公庁が参加する著作権流通部会において、「コンテンツを対象とするNFT（Content-NFT）についての考え方」を策定。

*1：https://cryptocurrency-association.org/news/breakout/20210426-001/
*2：https://jba-web.jp/news/20210518
*3：https://www.japan-contents-blockchain-initiative.org/information/130-japan-contents-blockchain-initiative-nft-content-nft-nft

NFTの現状

図6　成長させるためのルール整備②

NFTの法的な整理

2019年9月に金融庁が公表した仮想通貨関係の事務ガイドライン改正案に寄せられたパブリックコメントへの回答 (*1) では、NFTは暗号資産に当たらないとの見解が示されており、現状では「デジタルデータなどの無体物」として整理されている。

一方、「NFTの仮想通貨該当性については実態に即して個別具体的に判断されるべき」との解釈も示されており、NFTの活用方法によっては注意が必要となる。

日本暗号資産ビジネス協会では、NFTが何に分類されるのか、またどの関係省庁が担当でどのような法律に該当するのかを明確化し、NFTビジネスへの参入を増やすことを目的としている。

NFTビジネスに関するガイドライン (*2)

以下の項目を掲載
- NFTのユースケース
- NFTの法的性質
- 賭博
- 景表法
- 匿名性とプライバシー
- セキュリティ
- ユーザー保護
- 新規NFTの取り扱い

*1：https://www.fsa.go.jp/news/r1/virtualcurrency/20190903-1.pdf
*2：https://cryptocurrency-association.org/news/breakout/20210426-001/

表するネット系企業、証券会社などの金融機関、国内Topの弁護士事務所・監査法人など100社ほどが加入している「日本暗号資産ビジネス協会」という一般社団法人があります。その中にあるNFT部会が2021年4月、「NFTビジネスに関するガイドライン」を発表しました。これはNFTの法的性質をフローチャート形式で示し、ビジネス上考慮すべき法的な観点を示すことで、健全な事業者の参入を促進していこうというもの。約40社が参加してつくられたガイドラインです。

　たとえば、NFTはERC-721などのNFT専用規格で発行されたもので、有価証券ではなく、Suica（スイカ）のような前払式支払手段でもなく、決済手段でもなく、為替取引の一部でもなければ、現状では国内法における金融規制に抵触する可能性が低いといったことが示されています。

また、たとえば悪意あるＡさんとＢさんがいて、意図的に500円しか価値がないものを10億円で売買したとしたら、マネーロンダリングが成立してしまいます。こうした不正は世界的に懸念されており、ガイドラインはその点も考慮すべきポイントして注意喚起を促しています。

　ただ一方で、事業者の参入やユーザーの参加を促すためには、やはり過度な規制は入らないほうがいいのもたしかでしょう。だからこそ、関係省庁よりも先に民間主導で丁寧にルールメイキングし既存のルールと整合性をとり調整していくことが必要なのです。

　本書は事業者の理解を深め参入を促進し、市場を活性化させ多くの良質なNFTの選択肢が世の中で提供されることで、ユーザーが利用しさらに事業者が増加しさらに市場が活性化していくような良い循環をつくっていくことを目的にしています。NFTビジネスの参入を検討中の企業様や利用を検討している方の参考になれば幸いです。

NFTの市場概況と
国内外の主要
マーケットプレイス

2021年現在、国内外にはさまざまなマーケットプレイスが存在し、購買方法も異なる。2021年3月にローンチし、国内の市場を牽引するのがCoincheck NFT（β版）。そこでNFT事業を手がける中島裕貴が、市場の概況からNFTの取り引き方法までを解説する。

Author

中島裕貴　コインチェック株式会社新規事業開発部NFT事業推進Gr.、コインチェックテクノロジーズ株式会社事業部長。2012年株式会社キーエンスへ入社。その後、2017年米国サンフランシスコへの留学を経てコインチェックへ入社。2018年、LINE株式会社へ移り暗号資産／ブロックチェーン事業のビジネス企画及びマーケティングを兼任し、2020年コインチェックへ再入社。NFT事業の責任者、及びプロジェクトマネジメントを行う。

2021年現在、最も多く取り引きされたNFTとは

　2021年に入り、NFTの高額取引などがたびたび報道でも取り上げられるようになり、NFTの認知は急速に世界中へと広がっていきました。米メディア・ロイターが報じた情報によると、2021年上半期のNFTの取引量は、前年同期比の約180倍である約24.7億ドルまで急増したとのことです（図1）。

　市場の拡大とともに、NFTの関連サービスは業界を問わず次々と誕生していきました。当然ながらNFTそのものも新しく発行され続け、市場に流通するNFTの数は日々増加しています。NFTは誰でも自由に発行することができるため、あなたが本書を読んでいるいまこの瞬間にも、世界中の企業や個人によって新たなNFTが生み出されていることでしょう。

　では、星の数ほど存在するNFTの中で、世界的なブームを迎えた2021年上半期、どのようなNFTが人気を集めていたのでしょうか。

　次ページにNFTの主要カテゴリ別のリストを掲載します。それぞれどれほど取り引きが行われたのか比較してみましょう。

図1　NFT取引量2020年～2021年

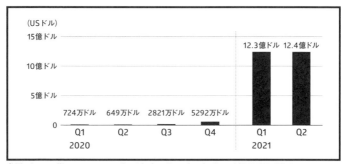

参照：https://jp.reuters.com/article/us-fintech-nft-data-idCAKCN2EB1I8

図2　NFT主要カテゴリ

カテゴリ名	内容・主なサービス
コレクティブル	主に保有や収集を目的とし、希少性に価値をもたせたNFT （例：CryptoPunks、Hashmasks、Bored Ape Yacht Clubなど）
スポーツ	実在するスポーツ選手や実際のスポーツの試合などと関連させ、スポーツの新しい楽しみ方を提供するNFT （例：Sorare、F1® Delta Timeなど）
アート	アーティストが生み出すデジタルアートNFT （例：Rarible、SuperRare、Beepleなど）
ゲーム	ブロックチェーンゲームなどのゲーム内で利用できるアイテムやキャラクターをNFT化したもの （例：CryptoSpells、My Crypto Heroesなど）
メタバース	デジタル上の仮想世界の土地や、建造物、アイテムをNFT化したもの （例：The Sandbox、Cryptovoxels、Decentralandなど）
その他	上記カテゴリ以外。保険やドメインなどさまざまな付帯サービスのあるNFTを含む （例：yInsure NFT、Ethereum Name Serviceなど）

　NonFungible.comのデータによると、2021年上半期、最も取り引きされたNFTは「コレクティブル」、次いで「スポーツ」が多かったという結果となりました（図3参照）。

　「コレクティブル」はNFTブームの火付け役ともいえ、NFTの唯一無二性によって生まれた「希少性」に資金が集まったといわれています。一見ただのドット絵のデジタルデータに見えたとしても、その希少性から将来的な価格高騰が期待され、世界中でコレクティブルNFTをほしがる人が急増、数千万円で取り引きされているものもあります。
　「スポーツ」は「希少性」だけでなく、熱狂的なスポーツファンがもつ「所有欲」を刺激することで大きな資金が集まったものと考えられます。サッカーやバスケなど、スター選手のNFTは数千万円の価格で取り引きされています。コロナ禍によって無観客試合が増えたことで、スポーツ観戦に行けないファンの方々の矛先がNFTに向いたのかもしれません。

図3　NFTカテゴリ別取り引き回数比較（2021年1〜6月）

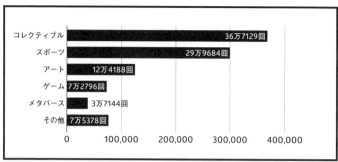

参照：NonFungible.com（https://nonfungible.com/）

9つの主要NFTマーケットプレイス

　　NFTの世界的なトレンドにより、NFT関連サービスが増えるとともに、NFTを取り引きできる「マーケットプレイス」も急増しました。日本国内でも大手企業が次々と参入を発表しています。

　　数多く乱立するNFTのマーケットプレイスは、特徴や仕組みもさまざまで、取り引きできるNFTの種類なども異なります。自身の目的や何を重要視するかを考え、自分に合ったマーケットプレイスを選定することが大切です。

　　グローバルを含めた主要な9つのNFTマーケットプレイスについて、それぞれの特徴、どのような人に合っているかを簡単にご紹介します。

名称：**OpenSea**（https://opensea.io）

特徴：OpenSea（オープンシー）は、世界で最も利用されているNFTマーケットプレイスです。アート、スポーツ、ゲームなどさまざまなジャンルのNFTを扱っており、ユーザーが自由にNFTを発行できる機能も搭載されているため、間口の広いサービスとなっています。利用するにはMetaMask（メタマスク）など対応するウォレットの準備が必要です。

こんな人におすすめ：

・これからNFTをはじめられる方

・自分でNFTを発行してみたい方

名称：**Rarible**（https://rarible.com）

特徴：Rarible（ラリブル）は、アート系NFTを中心に取り扱っているマーケットプレイスです。NFTの発行機能も搭載されており、自身のデジタルアートNFTを出品することも可能です。 また、Raribleは、RARIという暗号資産も発行しており、インセンティブとしてユーザーに配布するなど、暗号資産とNFTを絡めたおもしろい取り組みを実施しています。利用するにはMetaMaskなど対応するウォレットの準備が必要です。

こんな人におすすめ：

・デジタルアートに興味のある方

・自身のアート作品をNFTとして販売したい方

名称：**Foundation**（https://foundation.app）

特徴：こちらも、アート系NFTを中心に取り扱っているマーケットプレイスです。Foundation（ファンデイション）も、自身のアート作品を発行し出品可能ですが、Foundationの特徴は、NFTのクリエイター登録に事前審査制を採用している点です。コミュニティから承認されたクリエイターだけがNFTを作成できるため、並んでいるアート作品も一定のレベルが担保されています。利用す

るにはMetaMaskなど対応するウォレットの準備が必要です。

こんな人におすすめ：

- ・デジタルアートに興味のある方
- ・質の高いアート系NFTを見つけたい方

名称：**Binance NFT** (https://www.binance.com/en/nft/home)

特徴：大手暗号資産取引所Binance（バイナンス）が、2021年にリリースしたNFTのマーケットプレイスが、Binance NFTです。Binanceのユーザーであれば誰でも利用することができ、Binanceで購入した暗号資産（ETH、BNB、BUSD）をNFTの決済に利用することができます。現状、Binanceがパートナーとして提携しているクリエイターのみがNFTを販売できます。利用するにはBinanceへのアカウント登録が必要です。

こんな人におすすめ：

- ・暗号資産取引所Binanceをすでに利用している方
- ・Binance NFTでしか手に入らないアート作品に興味がある方

名称：**VIV3** (https://viv3.com)

特徴：VIV3（ヴァイヴ）は、Flow（フロー）というブロックチェーンを基盤としたNFTのマーケットプレイスです。Flowは、高額取り引きとして話題になった「NBA Top Shot」でも採用されているブロックチェーンで、界隈でも注目を集めています。VIV3では、暗号資産のFlowをNFTの決済として利用することが可能です。NFTの発行やトランザクションの発生に、イーサリアムのガス代のようなネットワーク手数料がかからない点も大きな特徴のひとつです。現状は、アート系NFTの取り扱いがメインですが、今後さまざまなジャンルの取り扱いに期待が高まっています。

こんな人におすすめ：

- ・イーサリアムのガス代に悩んでいる方
- ・Flowのプロジェクトに期待している方

名称：**Atomic Market** (https://wax.atomicmarket.io)

特徴：Atomic Market（アトミックマーケット）は、WAX（ワックス）とい
うブロックチェーンを基盤としたNFTのマーケットプレイスです。
Atomic Marketは、Atomic HubやNFTHiveなど複数のマーケッ
トプレイスから構成されており、暗号資産のWAXを決済として
利用することができます。ストリートファイターやゴジラなど日
本発のコンテンツのNFTも並んでおり人気の高いマーケットプ
レイスとなっています。利用するにはWAX Cloud Walletの準
備が必要となります。

こんな人におすすめ：
- ・ストリートファイターやゴジラなどのNFTに興味がある方
- ・WAXのプロジェクトに期待している方

名称：**miime** (https://miime.io/ja/)

特徴：miime（ミーム）は、世界ではじめて日本円決済を導入したNFT
のマーケットプレイスです。ブロックチェーンゲーム関連のNFT
のほか、アートやスポーツ系のNFTも取り扱っています。国産
のマーケットプレイスのため、日本語のわかりやすいUIでNFT
を取り引きすることが可能です。利用するにはMetaMaskなど
対応するウォレットの準備が必要です。

こんな人におすすめ：
- ・これからNFTをはじめられる方
- ・暗号資産ではなく日本円で決済されたい方

名称：**nanakusa** (https://nanakusa.io/)

特徴：nanakusa（ナナクサ）は、今年リリースした、国内初のクリプトアー
ティスト登録制のNFTマーケットプレイスです。クリエイターは、
審査の通ったアーティストやパートナー事業者のみに限定してお
り、質の高いNFTアートを購入することができます。決済には、
イーサリアムだけではなくPolygon（ポリゴン）やクレジットカー

ドにも対応しています。Polygonネットワークに切り替えることで、イーサリアムで課題とされていたガス代を大きく節約することが可能になります。利用するにはMetaMaskの準備が必要です。

こんな人におすすめ：

・質の高いアート系NFTを見つけたい方

・暗号資産ではなく日本円で決済されたい方

名称：**Coincheck NFT（β版）**(https://coincheck.com/ja/nft)

特徴：Coincheck NFT（β版、コインチェックNFT)は、暗号資産取り引きサービス「Coincheck」の中に併設された日本ではじめてのマーケットプレイスです。最大の特徴は、Coincheckの口座に預けている暗号資産をそのままNFTの決済に利用できる点です。Coincheckで上場している14種類の暗号資産で決済することができ、かつ、NFTの出品や購入にガス代がかからないため、はじめての方でも取り引きしやすい設計になっています。ゲームやスポーツ、メタバースなどさまざまなジャンルのNFTを取り扱っています。利用するにはCoincheckでの口座開設が必要です。

こんな人におすすめ：

・これからNFTをはじめられる方

・Coincheckをすでに利用している方

・ガス代を気にせず売買したい方

NFTの買い方・売り方

　主要なマーケットプレイスの特徴を学んだところで、NFTを取り引きしてみましょう。ここでは、グローバル最大手のマーケットプレイス「OpenSea」と、国内暗号資産取引所の中に併設されたマーケットプレイス「Coincheck NFT（β版）」での取り引き方法について解説します。

OpenSeaでのNFT取り引き方法

　OpenSeaは、アートやゲーム、スポーツや音楽などさまざまなジャンルのNFTを取り引きすることが可能。利用するには、MetaMaskと呼ばれる、NFTや暗号資産を保管するウォレットが必要になります（2021年8月現在MetaMaskのほか、Bitski、TORUSなど計11種類のウォレットに対応）。

NFTの購入手順

手順① MetaMaskをインストール（https://metamask.io/）。
　　　GoogleChromeの拡張機能を使うと便利。

手順② MetaMaskを連携してサインイン

手順③ 購入したいNFTを検索

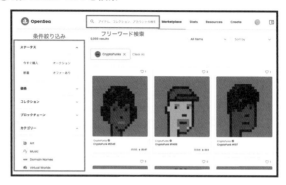

手順④ NFTを選択後、「今すぐ購入」→
「チェックアウト」を選択して購入

手順⑤ 購入したNFTが自分のウォレットに入っていることを確認

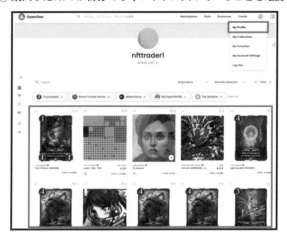

注意事項

・ NFTを購入するにはイーサリアムが必要になりますので、事前に
Coincheckなどの取引所でご準備ください。

・ NFTの購入価格とは別でイーサリアムのネットワーク手数料（ガス代）
が必要になります。

NFTの出品手順

手順① 「My Profile」から出品したいNFTを選択

手順② 「売る」を選択

手順③ 出品方式を選択

出品方式紹介について

- Set Price：固定価格の出品方式です。入力した価格のまま出品されます。

- Highest Bid：オークションによる出品方式です。

- Bundle：複数のNFTをまとめて出品できるバンドル出品方式です。

手順④「Price（出品価格）」を入力し「Post your listing」を選択して完了

その他設定可能な項目について

- Include ending price：設定した期間中、出品価格が自動的に下がっていき最初に入札した人が購入できる出品方式（ダッチオークション）。
- Schedule for a future time：販売期間の設定。期間が終了すると自動的に出品が取り下げられます。
- Privacy：特定のユーザーに対してのみ販売できるプライベートセール方式。

手順⑤ MetaMaskのウィンドウから出品に必要なガス代を支払う

Coincheck NFT（β版）でのNFT取り引き方法

Coincheck NFT（β版）とは、国内暗号資産取引サービス「Coincheck」
に併設されたNFTのマーケットプレイスです。このサービスの大きな
特徴は、Coincheck口座に預けている暗号資産をそのままNFTの決済
に利用できるという点です（2021年8月現在、ETC、FCT、PLTを除く14種類の暗
号資産が利用可能）。

　また、イーサリアムのネットワーク手数料（ガス代）がかからない取り
引き方式を採用しており、はじめてNFTを取り引きしてみたい方にお
すすめのサービスとなっています。

NFTの購入手順

手順① Coincheckで口座開設を行う

手順② 口座開設完了後「Coincheck NFT（β版）」を選択

手順③ 購入したいNFTを選択後、「購入確認」→「購入」を選択して購入

注意事項

・Coincheck口座に暗号資産の残高が不足している場合、NFTを購入することができません。

NFTの出品手順

手順①「マイページ」から出品したいNFTを選択

手順②「出品」を選択

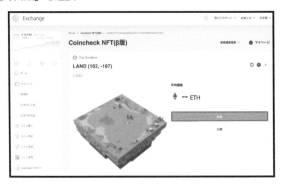

手順③「受け取る通貨（購入可能通貨）」「出品金額」を入力し「出品」を選
択して完了

> **注意事項**
> ・MetaMask内のNFTを出品する場合、NFTをMetaMaskから
> Coincheckへ入庫する必要があります（マイページから入庫可能）。

NFTの体験価値

　NFTの市場はまだまだ黎明期です。世界中の名だたる企業がNFT事
業への参画を表明していますが、実際は各社実証実験を行いながら進め
ているというのが現状です。

　そんななか、私たちが日々感じていることは、「NFTは目的ではなく
手段である」という点です。報道などで頻繁に取り上げられる高額売買
のニュースを耳にすると、どうしても、価格高騰を期待した投機的な売
買や、NFTを発行して販売することが目的になってしまいがちです。
これからNFTの発行を検討されている方は、NFTを通してどのような
体験価値を提供できるのかに着目し、この後本書で解説しているNFT
の事例を参考にしていただきながら企画設計をしていただけたら幸いで
す。

　また、NFTの購入を検討されている方についても、そのNFTがどの
ようなNFTなのか、制作者はどのような思いでそのNFTをつくったのか、

今後どのような場面でそのNFTが価値をもつのかなどを調べながら
NFTを取り引きすると、より一層NFTの魅力に触れることができると
思います。

　とはいえ、NFTの本当の魅力は、NFTを保有してはじめてわかる部
分もあるため、まずは本セクションで紹介しているマーケットプレイス
で一度NFTを購入し、NFTの世界に一歩足を踏み入れてみましょう。

NFT × アート

世界が注目する新市場、NFTとアートがつくり出す新たなマーケットとは

NFTで最も話題になるのが、アート作品。デジタルアートも価値が証明できるようになり、さまざまな作品が注目を集めている。その潮流と現在地をアート特化型マーケットプレイスである「nanakusa」を運営するSBINFT株式会社の高長徳が解説。

Author

高 長徳　IT系コンサル会社を経た後、GMOメディア株式会社、Yahoo!JAPAN、株式会社ドリコムや株式会社モブキャストでプラットフォーム事業のプロデューサーを歴任。2018年、株式会社スマートアプリにてGO!WALLETを皮切りにブロックチェーン事業に従事。2020年、NFT発行・決済プラットフォーム「GO BASE」をリリース。2021年、統合型NFTマーケットプレイス「nanakusa」をリリース。同年、SBIグループの連結子会社となり、SBINFT株式会社代表取締役に就任。

世界中で話題となるNFTアート

　あらためて説明すると、NFTとは「Non-Fungible Token」の略称で、代替不可能＝唯一無二の価値をもつトークンです。ここでいうトークンとはブロックチェーン技術を利用して発行したデジタルデータ（暗号資産）を指します。よってNFTアートとは、ブロックチェーン技術を利用した、代替不可能で唯一無二の価値をもつデジタルデータを指します。

　現在、NFTアートは世界中で話題となっており、2021年はそんなNFT市場の幕開けとなりました。NFTアートブームの最初のきっかけを創出したのは「CryptoPunks（クリプトパンクス）」というNFTアートプロジェクトです。

　Larva Labs（ラルバラボス）社にて2017年6月からはじまったこのNFTアートプロジェクトは、世界初（世界最古）のNFTアートといわれており、非常にシンプルな24x24ピクセルアートでゾンビを基調としながらAIによって生成された1万体のジェネレイティブアート（コンピューターによる機械的かつ無作為に生成されたアート）であることが特徴です。

　このCryptoPunksのひとつのキャラクターが2021年1月、約8000万円で取り引きされたことで世界中で話題になりました。そして同年8月中旬には、大手決済事業者であるVISAが本NFTを購入したことで、大きなニュースとなりました。

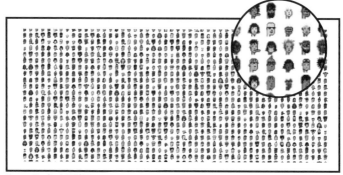

CryptoPunksより引用

CryptoPunksBotより引用

VISA公式によるツイートより引用

これに続いたのがスイスに本社を置くSuum Cuique Labs（スーム・クイック・ラボ）社がプロデュースしたプロジェクト「Hashmasks（ハッシュマスクス）」です。70名以上のクリエイターが8カ月もの期間を要して準備した1万6384体のマスクに個性を与えたアートですが、2021年1月28日の販売と同時に即完売したことで一躍有名なプロジェクトとなりました。

　共同創設者の1人は、マスクの発想は80年代のニューヨークで名を馳せたバスキアから影響を受けているとCoindeskの記事で述べています。

　Hashmasksは5つの特徴的なパーツを組み合わせ、ひとつのキャラクターアートとして描かれています。そして最大の特徴が、Hashmasks保有者には毎日10NCTトークンが配布されることです。NCTトークンは、一定数もつとHashmasksの名前を変更することができます。名前変更で使用されたNCTトークンはバーン（消滅）されるので、Hashmasksの名前が変更されるほど、NCTの価値は上昇します。

　最も人気のあるHashmasksのキャラクターは、2021年1月当時、約6900万円の価値で取り引きされたことで話題になりました。

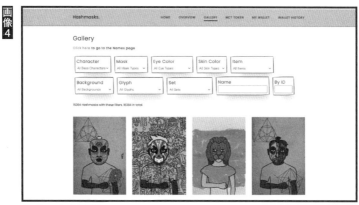

画像4

Hashmasksより引用

世界的なNFTコレクター DANNY氏のツイッターより引用

投資家たちを魅了する「希少性」

　CryptoPunksもHashmasksもデジタルアートでありキャラクターアートですが、ほかにも共通点があります。それはNFTの価値を創出する上で重要な要素のひとつ、「希少性」です。CryptoPunksもHashmasksもそれぞれのアートに特性があり、またジェネレイティブアートであるため、中には珍しいデザインもありました。そこにはNFTだからこそ、誰がそんな珍しいアート作品を所有しているのか、そして誰が発行したのかがブロックチェーンによって証明されていること(Traceability＝トレーサビリティ) により、希少性の高さの証明も可能にしました。

　もちろん「クジラ」といわれるクリプトリッチの人々 (ビットコインを大量に保有している人々) の資産の使い道やプロモーションなどの要素もなきにしもあらずですが、ここにNFTとしてのアートの価値が見出されたことも考慮すべき要素となります。

　このように2021年は年初から一貫して、とにかく希少性が高いNFT作品を購入することに夢中になる投資家が多く現れた傾向がありました。

その投資家たちがどこでこの作品を購入したのか、アート系NFTの購入場所である代表的な2つのマーケットプレイスをご紹介します。

NFTを牽引するOpenSeaとRarible

　OpenSea（オープンシー）は、ニューヨークを拠点とする世界で最大手のNFTマーケットプレイスです。2017年創業、2018年1月から開始した本マーケットプレイスは、利用しやすさとわかりやすさが評価されてNFTを開始する上での登竜門になっています。ゲームアイテム、デジタルアート、コレクターズアイテム、イベントチケット、ドメイン、メタバースの土地や服などさまざまなジャンルのNFTを扱っています。

　2021年7月の月間販売金額は300億円、そしてその勢いは止まらず、8月には2000億円を突破すると予想されています。

　Rarible（ラリブル）は、「世界中の人々がデジタルアイテムをつくり、アクセスし、マネタイズできる世の中に」をビジョンに掲げ、2019年にアート専門として開始したNFTマーケットプレイスです。そしていまでは、ゲームアイテムやドメイン、メタバースの土地なども取り扱っています。

　マーケットプレイスとして利用者2万2000人、月間販売金額18.2億

図1　OpenSeaのユーザー数と販売金額

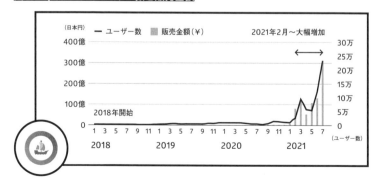

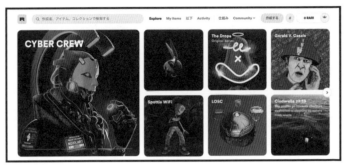

Raribleより引用

円のオープンなマーケットプレイスとして運営されて広く認知されています。

　Raribleの大きな特徴のひとつが、組織の「透明性」を大事にしていることです。Rarible DAO（自律分散型組織）を推奨してコミュニティと共に運営を行う方針を打ち出していて、自社の貨幣、RARIトークンをもつことでVoting Power（投票権）をもち、コミュニティ運営に貢献できる仕組みによって根強い層の支持を獲得しています。

　いち早くマーケットプレイスのみならずトークンを発行してコミュニティ運営にシフトした体制として注目されているため、他のマーケットプレイスも模範にするかもしれません。事実、同じくアート専門のマー

図2　Raribleのユーザー数と販売金額

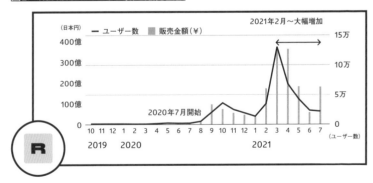

ケットプレイスSuperRare（スーパーレア）などもトークン発行を表明しています。

　このようにOpenSeaやRaribleといった海外のNFTマーケットプレイスは、それぞれのビジョンをもち、アップデートを重ねており、今後も間違いなく成長していくでしょう。

国内のアート系NFTマーケットプレイス

　国内では現在、3月にリリースされた「Coincheck NFT」「nanakusa（ナナクサ）」「NFT Studio」を皮切りに、さまざまな企業がNFTマーケットへの参入を発表しています。ここでは「nanakusa」について詳しく説明します。

　「nanakusa」は国内初の個人によるNFT発行・販売・二次流通機能を備えた統合型NFTマーケットプレイスです。

　nanakusaで主に展開されているのはCreatorsとPartnersの2セクションです。CreatorsでNFTを発行・販売するためには、公認アーティストとして承認される必要があり、2021年8月現在約150名の公認アーティストがnanakusaでNFT発行・販売を行っています。

　nanakusaとしては、そんな公認アーティストと一緒に成長することをミッションのひとつとして掲げており、クリエイター・ユーザー目線のUI/UXの向上を掲げて実装しています。導入する機能は下記の通りです。

- イーサリアムのガス代が高騰するため、Polygon（MATIC）導入
- 一次流通の販売に関するクレジットカード機能の導入
- NFTを所有している人だけが見ることができる閲覧権限機能
- クリエイターのコラボレーションを推奨するロイヤリティ分配機能
- クリエイターが税制申告しやすいようにGtaxの導入

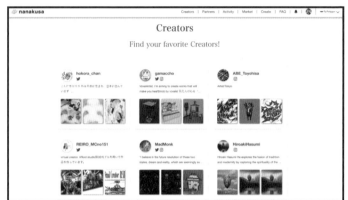

nanakusaより引用

　上記のような機能により、アーティストにとってもより良い環境を提供しているのです。その他にもメタバースへのギャラリー展開やコミュニティビルディングの強化など、クリエイターや事業者がより良いコンテンツを世界へ発信できるための環境づくりに励んでいます。

盛り上がりをみせるNFTアートイベント

　2021年7月、アジアのNFTアートの祭典「Crypto Art Week Asia」(通称CAWA) が開催されました。本イベントではアジア5カ国6都市でNFTアートのリアルイベントが開催され、先に紹介したnanakusaも本イベントにプラチナスポンサーとして参加しています。

　第1回から拡大したアジアのNFT祭典で、2回目となる今回は総勢300名以上のクリエイターが参加。フィジカルアートとNFTアートの融合を目指した東京会場では、現代アーティストやクリプティスト、ボクセルアーティストなど幅広いクリエイターが参加しました。イベント期間中はNHKの取材など、メディア露出の効果もあり計2118名の来場者となって注目を集めました。

　これまでデジタル上にあったNFTが目の前にあることで実感が湧い

2021年7月に開かれ話題となった「Crypto Art Week Asia」

た来場者が多く、同時にバーチャルに拡張されることで未来への可能性を感じるという声もありました。

NFTアートにおける法規制の課題と取り組みに

ここまでは、NFTアートの盛り上がりについて説明しましたが、この市場が盛り上がるほど、課題も浮き彫りになっています。

NFTは現在、アートに限らずさまざまな分野で急速に広まっています。その一方で、NFTにおける権利や取り引きにおける法整備などはまだまだなされていません。特に所有権に関しては、現在の日本法上ではNFTなどのデジタルデータ、すなわち「無体物」には適用されません。この課題については、日本に限らず世界でも大きな議論となっています。

そんな課題に取り組んで解決策を提示しているのが、スタートバーン社。「世界中のアーティスト、そしてアートにかかわるすべての人が必要とする仕組みを提供し、より豊かな世界を実現する」をミッションにアート作品にICタグ付きブロックチェーン証明書を発行する「Startbahn Cert.」とブロックチェーンを活用したアート流通・評価のインフラとなるサービス「Startrail」を提供しています。

Startbahn Cert.は、作品情報や来歴を継続的に更新し、保全するブ

ブロックチェーンで作品に証明書を発行できる技術、Startbahn Cert.

ロックチェーン証明書のプロジェクトです。記録された情報を、ウェブ上やスマートフォン上でユーザーが使いやすいUIに変換して、「Cert.」というICタグ付きブロックチェーン証明書として提供しています。

そして、このStartrail上に記録される情報を活用して審査が通れば誰でも簡単に、作品を管理できる仕組みになっています。つまり、イーサリアムのERC-721に準拠した「Startrail Registry Record（SRR）」にアート作品の情報を記録しているのです。

またブロックチェーンを通すと管理しなければならない秘密鍵を改善するためにTorus社のテクノロジーを活用。GoogleアカウントやSNSで認証完了できるようにしており、ユーザーのことを考えたサービスを提供しています。

このシステムを活用してアートオークションサイトSotheby's（サザビーズ）で現代美術家の池田亮司氏が「A Single Number That Has 10,000,086 Digits」を2021年6月に発表。ブロックチェーンテクノロジーを介して垣根を越えています。

今後のアート系NFT市場の動向予測

　2021年、NFT業界にとっては疾風怒濤の時代が幕開けし、本稿を執筆している現在では早くも8カ月が経ちました。

　世界中ではさまざまなNFT関連のビッグニュースが毎日のように発信されています。日本でも4月に村上隆氏、7月には草間彌生氏のNFTが販売され話題となりました。(村上隆氏のNFTは販売後、すべて取り下げとなった)。

　今後も著名なアーティストの参入は続いていくと予想されます。

　それに合わせて、現代美術コレクターとNFTアートコレクターそれぞれがどのように共存し、新しい価値を見出していくのかも注目です。

　またNFTはアートだけではなく、ゲームやイベントチケットのような利用用途も主流となっていきます。

　これからは「メタバース」「トークンエコノミー」などのキーワードにあらゆる分野に入り込んで加速していくことが予想され、NFT市場はさらに加速して広がりを見せていくでしょう。

　いまや多くの人がスマートフォンを所有し、SNSが生活の一部になっているように、ウェブ3.0時代のテクノロジー並びにNFTが人々の生活に溶け込む状況がまもなく訪れます。

　いかにこの概念並びにバーチャルの世界線を取り込むかがキーとなってくるでしょう。故に「すべて」に関連するNFTビジネスは、まだ序章に過ぎないのです。

NFT × メタバース

現実と仮想の共存。
仮想空間＝メタバースと
NFTが生み出す未来

昨今ビジネス界でも飛び交うようになった「メタバース」という言葉。いったい今後どのような成長をしていくのか——NFTとメタバースの可能性と現在について、仮想商店街Conata（コナタ）を運営するBeyondConceptの福永尚爾が解説する。

Author

福永尚爾　BeyondConcept,Inc CEO。モバイルゲームを手がける株式会社グラニ CTO、VPoEを歴任、数百万人規模のオンラインゲームを複数輩出。同社事業売却後、NFTとメタバースの可能性を感じ、NFTネイティブなメタバース Conataの開発、運営を行う。メタバース上で実施された国内最大規模のNFTアートの祭典 CryptoArtFesの主催者でもありアートや音楽などのカルチャーにも造詣がある。

メタバースとは何か

　メタバースとはSF作家ニール・スティーヴンスンによる造語が由来で、「インターネット上に構築された仮想の三次元空間でアバターなどを用いて接する環境」とされています。過去には2003年にLinden Lab（リンデンラボ）から発表されたSecond Life（セカンドライフ）やFortnite（フォートナイト）、Roblox（ロブロックス）、VRChat（VRチャット）、Cluster（クラスター）などがメタバースを志向してつくられているサービスといえます。

　2021年現在ではメタバースといってもFacebook Horizon（フェイスブック・ホライゾン）、VRChatやFortniteのような「完全な仮想世界」とNiantic（ナイアンティック）社が開発するポケモンGOなどの「現実空間内包型」といった分類に大きく分かれています。「現実空間内包型」はミラーワールドやデジタルツインとも呼ばれており、仮想空間型と大きく違うのは文字通り現実空間も仮想空間ととらえることにあります。現実空間自体もひとつの仮想世界「バース」としてとらえ、バーチャルな仮想世界とリアルな仮想世界が共存する状態です。

　メタバースについて詳しい米ベンチャー投資家のマシュー・ボール氏は2020年に、メタバースの必須条件を7つ示しました。

画像1

自作アプリの仮想空間でセルフィを撮る図

①永続的であること：一時停止やリセットは存在せず無限に続くこと

②同期的である：実社会と同じく、同期的な状態

③無限の同時接続ユーザー：ユーザーそれぞれが存在感をもつ

④完全に機能した経済：個人や企業が価値を生み出し報酬を得られる

⑤実社会との垣根なし：リアル／バーチャル、オープン／クローズ、プライベート／パブリックにまたがる体験となる

⑥相互運用性：プラットフォームの垣根を越えた体験

⑦幅広い人々の貢献：個人や企業などが大量のコンテンツや体験を提供する

　このような条件を満たす状態のことをメタバースとし、よく想像されるヘッドセットを被ってVRワールドで活動していることだけではメタバースとは呼ばないのです。

　概念自体が時間と共に拡張され、現実世界を仮想化したものやそれらを包括したインターネットエコノミーのことをメタバースと呼ぶことが増えています。本セクションもそれにならい、リアルもバーチャルも含めたインターネットエコノミーをメタバースと定義します。

クローズドメタバースの例

　NFTとメタバースの話の前に、国内外の主要なプレイヤーの動きを解説していきましょう。

　メタバースの多くは、その世界でモノや世界をつくるクラフト系をFacebook Horizon、Roblox、Clusterなど主要なプレイヤーが推し進めています。またWave VR（ウェーブVR）をはじめバーチャルライブプラットフォームやFortnite、どうぶつの森、Minecraft（マインクラフト）などのクラフトゲーム系メタバースが存在しています。

　これらの多くは完全仮想型のメタバースであり、ポケモンGOのような現実内包型メタバースはまだ多くは存在していません。また、経済自体がアプリ内やそのエコシステムで閉じていることからクローズドメタ

バースともいわれます。

　そして、2021年、NFTの台頭によりこの状況が大きく変化しました。

NFTがもたらすオープンメタバース

　NFTとメタバースがもたらすのは、現実空間と仮想空間の共存にあ
ります。NFTの登場によって複製可能なデジタルデータも唯一無二の
ものとして判別可能となりました。そのためデジタルデータが現実の物
質に近い存在となったのです。ビットコインが数に限りがあることで価
値が担保されるため、「デジタルゴールド」と呼ばれるようにです。

　NFTはメタバースにとって下記のような重要な要素があります

①価値の希少性の担保
②アプリケーションを越えて所有し行使できること
③実質的な価値をもつこと

　特に②のポータビリティが概念としては重要です。NFTの大きな特
徴としてプラットフォームを越えてデジタルアイテムを持ち越せること
が挙げられます。「いままでと何が違うの?」と思われるかもしれませ
んが、現行インターネットカルチャーの概念を覆すほど重要です。

　たとえば、いままではあるアプリケーションで買ったデジタルアイテ
ムはそのアプリケーションでしか利用できないことが大半です。しかし、
NFTはどのアプリケーションにも属さないブロックチェーンに所有デー
タが属するため、アプリケーションをまたいだ権利の執行が可能です。
現実世界のアパレルショップで服を買ったら全世界のどこにその服をま
とっていってもいいように、デジタルアイテムもアプリに限定されるこ
となくどの世界にも自分が購入したデータをもっていけるのです。

　このデジタルアイテムを自分で所有するという概念は過去に出てきた
これまでのメタバースとは大きく異なり、新しいメタバースの概念を生
み出す可能性があります。

いままでのメタバースではその世界で購入したものはその世界でしか利用することができませんでした。NFTの登場によりあるメタバースで購入したアバターやアイテムが将来的に別のメタバースで利用することができるかもしれないのです。

メタバース同士が相互に接続された状態をオープンメタバースといい、NFTは価値交換の基礎概念として利用されます。

NFTとメタバースの関係

現実の物理アイテムの多くはメルカリやブックオフなどの古物取扱所で二次販売が容易に行えます。どこの服屋で買ってもメルカリで売れるように、NFTもどのショップで買っても互換性がある限りどこのショップでも二次売買が可能です。

いままでデジタルデータはクローズドな空間でのモノのやり取りしかできませんでした。しかしNFTの登場によりオープンなマーケットに変化したのです。現実の物理アイテムのルールにデジタルアイテムが近づいたからといえるでしょう。いままでコピーが容易だったデジタルデータが現実のルールに近づくことで固有の価値がつきはじめたのです。

メタバースにおけるNFTは自由自在です。土地や不動産、そして音楽、アート、ゲーム、ファッションなどのカルチャー。VRミュージックフェスなどのイベントチケット、そしてメタバース用のアバターやメタバース空間そのものがNFTとして取り引きされています。もはや思いつくものすべてが「NFT×メタバース」といっても過言ではないでしょう。

ここでは代表的な事例として土地、アバター、イベントなどのカルチャーをご紹介します。代表的なNFTがメタバース上の土地です。The Sandbox（ザ・サンドボックス、80ページ参照）やCryptoVoxels（クリプトボクセルズ）、Decentraland（ディセントラランド）といったNFTファーストなメタバースは基本的に土地という概念を設定しています。

現実の物質に近くなったデジタルデータ NFTがどのように活用されているのか実施されている事例を見ていきましょう。

CryptoVoxels

　CryptoVoxelsはキューブ上のオープンワールド型メタバースです。ユーザーは所有した土地に対して自分の好きなように空間をエディットしたり自分が所有したNFTアートを飾ったりすることができます。

　CryptoVoxels内でイベントも実施されており、国内事例でいうとCrypto Art Week Asia（54ページ参照）というクリプトアートの展示、交流イベントが実施されました。このように土地NFTの所有者のみが土地の管理ができるといった機能をもつことが主流のカルチャーになっており、中にはイベントを開催するユーザーに対して土地の所有者が貸出などを個人間で行ったりもしています。

メタバース×ファッション

　CryptoVoxelsをはじめDecentralandなどNFT系メタバースの多くは土地のほか、アバター用のファッションを販売しています。3Dアバターに対しての帽子やスニーカー、服やアクセサリーなど一般的なファッションカテゴリーは網羅しており、個人でメタバース向けのアパレルを販売することで生計を立て成功している人もいます。

CryptoVoxels内の企業オフィス。CryptoVoxelsより引用

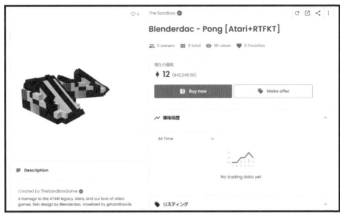

RTFKTのThe Sandbox用のデジタルスニーカー。OpenSeaより引用

Decentraland Wearables。OpenSeaより引用

　中でもRTFKT（アーティファクト）というブランドはメタバース向けアパレルで有名です。2021年に発売したバーチャルスニーカーコレクションは7分以内に完売で約3.2億円相当。クリプトカルチャーのリアルスニーカーやメタバース向けオリジナルアバタープロジェクトなど、NFTウェアラブルの最先端の例を見せています。

　メタバースが発展していけばいくほどメタバース向けファッションの市場も広がり、いまのハイブランドとは異なるデジタルネイティブなハイブランドが台頭することが予想されます。

NFT系メタバースのイベント

　Crypto Art Fesは日本最大のメタバース上でのアート展示会として、2021年4月にConata（コナタ）というメタバースで開催されました。インターネット上で90名以上のアーティストが集まり300点以上の作品が一挙に展示されたイベントです。

　アーティストの展示のほか、NFTコレクターの展示場や、特定のNFTをもっていないと入れないエリアなど、メタバース×NFTだからこそできるイベントの事例でしょう。

　国境と言語を越え、新たなイベントを製作できるのもメタバースの利点であり、The SandboxやDecentralandでも同様にメタバース内で交流イベントや企業の広告イベントなどが日夜実施されています。コカ・コーラなどはNFT進出の際にメタバース上で広告イベントとしてのミートアップを開催し、その場にいる人限定のNFT配布を行ったことで集客に成功しています。

　また、メタバースでのイベントは分散型組織のDAO（69ページ参照）と相性がよく、DAO内のミートアップや拠点をつくる事例も出はじめています。

国内のメタバースConataで実施されたCrypto Art Fesの様子。Conataより引用

NFTコレクターLevのギャラリー。Decentralandより引用

バーチャル空間に自身のギャラリー

　メタバース上の土地所有者やコレクターは、メタバース上に自分の
NFTアートコレクションやプロダクトを展示します。そのために自前
のギャラリーをもつことがカルチャーとなっています。

バーチャル建築士

　一方でギャラリーなどの建築物を魅力的に製作できる人は限定的です。
そこで自分で建築物やギャラリーをつくらない代わりにクリエイターに
依頼して建造物を製作するというカルチャーも生まれました。

　現実世界と同じように土地の所有者は建物を他者に依頼して建造し、
自分の資産になるように振る舞うという経済が回りだしたのです。

　また、この土地自体は個人が所有することもありますが、企業や団体
が所有し、自分たちの土地を盛り上げるために活動するケースもありま
す。

　さて、次からはNFTとメタバースを取り巻くコミュニティカルチャー
について解説していきます。

NFTコレクターLevのギャラリー。バーチャルクリエイターMISOSHITA氏作成。
Decentralandより引用

コレクティブNFTの流行とメタバース

　2021年8月時点ではコレクティブNFTが大流行しています。Visa
がCryptoPunks（クリプトパンクス）と呼ばれるドット絵のアバターを約
1700万円で購入したことが話題になっています（47ページ参照）。コレク
ティブNFTというのはCryptoPunks、Hashmasks（ハッシュマスクス）、
Bored Ape Yacht Club（ボアド・エイプ・ヨット・クラブ）など、人物やそ
れに相当する動物のアートが描かれた作品群です。

　これらに共通するのは、同じフォーマットで違う絵柄が1万種類ほど
存在し、それらには同じ絵柄がひとつもないということです。そしてこ
れらを人々はTwitterや各種SNSで自身のアイコンに使い、インター
ネット上で自身を表現するために活用しています。

　メタバースは現実世界も仮想世界も内包しているとお伝えしました。
NFTの登場によって生まれたインターネットカルチャーや現実でのカ
ルチャーは、仮想世界のメタバースであっても概念は現実に通用すると
考えられます。同族意識や仲間意識をもつために現実でロックバンドの
TシャツやSDGsなどのメッセージをもったアパレルを身にまとうよう
に、メタバース上のアバターにもそれらは反映されます。インターネッ

ト上のコミュニティを形成するためにコレクティブNFTは活用されています。

奇妙な猿の大行進

　そしてそのカルチャーにさらに深く踏み込んだのがBored Ape Yacht Club（BAYC）です。BAYCは2021年4月30日に発足したNFTクラブです。1万体の猿のアバターが発行され、初期はイーサリアム換算で200ドルの価格で販売されました。2021年8月現在では最低価格が15ETH（日本円で1体500万円）と驚異の高騰を見せています。

　そんな高騰したBAYCですが特徴的な点が何点か存在しています。

- 発行したNFTのみが入れる会員サイトが存在
- 所有しているアートの商権は所有者が保有
- 販売前にロードマップを提示

NFT会員サイトBored Ape Yacht Clubより引用

そしてこの結果、

• 同一の種族のアバターを所有することでの組織としての帰属意識
• 共通のゴールを提示することで組織が統一
• 商権を所有者に渡すことで従来の中央集権的なIP（知的財産）の組み立て方ではなくコミュニティ主導のIPの盛り上げ方となった

　コミュニティをNFTを保有する人たちと形成し、コミュニティやIPを分散型で形成したといえます。
　そして何より、コミュニティ主導になったことにより、自身がもつNFTの価値を自分の貢献によって上げられる。これがコレクティブルNFTによって起きたパラダイムシフトです。
　この猿のアバターコミュニティが盛り上がれば盛り上がるほど、自分が持つ猿の価値も上がり、将来的に映画やゲームが開発されることもあり得るでしょう。

　このような自律分散型コミュニティはDAOとも呼ばれブロックチェーンプロダクトやメタバースには欠かせないピースとなっています。

DAO

　自律分散型組織DAO（Decentralized Autonomous Organization）は現在多様なプロジェクトで構築されはじめています。DAOによって組織形態も異なるため本節ではNFTにかかわるDAOの説明に特化します。
　DAOの中にはコレクティブルNFTのHashmasksから派生したIPを管理するMaskDAO、NFTを共同購入・保有するPleasureDAOなどがあります。これらの特徴として以下が挙げられます。

• ひとつの共通のミッションが存在
• 主体管理者がいない

- コミュニティ主導
- 実名、匿名のアカウントが入り混じる

　DAOは独立した個人の集まりであり多くはインターネット上で知り合い、形成されます。NFTネイティブなメタバースでは、このようなDAOのような組織が無数に形成されると共に実名匿名を問わず、場所の垣根を越えて議論やコミュニケーションする場が求められます。

　そこには従来のメタバースとはまた違い、メタバースでコミュニケーションする必然性が生まれます。NFTを介して組織の在り方やメタバースの利用方法も変化しているのです。

メタバース実現における課題

　さて、ここまではメタバースとNFTの事例を挙げてきましたが、ここからは一転メタバースの実現に制約がかかる事項をご紹介します。特に大きな問題が権利問題です。NFTの大きな特徴としてプラットフォームを越えてデジタルデータを持ち越せるといった特徴がある、とお伝えしましたが、いままでのIPの観点でいうと利用許諾は目の届く範囲内のみでした。

　あるIPが「ゲームの中で利用許諾を出す場合はゲームのこの利用にのみ使っていいよ、権利料はこうだよ」という範囲を決めます。NFTは現実世界と同じくどこで買ってもどこにでももっていけるというのが特徴です。そのためNFTを意識した権利といままでのインターネットビジネスの権利では考え方が異なります。

　既存のIPビジネスがNFTに進出しづらい点はこのオープン性にあります。いままでは利用先を絞ることによって許諾料をいただくというビジネスができていたのが、NFTになった途端、アプリケーションを越えて利用できるのです。

　そのためNFTに封入する情報はパブリックにするものと権利の行使先を限定するもので、使い分ける工夫が必要になります。

メタバースでいうとアバターのサムネイル画像は自由にどこのプラットフォームで利用することも可能ですが、アバターとして利用できるのは特定のメタバースのみなどの制限をかけることも可能です。

　権利の利用許諾はNFTに限らず複雑になってくるため、ある程度定められた共通のライセンス規格がつくられるのがまたれます。

　また、ハードルということでいえば、やはり技術的な制約もあります。いくらNFTがプラットフォームやアプリケーションをまたいで移動できるとしてもデータファイルや個々の開発の仕様は一般的には異なります。

　そのためたとえばあるプラットフォームAで購入したアバターを、プラットフォームBやアプリケーションCに持ち込んだとしても、挙動が変わる、そもそも使用できない、といったことが起こりえます。

　jpgやpngといったどのアプリケーションでも挙動が変わらないものもありますが、3DファイルやVR空間等のデータは複雑性も高く標準化されていないというのが現状です。今後制定されていくのか、それとも各社バラバラな仕様のまま進んでいくのかは現時点では誰にもわかりません。

　本セクションではNFTとメタバースの歴史、そして2021年における概況を説明してきました。デジタルとリアルがブロックチェーン、NFTによってなめらかに接続され新しい時代がつくられている真っ最中です。

　このセクションを読んだあなたが少しでも興味をもち、共に新たな時代を共創できることを願っています。

NFT × 国内ゲーム

NFTによって起こる地殻変動。国内のゲーム市場が迎える新たな局面

ゲームに登場するキャラクターやアイテムをユーザー同士が取り引きできる——一昔前には考えられない進化が進む国内NFTゲーム。「クリプトスペルズ」など、ゲーム業界を牽引するCryptoGamesの小澤孝太が業界の変動と現在を解説する。

Author

小澤孝太 2014年慶應義塾大学経済学部卒、株式会社サイバーエージェント新卒入社。複数のゲーム関連事業を立ち上げ2016年にCA36に抜擢。2018年CryptoGames株式会社を設立。2019年「クリプトスペルズ」を正式リリース。2020年ブロックチェーンゲーム開発会社DoubleJump. tokyoの社外取締役を兼任。ブロックチェーンコンテンツ協会理事。ビジネスモデル特許を2件取得。

国産NFTゲームの登場

2017年11月にさまざまな種類の仮想猫を購入、販売、収集、繁殖するゲーム「CryptoKitties（クリプトキティズ）」が登場して以降、デジタルキャラクターやアイテムがNFTとなっていることで、自由に売買できるNFTゲーム（当時はDappsや、ブロックチェーンゲームという名称が主流でした）がリリースされはじめました。

国産のNFTゲームとしては、2018年11月30日に「My Crypto Heroes（マイクリプトヒーローズ：通称マイクリ）」がリリースされ、イーサリアムベースのブロックチェーンゲームとして、取引高・取引量・DAU（1日あたりのアクティブユーザー）で世界1位を記録しました。その後、2019年6月25日に「CryptoSpells（クリプトスペルズ：通称クリスペ）」、2020年1月23日に「コントラクトサーヴァント」、2020年1月30日に「ブレイブ フロンティア ヒーローズ」、2020年4月20日に「EGGRYPTO（エグリプト）」、最近では2021年5月30日に「マイクリプトサーガ（通称マイサガ）」などのタイトルが国産NFTゲームとしてリリースされています。

NFTゲームと従来のゲームとの違い

NFTゲームは、アナログのトレーディングカードゲームにたとえられることが多々あります。NFTゲームはアナログのトレカと同じように、デジタルでも「世界に○枚しかない」という有限なことが証明されているため、希少なカードは資産価値をもちます。また、アナログのトレカをカードショップや友達同士で交換するように、デジタルでも自由にトレードや売買を行うことが可能です。

一方で、NFTゲームはアナログのトレカ的な資産性はありつつも、「手軽さ」「オンラインでのマッチング」「（ゲームによりますが）無課金で開始できる」など、デジタルゲームの良さも兼ね備えています。

さらに、NFTならではの体験例として「自分のNFTが別のゲームでも使える」という世界を実現しているNFTゲームも存在します。たと

表1　トレーディングカードゲームの変遷

	TCG 1.0	TCG 2.0	TCG 3.0
	アナログ	デジタル	ブロックチェーン
資産化	○ 自由にトレード	✕ サービス終了で無になる	○ 自由にトレード 発行枚数、所有者が可視化
二次流通	○	✕	○
はじめやすさ	△	○ 無料で開始	○ 無料で開始
拡張性	―	―	○ 自分のカードが 別のゲームでも使える

えば、MyCryptoHeroesの一部のNFTはCryptoSpellsでも使用する
ことが可能です。

NFTはユーザーがゲームを盛り上げるインセンティブに

　NFTゲームの大きな特徴のひとつは「ゲームに登場するキャラクター
やアイテムをユーザー同士が取り引きできる」ことです。
　この特徴により、ユーザーがプレイスキルを磨いて特定のキャラク
ターの強力な使い方を広めたり、イベントを主催して特定のキャラク
ターの人気を高めたりすると、もっているキャラクターNFTをより高
い価格で取り引きできるようになり、「ユーザー主導でゲームを盛り上
げることが、ユーザーの得にもなる」ことにつながります。
　ここでは代表的な2つのNFTゲームについてご紹介します。

My Crypto Heroes（マイクリプトヒーローズ：通称マイクリ）

「MyCryptoHeroes」はDoubleJump.tokyo（ダブルジャンプトーキョー
＝DJT）が提供するNFTゲームのRPGです。イーサリアムベースのブロッ

国内NFTゲームを代表する「マイクリ」

クチェーンゲームとして、取引高・取引量・DAUで世界1位を記録し、リリース後2年の累計売り上げは2万ETH（イーサ）を超えています。

　ドット絵で描かれた歴史上の英雄キャラクターでパーティーを組み、ノードと呼ばれるダンジョンに挑んで敵を倒し、手に入れたレアアイテムでさらにパーティーを強くしていくゲームです。英雄キャラクターと装備アイテムがそれぞれNFTになっており、ユーザーの間で取り引きができます。

　マイクリではプレイヤーの多様なプレイスタイルが「士農工商」と呼ばれます。それぞれのプレイヤーの思惑によって動くことでそこに経済圏が形成され、ゲームが盛り上がるようにゲーム設計がされています。

武士：プレイヤー同士のバトルで勝って報酬を得るため、より強いキャラクターやアイテムを買い集めて強力なパーティーをつくっていくプレイヤーです。

農民：ダンジョンを攻略して得たアイテムをマーケットに売ることで利益を得ているプレイヤーです。アイテムがドロップすることではじめてプレイヤーたちにアイテムが供給されていくことになるので、生産職の

ような立場として農民プレイヤーと呼ばれます。

職人：マイクリにはキャラクターのドット絵を編集する機能があり、ドット絵の編集によって能力が変わります。編集したドット絵はキャラクターのスキンとして売り出すことができ、美麗なドット絵やおもしろいドット絵を売り出して稼ぐプレイヤーは工あるいは職人と呼ばれます。

商人：商人と呼ばれるプレイヤーはマーケットからアイテムやキャラクターのNFTを買い取り、他のプレイヤーに売ることで利益を得ています。キャラクターNFTを買いこむことで、キャラクターNFTのゲーム全体への供給を増加させる役割も担っており、マイクリの経済圏に不可欠な存在になっています。

CryptoSpells（クリプトスペルズ：通称クリスペ）

　CryptoSpellsはCryptoGames株式会社が提供するトレーディングカードゲームを題材とした、NFTゲームです。2018年6月に正式リリースされ、売上金額は初日で600ETHを突破し、当時日本最高記録となりました。2019年6月に日本ではじめて「ブロックチェーンゲーム」という名称で地上波でのテレビCMを実施し、また、2021年4月に

ターン制のカードバトルゲーム「クリスペ」

CoincheckNFTではじめてのNFTセールを開催し、およそ600万円分のNFTが5秒で完売しました。

CryptoSpellsは30枚のカードと、最初の手札としてひとつ選べる特殊なカード「クリプトスペル」3枚でひとつのデッキを組み上げ、そのデッキでNPCやプレイヤーと戦うターン制のカードバトルです。デッキの組み方や毎ターンのカードの使い方による戦況の変化は無限大であり、奥深い戦略性があります。CryptoSpellsには、レジェンド、ゴールド、シルバー、ブロンズの4種類のカードレアリティがあり、そのうち上位2つにあたるゴールド、レジェンドのカードはNFTとしてゲーム内外のマーケットで取り引きすることができます。レジェンドの中でもリミテッドレジェンドと呼ばれるカードは発行枚数が9枚と限定されており、ユーザー間で高値で取り引きされます。

CryptoSpellsは3カ月に1度大規模な大会が開かれており、その優勝賞品は「ゲーム内に自分オリジナルのカードを実装してもらう権利」であるカード発行権NFTです。カード発行権NFTを自分で使って自分好みのカードをつくってもらうもよし、マーケットプレイスに売って利益を得るもよしとなっています。

クリスペには誰でも所属できる5つのギルドがあり、ギルドStock（ストック）と呼ばれるギルドの所有権NFTが販売されています。それぞれ

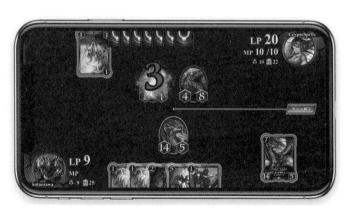

高い戦略性が求められる「クリスペ」の画面

のギルドStockの所有者はギルドに入っているメンバーが新たにクリスペに課金すると、その課金額の一部が収入として入る仕組みになっています。各ギルドのギルドStock最大の所有者によってギルドマスターが決まります。ギルドマスターは自分のギルドを盛り上げるため、それぞれ独自の施策を打ち出していて、ギルドを中心にしたコミュニティ形成とイベント企画がクリスペ公式の手によらず独自に発展していくことで盛り上がっています。

NFTによって新たな展開を迎えた国内ゲーム業界

　2021年に入り、国内の大手のゲーム会社もNFTへの参入を発表しています。2021年4月には、「ソニック」や「ぷよぷよ」「龍が如く」シリーズなどで有名な株式会社セガ、また「ファイナルファンタジー」や「ドラゴンクエスト」シリーズなどで有名な大手ゲーム企業のスクウェア・エニックス（スクエニ）は「資産性ミリオンアーサー」というミリオンアーサーシリーズのキャラクターシールの展開をDoubleJump.tokyoとの共同開発ではじめています。

　また、悪質な業者による詐欺ゲームでユーザーが被害に遭わないように、NFTゲームのガイドラインの整備が進んでいます。

　日本のソーシャルゲーム、スマホゲームでは有料のガチャによる商品展開が主流になっています。ガチャは目当ての商品を入手できるかどうかが変化するため、ユーザーにとっては「いくらお金を積んでもほしいものが手に入らない」ことが続くことがあります。

　しかも、そのアイテムは二次流通が禁止されているので、目当てのアイテムを手に入れるためには当たるまで課金をし続けなくてはなりません。これは経済的にも精神的にも大きな負担になってしまいます。

　一方で、NFTゲームではそういったスマホゲームでは二次流通できないアイテムがNFTとして二次流通可能な状態になっているので、運よくアイテムを得たプレイヤーからそのアイテムを買い取って手に入れ

ることができます。

　また、二次流通手数料の一部がゲーム運営者に還元される仕組みも取り入れることができ、ゲームの運営者にとっても二次流通による収益が選択肢のひとつになります。

国内ゲーム業界におけるNFTの課題

　NFTゲームは、NFTを使っていないスマホゲームでは問題のなかった法的リスクがあり、それをクリアしたうえでゲーム展開することが求められます。たとえば、日本国内ではNFTアイテムを有償のガチャで商品展開すると賭博罪に該当してしまう可能性が高いとみられています。これは二次流通で価値が付くと認められるアイテムを確率によって得られたり得られなかったりするケースが生じてしまうためです。

　現在、海外最大手NFTゲームのAxie Infinity（アクシィインフィニティ）をはじめとして、独自の暗号資産を発行するゲームタイトルが増えています。国内でもマイクリを運営するMCH社がMCHCと呼ばれるガバナンストークンを発行し、ゲーム運営の意思決定のための投票に使われています。

　一方で、日本ではNFTおよび、独自の暗号資産の発行に関する、法務・税務面がまだ明確になっていません。今後、より大手のゲーム会社がNFT、NFTゲームに参入しユーザーと共に意思決定するゲームの設計のため、日本におけるNFTおよび独自の暗号資産の、法務・税務面の整理が必要になると考えられます。

　コンテンツ大国日本において、エンターテインメント・ゲーム領域でこのNFTが活用され世界に広める切り札となることで、NFTが日本の新しい産業となっていくことを期待しています。

| NFT × 海外ゲーム |

NFTゲームにおける
世界的先駆者が語る
ゲームに訪れた「革命」

NFTゲームを代表する世界的ゲームといえば、The Sandbox（ザ・サンドボックス）。ブロックチェーン技術、ゲーム、教育に情熱を注ぐ創設者のセバスチャン・ボルジェが、The Sandboxを例にNFTゲームの革新について解説する。

Author

セバスチャン・ボルジェ　The Sandboxの共同創立者兼 COO。モバイルゲーム業界で10年以上の経験を持ち、Pixowl, Incの 共同創立者兼COOでもあり、トップグロスのタイトル制作とマーケティングの責任者として活躍中。モバイル版「The Sandbox」シリーズは、ダウンロード数4000万回以上、2012年と2013年のApp Store Best Gamesにノミネート。業界の主要メンバーが参加するBlockchain Game Allianceの会長も務める。

NFTゲームの世界的状況

　現在ブロックチェーンゲームのメタバースの概念は、すべてのユーザーの仕事、社会生活、遊び方、収入源を変えつつあります。

　しかし、そのブロックチェーンのメタバースとは一体何なのか、現在、その認知度は高くはありません。簡単に説明するとメタバースは、私たち人間が、3Dアバターと呼ばれる自分自身のバーチャルな表現を通して、デジタルのパラレルワールドで複数の活動を同時に体験することができる世界です。

　Facebook、Roblox（ロブロックス）、Fortnite（フォートナイト）など、大企業が手がけるメタバースの名前ぐらいは聞いたことがあると思います。これらは集中型のメタバースで、すべてのユーザーデータはプラットフォームを運営する企業が管理・所有しており、このデータは閉じられた空間でのみ展開されます。

　対してThe Sandbox（ザ・サンドボックス）のメタバースの世界は、The SandboxのNFTをベースにした仮想ゲームワールドであり、分散型でオープンな世界です。この大きな違いはThe Sandboxはユーザー主導のプラットフォームであり、ユーザーは自分のアイデンティティ、ゲーム資産、ゲーム内通貨であるSANDを管理し、真に所有することができ

画像1

NFTゲームの代表ともいえる「The Sandbox」

きることが挙げられます。

　このブロックチェーン技術の登場により、デジタルマーケットでパラダイムシフトが起こりました。つまり、ブロックチェーン技術が可能にした、アイテムの作成者と所有証明の特定です。これによりデジタル資産そのものに価値をもたらし、資産やサービスが評価され、保管され、取り引きされ、収益化されるデジタル経済がスタートしました。

　NFTの特徴は、権利にあります。各デジタル資産は識別でき、限定された証明可能な数のコピーをもつことができ、開発者にたずねたり、許可を求めたりすることなく、ユーザー間で譲渡することができます。

メタバースとゲーム

　ゲーム内のデジタルユーザー生成コンテンツ（User Generated Content＝UGC）商品の売買は、新しいものではなく、集中管理型のゲームや「World of Warcraft（ワールド・オブ・ウォークラフト）」や「どうぶつの森」などのMMORPG（大規模多人数同時参加型オンラインRPG）でも存在していました。しかし、開発したゲーム会社に権利があり、プラットフォームの制約により、ユーザー間のコンテンツの取り引きは、グレー／ブラックマーケットで行われていました。さらに、このUGCは所有権の概念がなく、メタバースマップ上のゲーム内で課金をしても、真の所有をすることができませんでした。

　我々The Sandboxの創設者が、ブロックチェーン技術はユーザーに新たな機会をもたらし、NFTゲーミングがこれまでのビジネスモデルを変えていくことに気がついたのは、2017年でした。まだ誰もがブロックチェーン技術に懐疑的だったころ、コンテンツクリエイターやユーザーの手に委ねられるオープンなメタバースのビジネスの構築に着手したのです。

　2021年はブロックチェーンやNFTが話題になっていますが、これは突然生まれたものではありません。The Sandboxチームのようなパイオニアが、まだマーケットがないころから、マーケティング活動を続け、そして、ユーザーにブロックチェーンゲームのすばらしさを地道に宣伝

し、興味をもってくれるゲームユーザーをThe Sandboxのユーザーに変えていったからです。こうして、ブロックチェーンのクリエイターが生み出したデジタルコンテンツのひとつひとつに真の価値を与え、UGCクリエイターに新たなビジネスチャンスをもたらすことで、新たなパラダイムが生まれたのです。

Decentraland（ディセントラランド）やCryptoVoxels（クリプトボクセルズ）もNFTメタバースの先駆者ですが、The Sandboxは3Dボクセルで構築され、よりゲームにフォーカスしている点が特徴です。The Sandboxは、巨大なオーディエンスを持つMinecraft（マインクラフト）で成功したボクセル世界を採用しながら、クリエイターの育成に力を入れており、独特な分散型メタバース（84ページ参照）へと発展しています。すなわちThe Sandboxは、他ブロックチェーンメタバースとの差別化を意識しながら、新しいブロックチェーン技術と、既存の成功したサービスの延長線上に成り立っているのです。

ほかにも、The Sandboxの特徴は、UGCのゲーム資産の完全な所有権をユーザーにわたしていることです。オーナーであれば、自分の資産を他のユーザーに譲渡したり、貸し出したりして、ゲーム内で過ごした時間から収益を得ることができます。ゲームクリエイターがゲーム通貨を所有し、ゲームのルールを決めることで、真のオーナーシップをもつことができる価値を実感し、その楽しさを経験できます。法人だけではなく、個人のゲーム開発者や提供者が、自分の資産の価値を高める努力をする楽しみを、ユーザーに所有権を与えたり、Play-to-Earn（プレイ・トゥ・アーン）による報酬を与えることで、実感することができるようになります。

ユーザーが主体となって運営されるメタバースでは、プレイヤーが決定事項に投票することで、世界のパラメータや開発の優先順位、将来の意思決定に影響を与えることができるガバナンス層が存在します。これはこれまでにない概念です。

分散型メタバースとは

　ブロックチェーン技術の歴史は浅いため、現在、「メタバース」という言葉は、本質を無視し、言葉だけが独り歩きしています。それは、抽象的な言葉であり、現在話題となっているNFTさえも、明確な定義や概念が社会的に合意されていないからです。多くの専門家が独自の定義を打ち出していますが、The Sandboxのメタバースは、このキーワードを以下のように定義しています。

> 　メタバースとは、社会的交流のための仮想世界であり、コンテンツを生み出すクリエイターが生きるひとつの経済でもあります。メタバースをより厳密に説明すると、RobloxやMinecraftをはじめとするメタバースのIP（知的財産）のほとんどは、じつはメタバースではなくマイクロバースであると考えます。

　Robloxは生産性やアクセス性を向上させるために多くの制限を設けています（参考：https://stratechery.com/2021/the-roblox-microverse）。

　メタバースがマイクロバースと違うポイントは以下の4つです。

A：技術が基盤であり、信頼が基盤ではないこと。メタバースはシステムを操作することができないため、ユーザーはデータや資産の主権が損なわれる心配から解放されます。メタバースは、現実世界の自然法則によって変えることはできません。

B：オープンであること。プレイヤーは、ユーザーとしてだけでなく、ゲームクリエイター、ゲーム開発者としても活躍でき、すべてのレイヤーのサービスに平等にアクセスできます。

C：相互運用性があること。RobloxのアイテムをMinecraftにインポートするなど、メタバースはゲーム間のアセットの相互運用が可能である

べきです。

D：組み合わせが自由であること。分散型金融（DeFi）市場で起きているイノベーションと同様に、存在するインフラサービスの組み合わせが自由であり、新機能を備えたサービスやプロダクトを組み立てる仕様が自由であるべきです。

　結局、真のメタバースは、パブリック・ブロックチェーンの上に形成されています。それにより、プレイヤーは、リアルの世界とは異なり、運営者による制限から解放された自由な世界を体験することができます。ブロックチェーンとNFTがもたらした世界だからこそ実現していると我々は考えています。

NFTゲームとしてのThe Sandbox

　次に、ブロックチェーン技術を採用したゲームがどのように開発されているかの例として、NFTベースのメタバースを紹介します。

　The Sandboxのメタバース上で展開が可能なゲームは3Dボクセルアートスタイルを採用しており、誰もがカラフルなアセットが直感的に制作できる環境を提供しています。これにより、クリエイターはボクセルアセットやゲーム体験をブロックチェーン上で簡単に共有し、収益化することができます。さらに、仮想空間の体験をサポートするLAND（メタバース上の土地）は、ユーザーがメタバースの地図上の固定された位置で所有することができ、プレイヤーはひとつのLANDから次のLANDまで歩くことができるため、リアルの不動産所有と同じような体験ができます。

　The Sandboxは、ブロックチェーン技術が開発される以前、約10年前、モバイル上でThe SandboxブランドでピクセルベースのUGCゲームを開発した実績があります。このThe Sandboxゲームシリーズは4000万回以上ダウンロードされました。このゲームシリーズ内でユー

3Dボクセルアートのキャラクターが特徴

ザーは、何百万ものコンテンツをつくり、何十万ものピクセルベースの
ゲームや体験を制作し、共有しました。しかし、このゲームは、UGC
の提供に貢献したクリエイターが何の見返りも得られない、閉鎖経
済的なシステムでした。プラットフォームの制限と、彼らに報酬を与え
る仕組みがなかったために、還元できませんでした。きっかけは、
2017年にThe Sandboxチームが、CryptoKitties（クリプトキティズ）と
CryptoPunks（クリプトパンクス、47ページ参照）でNFTを目にしたことで
した。ブロックチェーン技術によってデジタル資産の真の所有権を分散
させ、UGCコンテンツの制作者に還元できる世界を提供することが技
術的に可能であることに気がついたのです。その時、The Sandboxは
UGCとNFTを組み合わせて、どんなクリエイターでも自分のNFTをつ
くり、それをゲームで使用し、マネタイズしようと考えました。

　The Sandboxのブロックチェーンバージョンでは、かつてのゲーム
よりも開発のスケールが大きくなりました。それは、オーナーシップが
ブロックチェーンに結び付いたことで、ボクセルゲームのメタバースに
おいて、ゲームやコンテンツをつくる人は全員、プラットフォームの成
功にかかわるステークホルダーであり、プラットフォームの成功と利益
拡大を、クリエイターやユーザーと共有できる世界をThe Sandboxは
実現しました。すなわちThe Sandboxのエコシステムに貢献するひと
りひとりが、The Sandboxの成功に貢献する世界になりました。

The Sandboxのタイムライン

- 2018年：サンドボックスが分散型メタバース「The Sandbox」の構築を開始。
- 2019年：日本のゲームメーカー「スクウェア・エニックス」とブロックチェーンベンチャーファンド「Hashed」がThe Sandboxに出資。「VoxEdit」のファーストベータを開始。
- 2020年：3つのLANDのプレセールとBinance Launchpadでのユーティリティ・トークン(暗号資産)である$SANDのローンチが完売。ゲーム開発者がGameMakerの最初のベータ版でゲーム開発を開始。ゲーマーは、CoinMarketCapの最初のLearn & Earn NFTゲームキャンペーンで、自分のゲームをトークン化して収益化する方法を学びはじめる。
- 2021年：「The Sandbox」の最初のパブリック・アルファを実施。4305人がLANDホルダーとなり、4万4000以上のウォレットがリンクされ、NFTの販売、購入、取り引きが行われた。現在60以上の主要IPと提携し、彼らのコンテンツをメタバースに導入している。

バーチャルワールドとしてのThe Sandbox

　The Sandboxのユニークな点は、Apple StoreやSteamストアのように、ゲームを集めたギャラリーではないことです。The Sandboxは、3Dアバターを使って、さまざまなゲームを体験することができる仮想世界です。ユーザーが所有するLANDで構成され、デジタル空間の地図があり、ひとつのLANDでは、境界線までアバターが歩くと、隣接するLANDに行くことができます。このように、ゲーム体験の場所は、現実の不動産と同じように、ロケーションに依存しており、LANDへ集客するという概念があります。The Sandboxの有限なメタバースでは、リアルの世界同様、人口密度が関係してきます。たとえば、The Sandboxの土地を所有しているAtari (アタリ) のような有名IPのLANDの近くは、

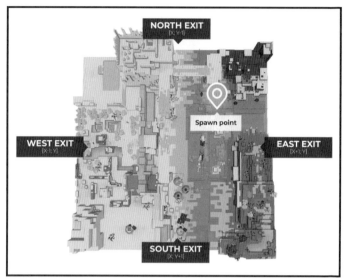

The Sandbox上のLAND（メタバース上の土地）

アバターの通行が多く、LANDの価値が上がる可能性があります。

　The Sandboxには、交通システムというものが存在します。異なるLAND間をシームレスに移動できるだけでなく、ポータルやスポーンポイントという移動ポイントがあり、広い空間の移動を容易にする機能があります。プレイヤーは、隣接するLANDにそのまま移動したり、交通システムを利用して、離れたLAND間を高速で移動したりすることができます。ポータルを利用すると、メタバース上に分散されたゲーム体験を簡単に探索することができます。

主な特徴

　以下は、「The Sandbox」の主要な特徴です。

・非中央集権：すべてのゲーム資産はNFTとして表現され、プレイヤーやコレクターにとって真の所有権を確保します。SANDユーティリ

ティー・トークン$SANDには、ゲームの使用方法、ステークユーティ
リティー、報酬システムのほか、分散化を促進し、ユーザーがプラッ
トフォームを管理できるようにするガバナンス・メカニズムが採用さ
れています。

- LANDセール：現在までに、1万人以上のユーザーが仮想世界のゲー
  ムプラットフォームの中で場所を取得し、3300万ドル以上の売上を
  達成しています。今後 The Sandboxのメタバース全体の価値は5億
  ドル以上に達する予定です。

- ガバナンス：一部ユーザーホルダーは、DAO（Decentralized Autonomous
  Organization：特定のアクションを自動的に実行するルールに支配されたオープンソー
  スのブロックチェーンプロトコル）メカニズムを介してプラットフォームの
  ガバナンス決定に参加することができ、The Sandboxのエコシステ
  ムの重要な要素に対して投票権を行使することができます。

- ファンド：The Sandboxのファンドは、The Sandboxの健全なエ
  コシステムをサポートする役割があり、プラットフォーム上での高品
  質なコンテンツやゲーム制作を奨励するための助成金を提供していま
  す。ファンドはすでに50以上のゲームプロジェクトに資金を提供し、
  180人のアーティストのNFT制作支援を行っています。

- 経験豊富なチーム：The Sandboxチームは、4000万以上のダウン
  ロードを記録したモバイルゲームを開発しました。チームのメンバー
  には、ゲーム開発の経験者や、ERC-1155 NFTトークン規格の定義を
  共同で執筆したブロックチェーンエンジニアなどが含まれています。

- 企業とのパートナーシップ：これまでに、The Sandboxのプラット
  フォームビジネスに賛同していただいた開発パートナーやコンテンツ
  パートナーは、165以上にも及びます。その中には、The Walking
  Dead、Smurfs、Care Bearsなどのブランド、Dapper Labs
  （CryptoKitties）などのdAppゲームスタジオ、Square Enix（Final
  Fantasy、Tomb Raider）などの投資家、Deadmau5、Richie Hawtin
  などの音楽アーティスト、Atari（Rollercoaster Tycoon、Pong）などの
  象徴的なゲーム会社が含まれています。

VoxEditの作品のであるMystical Festival

　The Sandboxは、4年前から開発を進めており、段階的にリリース
しています。これは、まずコンテンツ確保のためのベータ版のクリエイ
ター向けの制作ツールのリリースにはじまり、次にユーザーがコンテン
ツを体験することが可能なアルファ版のリリースというステップを踏ん
でいます。そして、次のリリースは、アーティスト、クリエイター、プ
レイヤー全体を中心に、ユーザー生成コンテンツ（UGC）とIP生成コン
テンツ（BGC）を組み合わせた展開です。プレイヤーが作成したコンテ
ンツも、IPが自社で制作したコンテンツも、The Sandboxが開発した
コンテンツの作成ツールを使って制作されます。この環境は、3Dボク
セルベースのゲームアセットを作成するためのNFTビルダー

「VoxEdit」、アセットを売買するための「Marketplace」、コードを書くことなく完全なゲーム体験を構築するためのツール「Game Maker」の3つの主要コンポーネントで構成されています。

　The Sandboxは一部のオリジナルコンテンツをThe Sandboxの管理下で制作しています。その理由は、プロのコンテンツの制作例を示すことで、制作ツールの最適な使い方をボクセルアートのクリエイターやゲーム開発者に理解してもらうとともに、新しいプレイヤーに対して、クオリティの高い冒険をスタートにThe Sandboxへ参加してほしいと考えているからです。クオリティの高いコンテンツをメタバースに提供するために、約50のゲームスタジオが初期の段階でコンテンツの制作に参加しています。

　The SandboxとThe Sandbox管理下でコンテンツを開発するゲームスタジオに加えて、ライセンスIPをベースにしたコンテンツが現在あります。「The Walking Dead」のような有名なIPがLANDを所有しており、IPのファンであるプレイヤーを惹きつけることでThe Sandbox全体の価値や認知度を向上しています。

IPパートナー

　The Sandboxはこれまでに、The Walking Dead、The Smurfs、Care Bears、Atari、CryptoKittiesなどの人気IPや、Deadmau5などの音楽アーティストを含む、165以上のデジタルエンターテインメントの主要ブランドとIPパートナーシップを結んできました。これらのブランドは、The Sandboxチームの協力を得て、自分たちの世界や人気キャラクターをボクセル化してThe Sandboxの土地に設置しており、これらのブランドのファンが、The Sandboxやメタバースを知るきっかけとなっています。このようにThe Sandboxは幅広いユーザーをメタバースの世界へ取り込むことを目標にパートナーを増やしています。

　The Sandboxに賛同するIPは、これらの人気エンターテインメント・フランチャイズをベースにしたゲーム内で利用できる収集可能なNFT

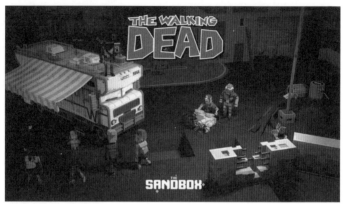

The Walking Deadの画面

資産を制作・販売しています。ゲーマーはこれらのアセットをゲームや
テーマパークで使用し、これにより、たとえば「The Walking Dead」
のキャストのアバターから成り立つオリジナルボクセルゲームの体験が
できます。

　これらのゲーム内資産であるNFTの中には、すでにコレクターズア
イテムとして価値が高まっているものもあります。野球のトレーディン
グカードのように、一部のNFTは、オリジナリティ、配布数、レアリティ、
その他のユニークな属性に基づいて、より高い価値をもつようになりま
す。

ゲームにおける新たなビジネスモデル

　ゲーム世界の最初のビジネスモデルは、プレイヤーがゲームを購入し
てからプレイするというものでした。その後、登場したのは基本無料プ
レイのモデルで、現在ではゲーム業界における全収益の少なくとも半分
を占めており、プレイヤーは初期投資なしでゲームを遊べる世の中にな
りました。

　NFTとブロックチェーンの技術により、ゲームの世界に革命が起き、

Play-to-Earnと呼ばれる新しいビジネスモデルが登場し、ゲームクリエイターとゲーマーの双方が新しい収入源を得ることができるようになりました。

　The SandboxでもこのPlay-to-Earnモデルを採用しており、プレイヤーは、ゲーム内でさまざまなミッションをクリアするために費やした時間を、バリューに変えることができます。Play-to-Earnは、たとえば、あるプレイヤーが集めたアセットを、別のプレイヤーやクリエイターが買うことができる循環型のエコノミーから成り立ちます。これにより、これらのアイテムの需要と供給が生まれ、その交換には金銭的価値があり、プレイヤーに報酬が発生します。すなわちプレイヤーは、自分の遊びの時間を、自分の収入をもたらす活動に変えることができるのです。

　Play-to-Earn以外にも、The Sandboxでは、NFT販売、メタバース上での不動産販売やレンタルサービスなどを提供することにより、収入を確保することができます。

- リソースコレクター／ファーマー。The Sandboxのマーケットプレイスで制作したり、購入したりしたNFTを売買する。
- バーチャルアーキテクト。LAND上の建物や風景を制作し、販売する。
- キュレーター。他のプレイヤーが楽しめるコンテンツを発見し、レビューし、評価する。
- Virtual Real Estate Agent。バーチャルランドNFTの買い手と売り手をつなぐブローカーとして活動する。
- イベントプランナー。アクティビティやイベントを企画・推進し、入場料を集める。

　またThe Sandboxは、プラットフォームとしては、一人のクリエイターがシンプルな自作ゲームをつくることができる柔軟性をもち、上級クリエイターやゲームスタジオが本格的なゲーム体験、テーマパーク、

美術館、バーチャルコンサート、RPGの世界などをつくることができるなど、スケールを確保しています。

このようにThe Sandboxの可能性は無限です。これまでのThe Sandboxの実績は下記の通りです。

- 1万人以上のLANDオーナーがいます。
- 450人のアーティストと54のスタジオがThe Sandbox Game Makerファンドによってサポートされています。
- 年間25万〜100万米ドルの投資をし、自立した10人以上のゲームスタジオの起業を支援しています。

NFTゲームの挑戦

NFTをベースとしたゲームは、プレイヤー、ゲーム開発者、ブランドにとって新しい機会を提供しますが、新しいパラダイムシフトには、規模が大きくなるにつれて摩擦や課題が生じます。たとえば、NFTやメタバースの価値を最大限に活用するには、エコシステムに貢献するユーザー全体を教育する必要があります。これは、既存の多くの無料ゲームとはまったく異なります。有料プレイヤーは数パーセントに過ぎず、収益モデルは、ユーザーにもっとお金を使ってもらうことを中心に展開されます。

また、NFTが提供するメリットはすばらしいものですが、ユーザーを惹きつけ、維持するためには、楽しいゲームが重要であることを忘れてはなりません。法整備も必要であり、ブロックチェーンゲームは、これまでのゲームのビジネスモデルを脅かすものでもありません。新しいゲームのビジネスモデルを提供する早期参入者は、健全なエコシステムを提供するだけでなく、開発者やパートナーが作成した体験や、プレイヤーがUGCコンテンツとして作成した体験の両方を通じて、プレイヤーに魅力的な体験を提供するよう努めなければなりません。そのためには、

高いクオリティのオリジナルコンテンツを制作し、ゲーム内のクリエイターにインスピレーションを与えるというチームの戦略と、プラットフォームの立ち上げ段階で、ゲームスタジオがプロフェッショナルな品質の体験を作るためのリソースを提供するための資金援助も時には必要です。

　NFTは、現在、仮想世界での生活、仕事、創作、遊び、稼ぎの方法を変えています。The Sandboxは、完全にユーザーが解放されたデジタル経済の実現を目指しています。単なるプラットフォームの提供者であり、クリエイターが制限なく活躍する世界を作る支援をすることに全力を注いでいます。

　ブロックチェーンゲームは、かつてないほどエキサイティングな革命であると考えています。

NFT × スポーツ

NFTがもたらす
スポーツ界における
新たなファンエンゲージメント

世界初のファン投票アプリ「Socios.com」、スポーツ＆エンターテインメントプラットフォーム向けデジタル通貨「Chiliz」など、スポーツ界に変革をもたらすアレクサンドル・ドレフュス。近未来に起こりうるスポーツ業界の変革を元木佑輔とともに解説する。

Author

アレクサンドル・ドレフュス　「Socios.com」「Chiliz」のCEO。デジタル分野で25年以上の経験を持つシリアルアントレプレナーとして、ハイテクビジネスの構築と成熟に取り組む。1990年代後半にウェブベースのインタラクティブな観光ガイド「Webcity」を発表。その後、Winamax（フランス最大のオンラインポーカールーム）とChilipokerを共同で設立。さまざまな企業を買収した後、Mediarex Entertainmentを設立。

元木佑輔　6年にわたりローカライズ＆翻訳・通訳事務所でプロジェクトマネジメントを担当し、その後ブロックチェーン＆暗号資産分野でのローカライズ業務を多方面で請け負う。サッカーファン、音楽ファンとしての情熱を胸に、2019年からChiliz/Socios.comで唯一の日本人として日本市場でのマーケティング、事業開発、グローバルイベントの企画等を担当。よく考えることは、スポーツとエンタメ分野でのブロックチェーン技術の普及を通した、地域社会の活性化。

スポーツ業界にとって、
NFTは単なるマネタイズ手法ではない

　サッカーファンでなくとも、誰もが一度は名前を聞いたことがあるほどの人気を誇るサッカー選手、リオネル・メッシ。そんな彼が決めたバルセロナFCからパリ・サンジェルマンへの移籍。その契約内容の報酬部分に暗号資産（パリ・サンジェルマン公式ファントークン $PSG）が含まれていたことはご存じでしょうか？　サッカーをはじめとして、暗号資産・ブロックチェーン企業によるサッカー界への事業進出、スポンサー契約が止まりません。そんなブロックチェーンや暗号資産が刻んできた歴史の中で誕生した、いわゆる非代替性トークンである「NFT」。Dapper Labs（ダッパーラボ）による「NBA Top Shot（NBAトップショット）」（109ページ参照）や、前述のメッシ選手がNFT化されたMessiverse（メッシヴァース）などの新しいコレクティブルが世界中で大きな話題を呼んでいます。

　スポーツ業界においては、トレーディングカードのNFT化を筆頭に、先述したNBA Top Shotのような、得点シーンや選手のスキルを収めた

画像1

提携を結んでいるFCバルセロナのホームスタジアム「カンプ・ノウ」でのアレックス（筆者）

NFTが大きな人気を博しており、全世界のファンベースに対して新しい「価値」を与えています。これは従来のペーパーベースのトレーディングカードや、DVDやVHSなどの専用のプレーヤーのみで再生可能だったメディアのような、いわゆる「レアアイテム」というものが属性的にもつ定めにあった非モビリティ性の問題を一気に解決するものといっても過言ではありません。これにより、さまざまなスポーツジャンルでプレーする団体や個人がNFTを世界中に向けて発行することで、いままではニッチで、なおかつ、愛好者や視聴者の規模が小さかった競技への注目度および関心度の上昇が期待できるという側面があることを忘れてはいけません。

代表的なスポーツNFT

　幸い、スポーツ業界とNFTの相性はとても良いものといえます。世界中のプロスポーツリーグで、数えきれないほどのアスリートたちが頂点を目指して切磋琢磨を繰り広げており、この大きなうねりの中で、数多くのスター選手が生まれ、地球上のスポーツファンに感動を届けてきました。そんなプロアスリートがプリントされたトレーディングカードは、国籍を問わず、スポーツに励む青少年はもちろん、年を重ねてもスポーツへの情熱や特定のチーム、アスリートへの愛が絶えることのないファンによってコレクションされてきた歴史があります。

Sorare（ソラーレ）

　Sorareは、2018年の設立から続々とライセンス契約を増やしており、世界の主要リーグはもちろんコアなフットボールファンが喜ぶような中小規模クラスのチームとも積極的に提携を発表しています。Sorareは、実際の試合戦績がスコアに反映され、好きな選手を集めて作成したチームで他のユーザーとランキング上位を目指して競い合う、シンプルながら最先端の技術を取り入れた新感覚のカードゲームとして世界中のユーザーから好評を博しています。ランキングに応じて、イーサリアムなど

Jリーグ所属チームとの提携発表時に公開された動画

の暗号資産はもちろん、レアカードなどを入手でき、ブロックチェーンで管理されているため、各NFTがもつ資産価値が可視化されていることも特筆すべき点といえるでしょう。

　従来のトレーディングカードに慣れ親しんでいるユーザーに加え、比較的NFTのような新技術に対するアレルギーが少ないミレニアル世代まで、サッカーに対する情熱をそのままデバイス上に落とし込み、「サカつく」に近い感覚で上位を目指していく。そして上位に食い込むことができれば、実際に資産価値をもち、他ユーザーと交換することができる報酬を獲得できるという点で、Sorare以上にパイを広げているプロジェクトはないといっても過言ではないのではないでしょうか。実物を保有することに大きな意味が見出されてきた従来の紙のトレーディングカードとは異なり、ネットワーク上で世界中のプレイヤーと競い合いながら、報酬も受け取ることができる。まさにファン冥利に尽きる新しい

娯楽の形をNFTが実現しているすばらしい例といえるでしょう。また、Jリーグに加盟中のチームすべてと提携を結んでいるため、これからの国内スポーツNFT市場でも、一目置かれる存在となっていくことでしょう。

FiNANCiE（フィナンシェ）

　主に国内のスポーツチームおよび個人のトークンを発行し、新感覚のクラウドファンディングプラットフォームを開発しているFiNANCiE（308ページ参照）という企業をご存じでしょうか。Jリーグに所属しているプロチームや、Jリーグを目指して活動を続けているチーム、海外リーグでの成功を夢見る個人選手。さまざまなバックグラウンドをもったチームや個人がFiNANCiEで独自のトークンを発行して活動資金を調達しています。中でも特筆すべきは、『キャプテン翼』の原作者として知られる高橋陽一氏によるサッカークラブ「南葛SC」が発行したチームトークン。FiNANCiE限定で販売された南葛SCチームトークンは全体で4000万円を超える売り上げを達成し、これはFiNANCiEのどのパートナーチームよりも大きいファンディング額となっています。

　このようにチームトークンを発行したチームは、トークン保有者に対

世界で初めて「ファントークン賞」としてデジタル通貨が贈与されたクリスティアーノ・ロナウド選手

して選手との交流イベントの招待や限定グッズのプレゼントなどの特典を与えると共に、SNS感覚で閲覧することができる活動報告の更新、ユニフォームデザインなどを決める投票イベントの開催を通して、地域に根ざしつつも日本全国に届くような、新しいファンサービスの形を構築しはじめています。発行側にとっては新たな収益源として、そして購入者側にとっては新たな応援の形として、チームトークンの存在感が着実に広まっていっていることを表しているのではないでしょうか。

Chiliz（チリーズ）

　このように、サッカー業界において一定の成功をつかんでいたトレーディングカード文化を新しい形で伝承しているSorareや、国内のスポーツチームや個人の新たなブランディングおよびクラウドファンディングの形に焦点を当てたFiNANCiEのような企業がいるなか、Chilizでは、次世代型ファンエンゲージメント＆報酬プラットフォーム「Socios.com（ソシオス・ドット・コム）」を開発しています。

　Chilizは、2021年8月の本稿執筆時点でFCバルセロナ、アーセナル

Socios.comアプリのホーム画面

胸ロゴスポンサー契約をし、クラブ公式ファントークン $INTER がプリントされたユニフォームを着用しているインテル所属選手の様子

FC、マンチェスター・シティ、ユベントス、インテル・ミラノ、ACミランといった世界トップクラスのサッカーチームに加え、暗号資産との相性が非常に良いeスポーツから複数チーム、このほかにもUFCのような世界屈指の総合格闘技団体と提携を結んでおり、各チーム独自のファントークンを発行し、世界中のサポーターにとって新しい応援の形を提供しています。ファントークンを保有することで、チームが開催する公式投票イベントへの参加が可能となり、チームバスやユニフォームのデザイン、ゴールチャントの楽曲選択に対してブロックチェーンを通じて自らの意見をチームに届けることができるのです。投票にブロックチェーンを応用することにより、過去の標準フォーマットであったTwitterやFacebookでの投票や、メールや書面アンケートによる意見収集に比べて、はるかに高い透明性の実現に成功しています。

　ポケモンGO感覚でファントークンなどを拾うことができるAR（拡張現実）機能「トークンハント」や、ファントークン保有者のみが対象となるチーム公式グッズのディスカウントサービス、試合結果を予想して世界中のサポーターたちとランキング上位を競い合いながらグッズ獲得を目指す「Sociosプリディクター」や「リーダーボード」といったさ

まざまなサービスを、革新的なファンエンゲージメントの視点から提供しています。実際に、ファントークン保有者の中には抽選でスタジアムツアーや、選手たちと実際にコミュニケーションをとることができる交流イベントを勝ち取った方も多く存在しています。FCバルセロナは、公式ファントークン「$BAR」保有者の中から当選した方をカンプ・ノウに実際に招き、選手たちが試合で使用するグラウンドでサッカーを楽しんでもらう内容のキャンペーンを開催した事例があります。このように成長途中ではありながらも、ブロックチェーン技術と既存のファンサービスを組み合わせ、ブラッシュアップしていくことで、新しくも馴染みのあるサービスの構築を行っています。

　贔屓に聞こえてしまう前に、最後にお伝えしたいのは、一度手に入れたファントークンは消滅しないということです。投票に参加しても、報酬を受け取っても、アプリ機能の利用でファントークンが消費されることはありません。年会費制が主流である既存のファンクラブという仕組みとは異なり、国籍、言語、地理的な距離の関係なしに、誰もが愛するチームと密接に関わり、好きなタイミングで応援することができるのです。Chilizでは、この仕組みをもとに、受動的であるファンベースをより能動的な存在へ昇華させていくことをゴールのひとつに掲げています。

　いままでは居住地域や距離の問題で、応援している海外チームの試合を現地観戦することができなかった、そのようなスポーツファンの方がたくさんいらっしゃる中で、日常の一部として愛するチームに意見を提出し、チームに関連するキャンペーンやイベントに参加することで限定グッズや選手とのテレビ通話といった特別報酬を手に入れるチャンスをつかむことを可能とする、時代を超えたサービスの提供こそが、スポーツ界における新たなファンエンゲージメントの形となっていくと考えています。

　この中で、Chilizでは、非代替性ではないファントークンとは別に、デジタル・コレクティブル（収集可能な非代替性デジタルトークン）の開発を続

けています。既存のファントークンとは異なる仕組みの上で発行するデジタル・コレクティブルになる予定で、一定の条件をクリアすることで、より高いティアーのデジタル・コレクティブルを手に入れることができ、ティアーが上がるほど保有するメリットがより大きなものとなり、受けられるサービスのグレードがアップするような仕組みづくりを進めています。既存のトレカでもない、ファントークンでもない、ユーザーの所有欲を満たしながら、NFTの特性を生かした保有メリットを付与し、NFTと現実世界のリンクを行っていくことに重きを置きながら開発を進めています。

意味をもつ空間なくしてNFTの未来はない

　繰り返しお伝えしてきたように、NFTとスポーツは数ある業界の中でも特に相性が良いと考えられています。相性が良いからこそ、そこには多くのNFTがあふれかえることが予想できるでしょう。世界全体におけるインターネットの普及の結果、これまで以上にチームやアスリートの動向が世の中に伝播しやすくなりました。ファンは一体何を考えているのか、どういった気持ちで応援しているのか、どんな瞬間にファンを辞めてしまうのか。こういった個々の感情や反応が、以前よりも目に入るようになり、自国だけではなく世界中からそのような情報が次々と流れ込んでくる。私たちは、人類史上最も情報に触れる機会が多い時代に生きていて、それはユーザーが求めているものを与えやすくなった、と考えることもできるのです。

　スポーツ業界における、NFTの大きな可能性のひとつにVR（仮想現実）が挙げられます。たとえば、オンラインゲームの世界では、特定のアイテムをもっていないと有効にできない機能があったり、アクセスできないエリアがあったりするわけですが、今後この流れはほぼ確実にスポーツの世界にも訪れることでしょう。ゲーマーたちが友人とオンライン空間で落ち合い、共にゲームを楽しむように、スポーツファンもVRデバ

イスを使用し、仮想現実空間で待ち合わせをし、仮想のスタジアムで、あたかも現地で観戦しているかのように試合を楽しむ時代が必ず到来するでしょう。そのような場面で使用することができるチケットや年間パスは、NFTの技術をもってすれば簡単に顧客の管理が可能となり、ユーザー同士によるチケットのギフティングも可能となるでしょう。つまり、NFTとVR、そして現実空間の絶妙な組み合わせを実現することができれば、スポーツ業界におけるNFTは爆発的な成長を遂げ、その市場規模も従来のものを大きく超えられる、と考えられるのです。

　少し話が飛躍したと感じてしまうかもしれませんが、そのような時代はほぼ確実にやってきます。固定電話が携帯電話に替わったように、携帯電話がスマートフォンに替わったように、私たちが生きているこの世界は、いまこの瞬間も少しずつ変化しており、私たちもその変化を多種多様に受け止め、変わり続けているのです。NFTは、未来の人間社会において欠かせない存在になっていくことでしょう。
　スポーツ業界が、世界中のファンベースを深く理解し、可能な限り多くの人々に満足してもらうにはどのようなNFTが必要なのか。これは、すべてのNFTプロジェクトが根底部分に抱えている問題です。単刀直入にいえば、世界はまだNFTを完全に受け入れる準備が整っていません。ですが、いくら人間は変化を嫌うとはいえ、人類は総合的により便利な社会を求めてその歴史を刻み続けていくことでしょう。その未来を実現させるためには、パイオニアである私たちが先陣を切っていかなければなりません。

ユーザー教育とブランド力強化の重要性

　ブームが来たとはいえ、まだまだ多くの人にとっては未知数なブロックチェーンの世界といえます。時代を変えるといわれているこの新しい技術の上でこそ成り立つNFTが一般層に浸透するにはある程度の時間と教育が必要なのです。主に、形あるものに保有する意味や資産価値を

見出してきた人類にとって、非代替性であるとはいえネットワーク上にしか存在せず、実際に触れたりすることができないものがほとんどといえるNFTの希少性や保有価値が理解される世の中がやってくるのかは未だ不確定要素が多いといわざるを得ません。

　また、NFTは知識さえあれば、実質誰でも発行することができ、その取っつきやすさはメリットである反面、模造品や類似品の発生を防ぐための適切なフレームワークおよび対策の準備が必要といえるでしょう。伝説的選手が引退試合で使用したサイン入りバット、スター選手がデビュー戦の時に着用した実際のユニフォーム……これらはすべて熱狂的なファンであれば誰もが喉から手が出るほどほしくなるようなアイテムですが、あくまでも、実際に保有できるフィジカルな価値をもつからこそ、所有欲を完全に満たしてくれるのです。これはスポーツ業界だけではなく、多くの業界でこれから開発および発行が進められるNFT全体にいえることではないでしょうか。

　つまり、スポーツ業界全体にNFTを浸透させていくためには、スピード感をもって新たなサービスを構築していくのも重要ではありますが、塵のように増えていくことが予想されるスポーツNFTの中で、各企業がきちんと差別化を行い、なおかつターゲットとするエンドユーザーへの半永久的ともいえる教育を行っていく必要があると考えます。エンドユーザーが、①安心して購入することができ、②NFTがもつ価値および利便性を理解し、③NFTをもつことによっていままでにはない経験や体験を受け取ることができる、本当の意味での新たなフェーズに業界全体で足を踏み入れていかなければいけないのです。

　これに加えて、忘れてはいけないのは、NFTの総合的なブランド力の強化です。レトロジョーダンがマニアに高い人気を誇っているのは、レトロジョーダンが単なる靴ではなく、それ以上の価値をもっているという共通認識、つまりブランド力が確立されているためなのです。ピカソの絵も、ピカソの個人ブランド力あってこそ資産価値をもつのです。

NBA Top Shotも、NBAという巨大なブランド力があるからこそ、そのエコシステムの中でミント（発行）されるNFTが強い価値をもち、ユーザーの間に暗黙の価値の了解が生まれるのです。

　既存のフィジカルなグッズやアイテムにはない、NFTの良さをいかにして一般スポーツファンの日常に落とし込んでいくか。そして、数多あるNFTの中で、いかにして確固たるブランド力を育てていくか。これこそが、スポーツNFT全体のメインストリーム化につながり、同業界の今後において、とても大きな焦点、そして課題となってくるでしょう。

最後に

　Chilizは、世界中のスポーツファンの方々にチームをより近く感じてもらうために、世界中のスポーツファンによって形成され、その中で独自のエコシステムが確立されたスポーツ業界の新たな未来を切り開いていくために、日々業務を続けています。すべてが目まぐるしいスピードで変わっていくこの21世紀、そして世界中を苦しめているコロナウイルスが猛威をふるう最中において、私たちはひとつでも多くのスポーツチームを支えるため、一人でも多くのアスリートを支えるため、一人でも多くのファンを支えるために、これからも歩み続けていきます。

　NFT、ましてやブロックチェーンはまだまだ世間一般に浸透していません。これは、全世界が経験したことのない新時代の幕開けであり、私たちはまだそのスタートラインに立ったばかりなのです。

NFT × トレーディングカード

紙からNFTへの大転換。
次世代に到達した
トレーディングカード最前線

NBAを皮切りに海外で広まったNFTトレーディングカード。日本でもスポーツ×NFTのほか、アイドル×NFTといった形でもファンに広がってきている。国内でNFTトレーディングカード事業を手がけるcoinbookの奥秋淳が課題と未来について解説する。

Author

奥秋 淳　上智大学経済学部卒業後、国内大手銀行に入行。金融機関、経営コンサルティングファーム等にてさまざまな業種のクライアント支援に携わり、2018年11月株式会社coinbookに参画。2020年10月には、日本ではまだなじみの薄いNFTをアイドルトレーディングカードの形で一般発売。2021年4月に暗号資産交換業登録。「ブロックチェーン市場に新しい風を」をテーマに、エンターテインメント業界×NFTによる新たな経済圏の形成を目指す。

トレーディングカード業界におけるNFT

　近年のNFTの盛り上がりを受け、従来は主に紙ベースで販売・流通が行われてきたトレーディングカードの世界にもNFT化の波が押し寄せてきています。リアルなトレーディングカードを手がけていたイタリアのPanini S.p.A（パニーニ）社、アメリカのThe Topps Company（トップス）社なども、2019年ごろよりNFTの可能性に注目し参入を発表、現在ではNBA、MLB、NFLのスポーツカードなどをNFTにより販売しています。

　また、カナダのDapper Labs（ダッパーラボ）社が運営する「NBA Top Shot（NBAトップショット）」は、NFT自体の認知度を急速に広めるとともに経済的にも大成功を収め、その後のNFT（トレーディングカード）業界への新規参入者の広がりに大きな影響を与えました。

　アメリカを中心とした海外で注目を浴びたNFTトレーディングカードですが、日本においても2020年後半から同様の広まりを見せており、海外で流行するスポーツ×NFTのほか、アイドル×NFTといった形でも消費者の手に届きつつあります。

　また「トレーディングカード」として売買・交換を行う場も増えてきており、海外の「OpenSea（オープンシー）」や「WAX（ワックス）」をはじめ、日本国内でも「Coincheck NFT」「nanakusa（ナナクサ）」など、多くの企業が参入を進めています。

代表的なNFTトレーディングカードサービス

NBA Top Shot（NBAトップショット）

　NFTトレーディングカードにおいて最大の成功をあげた「NBA Top Shot」はカナダのDapper Labsにより2020年10月にサービスがスタート。アメリカのプロバスケットボールリーグ「NBA」をテーマにNFTトレーディングカードを発売しました。

　本サービスにおいて各トレーディングカードは「MOMENTS」と呼

NBA Top Shot 公式HPより引用

ばれ、選手たちのプレー動画が記録されており、ユーザーはそれを手に入れ、見ることができます。「NBA Top Shot」のサイト内ではカードのパック購入以外にも、自分がもっているカードの売り出しおよび他のユーザーがもっているカードの購入ができる「MarketPlace」や、自分がもっているカードを他のユーザーに見せたり、他のユーザーとコミュニケーションをとることができたりする「Community」など、ワンストップでさまざまなサービスが提供されています。

　独自開発のFlow（フロー）と呼ばれるブロックチェーンネットワーク上で運営される「NBA Top Shot」は発売から半年余りの間に7億ドルもの売上をあげ、多くのユーザーを取り込みました。NBA自体がもつコンテンツパワーもさることながら、NFTやブロックチェーンといった専門的な用語を前面に出さず、また自身のサイトでワンストップで二次売買が行えるなどわかりやすいユーザーインターフェースとしたことで、暗号資産やブロックチェーンに詳しくないユーザー層の取り込みができたことも、大きく成功した要因のひとつではないかと思われます。

2021 Topps Series 1 Baseball NFT

　「2021 Topps Series 1 Baseball NFT」はリアルトレーディングカード取り扱いの老舗であるThe Topps Companyが運営するNFTトレーディングカードサービスです。Topps Companyは2020年5月にNFTに特化したブロックチェーンネットワーク「WAX」を使い、「Garbage

TOPPS SERIES 1 NFT COLLECTION 公式HPより引用

Pail Kids」というオリジナルキャラクターでNFTトレーディングカードを発売、NFT事業に参入。そして、2021年4月にアメリカ大リーグ「MLB」をテーマとした「2021 Topps Series 1 Baseball NFT」を発売しました。大リーグの公式トレーディングカードの販売権をもち、長年にわたり紙のベースボールカードを販売してきた同社がNFTトレーディングカードに本格参入したことは、NFTが新たな資産として認識される大きな一歩になるのではないでしょうか。

NFTトレカ

「NFTトレカ」は弊社Coinbookが提供するNFTトレーディングカードサービスです。2020年10月、アイドルグループSKE48のライブイベントをテーマにライブ画像をNFT化し発売しました。いままでトレーディングカードになることのなかったコンサート中のライブ感あふれる

「NFTトレカ」カードイメージ

画像をそのコンサート名、曲名などの情報とともにNFT化しています。

　また「NFTトレカ」はブロックチェーンゲーム「CryptoSpells（クリプトスペルズ）」(76ページ参照)とコラボしており、手持ちの「NFTトレカ」がCryptoSpells内のカードバトルに使用でき、従来の紙ベースのトレーディングカードにはない付加価値を実現しました。

　「NFTトレカ」は5枚1000円〜と販売単価が低いことから、ブロックチェーンのネットワーク手数料（いわゆるガス代）の負担が重いため、イーサリアムネットワークとSBINFT社の技術開発によるネットワークシステム（GOBASEネットワーク）のいずれかでデータが保持され、ユーザーの利用ニーズに合わせて選択することができる仕様となっています。

BABYMETAL NFTトレーディングカード

　「BABYMETAL NFTトレーディングカード」は日本のメタルダンスユニットBABYMETALが発売したNFTトレーディングカードです。2021年5月、BABYMETAL結成10周年を記念し全10種類のNFTトレーディングカードとアナログ盤ベストアルバムをセットにし1000セット限定で販売されました。

　NFTとリアルな「モノ」との組み合わせは、さまざまな「モノ」の購入特典としてNFTトレーディングカードなどを配布するといった手法などでの利用も期待され、NFTを広く普及させるひとつのやり方になるかもしれません。

10 BABYMETAL YEARS NFT TRADING CARDS販売特設サイトより引用（販売終了）

ユーザー及び権利者にとってもメリットが生まれる

　リアルなトレーディングカードは常に劣化という物理的な問題を抱えていますが、NFTであればデジタルデータであるため劣化が起きず、販売された時点の鮮明な画像、動画等がそのままいつでも見られるというメリットがあります。また、「モノ」自体には盗難や偽造のリスクもありますが、NFTは取り引きされるたびにブロックチェーンに履歴が記録されるため、真正性が保証され、偽造のリスクが格段に小さくなるというメリットもあります。

　NFTトレーディングカードはそれぞれのカードが固有のデータをもっているため、デジタルデータでありながらひとつひとつがそれぞれの価値をもちます。その特徴を活用し、いままでのトレーディングカードでは実現しにくかった付加価値の提供も期待されます。たとえば個人個人が保有するNFTトレーディングカードをそのままコンサートやイベントのチケットとするといったことや、特定のNFTトレーディングカード保有者限定のイベントを開催するといった体験との組み合わせも考えられます。また、ブロックチェーンの互換性を活用しお気に入りのNFTトレーディングカードをまったく異なるゲームのアイテムとして使うことや、複数のNFTトレーディングカードを組み合わせて新たなNFTトレーディングカードをつくり出すなど、NFTならではの新たな利用機会を提供することも可能です。

　トレーディングカードのNFT化はIP（知的財産）の権利者にとってもメリットが生まれます。従来のリアルなトレーディングカードでは、直接売買／交換したり、オークション／フリマサイトでの売買により二次流通が行われ、権利者は二次流通にかかるロイヤリティを収受しにくい状況がありました。NFTトレーディングカードにおいては、その二次流通の取り引きを管理することが可能となり、利用者間の売買を通じて得られる手数料の一部を、ロイヤリティとしてIP権利者に還元すること

が比較的容易に実現できます。新たな収益獲得の機会として、さまざまなIP権利者が今後NFTビジネスに参加することが期待されています。

　トレーディングカードは自身のもつコレクションを他のコレクターに対して自慢することもひとつの楽しみ方です。公式に販売された正真正銘の本物を所有しているといった証明のほか、数量限定で販売されたものや、まだ人気の出ていなかった初期に販売されたもの、本人等特定の人物が保有していたものなどいわゆる「レアカード」を世界中のコレクターに自慢することも可能ですし、また自分がほしいカードをもつほかのコレクターに直接売買交渉をするといったことも可能になります。固有の情報をもち、またその取引履歴も記録されるというNFTの特徴を生かしたNFTトレーディングカードならではの楽しみ方は今後より一層増えていくと思われます。

NFTトレーディングカードの展望

　盛り上がりを見せるNFTトレーディングカードですが、提供がはじまったばかりのサービスでもあり、まだまだ課題はあります。
　NFTはブロックチェーン技術を使ったものであり、購入する、売却するといった場合には暗号資産が用いられることが多く、また、NFTトレーディングカードを保有するにも、ウォレットアドレスが必要で秘密鍵の管理なども行うことになります。従来のトレーディングカードであれば必要のなかった知識が必要であり、手間もかかるため、幅広く一般ユーザーを獲得していくにはまだまだ工夫が必要かもしれません。

　また、NFTトレーディングカードの発行や移転に必要なネットワーク手数料（ガス代）をどのように削減していくかも課題です。従来のトレーディングカードは1枚数百円〜と比較的安価な商品です。NFTトレーディングカードでは特殊なカードは高額な値段がつくこともありますが、やはり一般的に普及させるにはユーザーが手に取りやすい価格帯である

ことが不可欠だと思われます。現在主流であるイーサリアムネットワークを利用したNFTでは、数百円といった商品では、単価に対するガス代の割合が大きく、またそれをコントロールすることも難しいため、ガス代を吸収しにくい単価の低い商品が販売されず、一般的な普及に時間がかかる可能性もあります。一方でFlowやWAXなどNFTに特化したイーサリアム以外のチェーンの活用など、ガス代を削減する動きも積極的に行われています。

　NFTトレーディングカードはNFTであるがゆえ、NFT自体がもつ課題もあります。所有者以外が画像を見ることができてしまう、運営会社のサービス停止に伴い自身がもつコンテンツにアクセスできなくなる可能性、NFTが暗号資産に該当する可能性などなど多岐にわたります。一方で、よりユーザーが使いやすいサービスを実現すべく、さまざまな技術開発も行われており、今後のNFT関連の技術革新がNFTトレーディングカードのさらなる普及を促してくれるのではないでしょうか。

NFT × ファッション

NFTが現実にした
デジタルファッションの
新たな表現と展望

NFTと相性が良いファッションは、アート、メタバースなどと絡んで世界中で各ブランドがさまざまな試みを開始している。デジタルファッションで新たな価値を生み出すJoyfa（ジョイファ）の平手宏志朗がトレンドを解説する。

Author

平手宏志朗 株式会社ジョイファ 代表取締役CEO。
米国の大学を卒業後、さまざまなベンチャー企業で新規事業の立ち上げに従事。2017年よりブロックチェーン事業に携わり、データ管理・証券取引・エネルギー取引といった分野における、ブロックチェーンプロジェクトをリード。2020年4月にEnjinにジョインし、同社が発行する暗号資産の上場や、国内外の企業との事業提携を推進。2021年5月に株式会社ジョイファを創業。

NFTはファッションの新しいフロンティア

　ファッション業界は、石油産業に次いで2番目に環境負荷の大きい業界であり、全CO_2排出量の10%、および全廃水量の20%を占めるといわれています。

　このためデジタル上で完結するファッション（デジタルファッション）は、フィジカルな商品の生産を必要としないため、環境に優しく、またより多様な表現が可能であるとして、ヨーロッパのブランドやスタートアップを中心に注目を集めています。

　そしてこのデジタルファッションに、NFTの仕組みを導入することで、真贋性や希少性の証明が可能になり、また他のユーザーとの取り引きが容易になるといったメリットがあるといわれています。この「NFT×ファッション」の分野を、大手情報サービスを提供するBloombergは「Fashion's Next Frontier（ファッションの新しいフロンティア）」であると表現しました。

　本セクションではNFT×ファッションのユースケースを、「アート」「メタバース」「着せ替え」「リアルとの融合」の4つのカテゴリに分けて解説します。

アート×ファッションのNFT

　2021年初頭におけるNFTアート市場の急拡大に伴い、一部のファッションブランドは、画像や動画でブランドの世界観を表現したNFTを発行・販売しました。

　最も有名なものは、グッチが発行した動画のNFTでしょう。この動画ではまず大きな青い扉が開き、建物の中からドレスを着た女性が現れます。そして白馬が女性のもとに駆け寄ってくる、というシーンが計4回再生されます。

　グッチは本動画において、新しさへの普遍的な願望、そして冬が過ぎ去った後、開花して新たな生命が誕生することへの憧れ、さらに扉が開

Christie's, GUCCI (EST. 1921)より引用

き、闇が光と希望の空気に変わる様を表現した、と説明しています。

　本NFTは、大手オークションハウスであるChristie's（クリスティーズ）のWebサイト上で販売され、2万5000ドルで落札されました。グッチはこの売り上げを、ユニセフのコロナ対策チームに寄付したと発表しています。

　またゲームの中で、NFTアートを配布する事例も出てきています。ルイ・ヴィトンは創業者の生誕200年を記念して、2021年8月4日にモバイルゲーム「LOUIS THE GAME」をリリースしました。同ゲームは、各地に散らばっている「キャンドル」を集めながら旅をするというコンセプトで、旅の途中で「ゴールデンチケット」というアイテムを獲得すると、同社が発行するNFTアートの抽選配布に応募できます。

　NFTの種類は全部で30種類あり、このうち10種類は著名なNFTアーティスト、Beeple（ビープル）によって制作されたものになるとしてい

ます。

メタバース×ファッションのNFT

　次に、メタバース系サービスでプレイするアバターに、所有するNFT
のファッションを着用させる、という仕組みも広がっています。

　イーサリアムを用いた分散型メタバース「Decentraland（ディセント
ラランド）」が、この分野における先駆者です。

　まずユーザーはNFTのマーケットプレイスから、同サービスに対応
しているNFTを購入します。その後Decentralandにログインし、「バッ
クパック」ページから購入したNFTを選択すると、アバターにNFTの
ファッションを着用させられます。

　なお、Decentralandの委員会から承認を受けると、同サービスで利
用可能な服の制作・販売を、外部の会社でも可能になります。日本では
「NauGhtEd」というチームが、同サービスに対応したファッション
NFTの制作を行っています。

　またアバターサービス企業Genies（ジーニーズ）も、同分野の進出に積

Blankos Block Partyで利用可能な、バーバリーのアバターNFT。「Sharky B」より引用

極的です。ユーザーはGeniesのアプリ内で、所持しているNFTのファッションを使用することで、FacebookメッセンジャーやWhatsApp（ワッツアップ）といったサービスで使用可能な、独自のアバターを制作できるようになります。

さらに特定のメタバースサービスに対応した、ファッションブランドのNFTを発行する動きも出てきています。バーバリーは、ブロックチェーンゲーム「Blankos Block Party」内で利用可能な、サメの形をしたアバターNFTを発表しました。このNFTは750枚限定で発行され、ひとつあたり299.99ドルと高額であったにもかかわらず、販売開始後30秒で完売しました。

着せ替え×ファッションのNFT

3つ目は、デジタル上にのみ存在するファッションをNFTとして発行し、所有者がそのファッションを実際に着ているかのように、写真上で表現するというパターンです。

仕組みは次の通りです。まずユーザーはデジタルファッションのNFTを購入します。次にNFT発行会社のサービスにログインした後、自身が写る画像をアップロードします。数日以内にデジタルファッションが合成された写真が、ユーザーのもとに送られます。ユーザーはその写真を、ソーシャルメディアで共有します。

このモデルの火付け役となったのが、オランダでデジタルファッションの制作・販売を行うThe Fabricant（ザ・ファブリカント）という会社です。同社はFlow（フロー）やCryptoKitties（クリプトキティズ）を開発・運営するDapper Labs（ダッパーラボ）と提携して、2019年にデジタル上で着用可能なドレス「Iridescence Dress」をNFTとして販売した結果、当時としては高額の9500ドルで落札されました。

またトリビュートブランドというデジタルファッションブランドも、

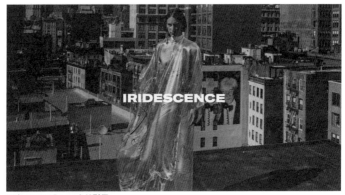

Iridescence Dressより引用

Lukso（ルクソ）というブロックチェーン上で、人気eスポーツチーム「Ninjas in Pyjamas」のデジタルファッションのTシャツをNFTとして販売しました。ユーザーはトリビュートブランドのサービス内で、自身の写真をアップロードすることで、このTシャツを実際に着ているかのように写真上で見せられます。

　日本では著者が代表を務めるジョイファが、NFTとひも付くデジタルファッションを、写真上のユーザーに自動で着付けするシステムを開発しています。

　第一弾のNFTプロジェクトとして、スペースクラフト・エージェンシー所属のファッションモデル、広瀬未花氏がデザインした服のイラストをもとに、同社が3Dのデジタルファッションを制作いたします。そしてこのデジタルファッションをNFTとしてブロックチェーン上に発行した上で、国内外の大手NFTマーケットプレイスで販売していく予定です。同NFTの所有者は、2022年ローンチ予定のジョイファのサービスを用いることで、写真上でデジタルファッションを着用できます。

リアル×ファッションのNFT

米国のスタートアップ企業であるRTFKT（アーティファクト）は、NFTアートとしてデジタルスニーカーを発行・販売すると同時に、所有者に対しリアルのスニーカーも配布する試みを行っています。

NFTアーティストFewoとのコラボプロジェクトでは、NFTアート販売後6週間経つと、NFT所有者はRTFKTの特設サイトから、リアルスニーカーを申請できます。ひとつのNFTにつき1回しか申請は行えませんが、申請後でも引き続き同NFTを所持し続けたり、市場に流通させたりすることができます。

またこのほかにもドルチェ＆ガッバーナは、同ブランド初のNFTコレクション「Collezione Genesi」を発表しました。9枚発行されるNFTのうち5枚が、リアルとデジタルの両方に対応したものになるとしています。

日本では、コスチュームやウェディングドレスのコレクションを展開しているTomo Koizumi（トモ コイズミ）が、大手暗号資産取引所のコインチェックとジョイファとの連携を発表しました。本連携では、前述の

Tomo Koizumiのドレスを元に制作された、デジタルファッションのサンプル

コスチュームデザイナーのTomo Koizumi氏

メタバース×ファッションや着せ替え×ファッションの取り組みに加えて、リアルなドレスの所有権をNFTとして発行し、市場に流通させる予定です。このようなNFTと使った取り組みは、日本のファッションデザイナーとしては初めての試みになります。

　ファッション×NFTの課題として、最もよく挙げられるのが環境問題です。冒頭で解説した通り、環境意識の高まりにより、デジタル上でのファッション表現に注目が集まった一方で、NFTの発行や流通には多くの電力を必要とするという矛盾があります。イーサリアムのアップグレードや、FlowやPolkadot（ポルカドット）のような、電力の消費を抑えた新興ブロックチェーンの普及に期待しています。

　また他の分野と同様、ファッションのNFTを購入するのはブロックチェーンに深い知識のある層が中心で、一般のファッション好きな方たちが購入しやすい仕組みになっていません。より多くの方にファッションのNFTを楽しんでいただけるように、ユーザーインターフェースの簡易化が求められています。

NFT × 音楽

NFTが創出した 音楽を「所有」する 新たな体験価値の提供

世界中で起きているNFT×音楽に関する数々の事例。そして音楽市場におけるNFTの可能性、新たな体験価値。音楽をNFTとして販売できるThe NFT Recordsを運営する神名秀紀がミュージシャンたちの試みなどの現状と将来性を解説する。

Author

神名秀紀　株式会社KLEIO代表取締役。慶應義塾大学理工学部卒業。イマジニア株式会社、株式会社サクラゲート、そのほか数社の役員を経て、2019年に株式会社KLEIO設立。主にプロデューサーとして、コンシューマーゲーム、オンラインゲーム、iGaming、コミュニティーなど、多岐にわたるジャンルのサービス立ち上げに携わる。枠にとらわれない型破りなマーケティングと、それをベースとしたユニークな企画を得意とする。

音楽業界はサブスクのその先へ

　他の業界と同様、Covid-19は非常に大きな影響と変化を音楽市場にもたらしました。感染拡大を防ぐため、多くの国で大規模な音楽フェスを含むイベントやライブ公演を行うことが困難ななか、サブスクリプションサービスでの音楽需要が拡大しています。

　ますます拡大するサブスクリプション＝音楽に「接続」するサービスが音楽市場を牽引していますが、エジソンが1877年に発明した蓄音機からはじまった、録音した原盤をレコードやCDなどに固定、購入したファンが音楽を「所有」するフィジカル音楽ビジネスの売り上げは42億ドル（4.7％減）と減少しています。

　国際レコード産業連盟のレポートによると、コロナ禍でSpotify、Amazon、Apple Musicなどのサブスクリプションサービスの利用が増え、全世界で音楽の収益は前年比で7.4％増加。総売上は216億ドルに達し、6年連続成長。国別の音楽市場規模を見ると、アメリカの1位に続き、日本、イギリス、ドイツ、フランス、そして韓国です。アジア全体では音楽の収益は9.5％増加。その中でも、韓国が前年比44.8％増と市場を急速に拡大しています。

　K-POPアーティストBTSは彼らにとって初めてすべて英語で録音された曲「Dynamite」でアメリカのビルボードメインシングルチャート「HOT100」1位を獲得。グラミー賞にノミネートされるなどの快挙をはたし、世界の音楽業界に大きなインパクトを与えています。K-POP以外でも、近年、レゲトンやラテンヒップホップなど、急速に台頭してきたラテン音楽の若手アーティストも売上前年比15.9％増と継続的に成長。音楽の「グローバル」戦略の結果が数字に表れています。

　NFTは、デジタルでありながら数量を限定して販売できる「偽造不可な鑑定書・所有証明書付きのデータ」というユニークな特性により、この、音楽を「所有する」ビジネスモデルを活性化し、音楽市場全体を底上げする大きな可能性をもっています。

本セクションでは世界ですでに起きているNFT×音楽に関するすばらしい事例と共に、音楽市場におけるNFTの可能性、新たな体験価値の提供についてお伝えします。

音楽業界におけるNFT事情

　以下に音楽業界で先進的なNFT関連の取り組みをしているミュージシャンの例を挙げます。

3LAU（ジャスティン・ブラウ）

　エレクトロニック・ダンス・ミュージック界のスター、3LAUとして知られるBlauは、アルバム「Ultraviolet」の3周年を記念して、33個のNFTをさまざまな価格で販売しました。商品にはカスタムソング、彼のWebサイトでの未発表の音楽へのアクセス、彼の音楽をベースにしたカスタムアート、そして「Ultraviolet」の11のオリジナル曲の新バージョンが含まれていました（また、このNFTを購入した人には、アルバムのレコード盤という物理的な商品が提供されるという仕掛けもありました）。

　Blauが実施した販売方法、オークション販売は音楽の購入体験を一新させました。オークションの残り時間が3分での入札は、オークション延長となります。このリセットが40回以上も繰り返されたため、オークションは数時間も延長され、Blauと彼の家族全員が驚く結果となりました。

「歓声を上げていたのに、みんな口をつぐんでしまったんです」。Blauははじめての売却を振り返って、信じられない、と短い笑い声をあげました。

　最終的には1170万ドルの売り上げとなり、いくつかの新記録を樹立しました。音楽NFT史上最大の売り上げであるだけでなく、今回のオークションで最も高価なトークンに支払われた360万ドルは、プライマリーで販売されたNFTの中で最も高額なもののひとつとなりました。これまでにNFTでそれ以上の価格で落札されたのは、アーティスト

Beeple（ビープル）の660万ドルのデジタルアート作品を含めアート分野の5作品に限られます。

また、Blauはファンドとともにブロックチェーン音楽投資会社を設立。楽曲の所有権をNFTとして販売、ファンがロイヤリティを受け取れるようにする音楽マーケットプレイス「Royal」を2021年8月26日に発表しました。

「私はいつも、アーティストの人気は、会社や配給会社ではなく、ファンやリスナーに完全に依存しているといっています。もしファンが音楽を気に入ってくれて、それを共有してくれて、ライブに足を運んでくれれば、アーティストの人気を高める責任はすべてファンにあるのです。だからこそ、早くから誰かを信じていた参加者たちがアップサイドを得るべきではないでしょうか」とBlauは語っています。

スヌープ・ドッグ

世界的な人気を集める西海岸出身のラッパー。限定NFTコレクションをCrypto.comで2021年4月2日（金）午後4時（日本時間）から24時間限定で販売しました。合計8つの作品が数量限定で販売され、ひとつの作品はオークションにかけられ、もうひとつの作品「Snoop Dogge Coins」は1時間限定のオープンエディション。「Death Row」と題した作品は10万8000ドルで落札されました。

「私は、アナログからデジタルへとゲームが変化していくのを長年見てきました。そして、テクノロジーによってファンがアーティストとつながることができるようになると、いつもうれしくなります。NFTはすばらしい技術革新であり、Crypto.com／NFTで最初のドロップを行うことは名誉なことです」とスヌープ・ドッグは述べています。

また、NFTの可能性について、「NFTの爆発的ヒットは早かった。ま

だまだ知らない人や、理解できない人がたくさんいます。でも、これからは理解できるようになるでしょう。NFTは、アーティストのビジネスやファンとのつながり方を変える大きな瞬間であり、大きなテクノロジーです。私はそれを楽しみにしています」とスヌープ・ドッグはヴァニティ・フェアのインタビューで語りました。

ダラス交響楽団

　メトロポリタン・オペラ管弦楽団の演奏家たちは、2020年3月12日から、パンデミックのために世界的に有名なオペラ・カンパニーが閉鎖され、仕事がない状態に陥りました。ダラス交響楽団（DSO）は、メトロポリタン・オペラ管弦楽団のメンバーとのパンデミック時代のコンサートを記念して、3層のNFTをブロックチェーン上で販売。販売の収益は、メトロポリタン・オペラ管弦楽団の音楽家のために役立てられます。

　DSOのNFTは、オークション販売と個数限定＆定額販売があり、オークション販売はフィジカルサービスとの組み合わせとなっています。

①マーラーの交響曲第1番の最終楽章の音声、演奏者と演奏風景の限定写真。25個を100ドルで販売
②第1楽章の映像、DSO音楽監督ファビオ・ルイジのインタビュー、2022年初頭にニューヨークで開催される室内楽のコラボレーションによる再結成コンサートのチケット。15個を1000ドルで販売
③コンサート本編のビデオ、リハーサル映像を含む舞台裏の映像、インタビュー、特集など。さらに、アーティストとのディナー、米国の他都市からの往復航空券、2泊分のホテルを含む、再結成コンサートでのNFTバイヤーVIP体験を提供。オークション開始価格：5万ドル

Perfume

　Netflixで配信中の「Perfume Imaginary Museum "Time Warp"」で使用したデータをもとに制作される、Perfume初のNFTアート作品

「Imaginary Museum "Time Warp"」を2021年6月11日より販売。パフォーマンスで披露された振付の中から、Perfumeのメンバー3人の象徴的なポーズを3Dデータ化し「Imaginary Museum "Time Warp"」として作品化しました。コンセンサスアルゴリズムにPoSを使い環境負荷を小さくしたPolygon（ポリゴン）を採用し、ライゾマティクス独自のNFTアートのマーケットプレイス「NFT Experiment」でリリース。オークション販売の結果、2万MATIC、日本円に換算すると約325万円で落札されました。

GFRIEND

　2021年5月22日に活動を休止した韓国の6人組ガールズグループ「GFRIEND」の公式NFT「ありがとう！GFRIEND NFT」を音楽専門のNFTマーケットプレイス「The NFT Records」が7月26日から8月2日まで、期間限定＆全世界発売。

　オークション、先行予約販売。日本発のマーケットプレイスながら、多言語・多決済対応サービスにより日本、韓国、アメリカ、フィリピン、インド、マレーシア、タイほか全世界からのアクセスを獲得しました。発売した商品素材（音源・映像・写真・ロゴなど）はすべて、解散したアーティ

画像1

GFRIENDの公式NFT

ストの既発商品でありながらも、NFTを鍵として複数素材を組み合わせた商品を再構成（リパッケージ化）。

　オークション販売、先行予約販売といったユニークな販売方法も実施し、ファンに新たな体験価値を提供することに成功しました。

LOUDNESS

　世界で最も有名な日本人ギタリスト・高崎晃が率いるヘビーメタルバンド、LOUDNESSが結成40周年記念NFTを発売。2021年8月5日、Zepp Tokyoの一夜限りの「真夏の追加公演」で初披露された新曲「大和魂」と「OEOEO」の2曲をNFT販売することを公演のステージ上で発表しました。5日後の8月10日よりライブ写真のほか、豪華商品を取りそろえオークション及び数量限定で音楽専門のNFTマーケットプレイス「The NFT Records」で発売。通常の音楽販売に先行したNFT販売は日本初の試みとなり、オークション商品も31万円で落札されました。「何だかわからないけど本能的におもしろそうって感じたし、ロックの基本精神"スクラップ＆ビルド"に通ずるというか、我々みたいに40年やってるバンドが、先陣を切ってこういった新しいスタイルで、音源を発売してみるっていうのもおもしろいと思ってね」とLOUDNESSは

画像2

LOUDNESSの公式NFT

SEAMOの公式NFT

NFTに関してコメント。「The NFT Recordsではクレジット決済もできるし、世界中のファンも購入できるということで、やってみたらファンのみんなもおもしろがって購入してくれて、曲に対する反応がすぐに聞けて良かったよ。もちろんヴァイナルや、CDなどフィジカル商品も大事にしていきたいけど、完成してから世に発売されるまで2カ月もかかるからね」。

　音楽のNFT展開が多くの可能性をもつことを実証したLOUDNESS。約60もの媒体に取り上げられるなど、音楽＆NFT市場に新たな足跡を残し、2021年10月1日には第2弾のNFT展開も実施しました。

SEAMO

　日本人ラッパー初、公式NFTを音楽専門のNFTマーケットプレイス「The NFT Records」で2021年9月3日発売。「第57回NHK紅白歌合戦」出場ラッパーSEAMOが、自身の大ヒット曲『ルパン・ザ・ファイヤー』を、ハモネプで話題沸騰の男女混成5人組アカペラグループ、ハイスクール・バンバンとコラボレーション。『ルパン・ザ・ファイヤー with ハイスクール・バンバン』として新録した音源をNFT化しました。

NFTに関してSEAMOは「NFTは、僕らCD世代のアナログ感覚と、デジタルの両方を併せもつ可能性だらけのすばらしいコンテンツだと思っています。NFTという新しい体験価値を通じて、音楽を所有する喜びをファンの皆さんと一緒に楽しみ、つながりたいです」とコメントしました。

代表的な国内外の音楽NFTサービス

以下に音楽NFTを取り扱うマーケットプレイスなどを紹介します。

The NFT Records

グローバル対応（多言語、多通貨決済）、環境に配慮した設計、そしてオークション・定額・抽選・予約など多彩な販売方法の採用により、新たな音楽所有体験価値の創造を実現する音楽専門NFTマーケットプレイス。シリアルナンバー入りはもちろん、アルバム曲、シングル曲、ジャケット写真、アーティスト写真、MVなどをアーティスト／レーベルの意向に合わせて組み合わせた、NFTならではの新たな商品組成も実現している。第一弾アーティストではK-POPの人気グループGFRIENDを展開。グローバルファンからのアクセスが殺到、全商品完売した。

テンセントミュージックエンターテイメント（TME、騰訊音楽娯楽集団）

2021年8月に、ブロックチェーン技術を利用したNFT暗号化アートのプラットフォーム「TMEデジタルコレクション（TME数字蔵品）」をローンチすると関係者が明らかにした。現在は傘下の音楽サービス「QQ Music（QQ音楽）」が内部テスト中。このプラットフォームでは、ブロックチェーン技術によりユーザーにデジタルコレクションをリリースする。この技術は将来的にはデジタルアルバムや関連製品に組み込まれる可能性があるとのこと。実現すれば、QQ MusicはデジタルコレクションNFTをリリースする中国初の音楽プラットフォームとなる。

JASRAC

　ブロックチェーンで音楽作品を管理する実証実験を開始。JASRAC
に著作権の管理を委託する音楽出版社などからの参加を募る予定。実験
を通して楽曲などを含む音楽作品のデータの信頼性を向上させ、流通プ
ロセスの透明性、効率をアップさせることにより、作曲者や出版社など
の権利者への還元を増やすことが目的にある。権利者などが利用できる
よう、Web版のアプリを開発し、ブロックチェーンの情報の閲覧や追
記を行える権限を適宜付与することによって、情報共有、手続きなどを
より簡素かつ効率的にすることを目指す。

OneOf

　伝説的音楽プロデューサー、クインシー・ジョーンズがオーナー／
パートナーとして展開する、環境に配慮した音楽専門のマーケットプレ
イス。Whitney Houston、TLC、Doja Cat、John Legendなどが参
加予定。

音楽×NFT業界における課題

　多くの魅力と可能性を秘めたNFTの音楽市場での活用ですが、課題
も散見されます。やはりまずはNFT、ブロックチェーン技術への業界
内での理解・認知向上が重要だと思われます。

　NFTはアーティストやレーベルのクリエイティブをビジネスに反映
できるすばらしい技術なので、価値と収益の最大化のために最適な知識
の獲得と、マーケットプレイスの選定、そして商品組成が大切です。

　知識の獲得に関しては、本書をはじめ、有益な情報が徐々に市場に供
給されはじめているのと、毎日世界中で新たなNFTビジネスの動きが
ありますので、やはりインターネット上で獲得できる最新情報が最も重
要かもしれません。

　マーケットプレイスに関しては現在、世界中にNFTマーケットプレ
イスが雨後の筍のように乱立していますが、そのほとんどがデジタル

アートの販売・取引所で、幸い、音楽専門のマーケットプレイスは世界でも数えるほどしかありませんので、作品の売り場に迷うことはないと思われます。

商品組成に関しては、市場に供給する作品数の精査はもちろんですが、権利の所在が明確な音楽・映像の原盤権を使用するだけでなく、アーティスト写真やサインデータなど、アーティストマネジメント権利下の著作物や、ライブ・イベントビジネスのチケットなど、他事業の商材も活用することを視野に入れ、プロダクトアウトではなくファンのニーズを汲み取ったマーケットイン型で商品素材を考えることが重要になってきます。また、オークションや抽選など、適切な販売方法も精査することが重要です。

海賊版・無許可での権利使用問題も大きなトピックです。現在、権利を保有していないにもかかわらず商品をNFTとして勝手に販売している事案が世界中で散見されます。多くのマーケットプレイスではユーザーが自由に商品を出品することができますが、サービス運営者に監視機能や能力がない場合、海賊版出品は野放しの状態です。

今年、デイモン・ダッシュがJay-Zのアルバムである「Reasonable Doubt」に関連したNFTを勝手に販売しかけ、訴訟問題になりました（これに対し、ダッシュの代理人は、彼は単に所有するロッカフェラ社の3分の1の株式を売却する計画だった、と述べています）。

上記のような不毛な争いに無駄な時間と労力を使わないためにも、正当な権利保有者に関しては適切なマーケットプレイスの利用と、正当な商品組成を促進することを強くおすすめします。

また、マーケットプレイス運営者側には、正当な権利者のみとの契約や、海賊版商品への監視機能の充実を期待します。健全な環境の構築が、市場拡大には必要です。

国内のアーティストに関しては、ファンとの直接のコミュニケーションが課題であり、成長の鍵となるでしょう。ダイレクトSNSマーケティングによるコミュニティ（サポーター）形成により、アーティストのビジ

ネスは力強く拡大します。

　3LAUはClubhouse（音声SNS）やTwitterを通じ、直接、積極的にアプローチすることで自らのファンを暗号資産/NFTコミュニティにつくっています。スヌープドッグはNFT発売時、自身のtwitterを通じ、1920万フォロワーに直接NFT購入を呼びかけました。

　このような直接的なコミュニケーションはファンエンゲージメントを高め、アーティストによるNFTビジネスの可能性をさらに高めるでしょう。

音楽業界のNFTの未来

　NFTは音楽業界のさまざまなプレイヤー、そしてファンにとって大きな魅力となるでしょう。

　特に注目すべきは、その収益性の高さです。2020年、Spotifyで5万ドル（米国労働者の賃金の中央値）以上の年間収益を上げたアーティストは1万3400人しかいませんでした。内訳を見ると、Spotifyは、1再生あたり平均0.003ドルから0.005ドル程度しか支払っていません。これは、100万再生で約3000ドルから5000ドルに相当しますが、多くのインディーズアーティストにとって100万再生は大きな数字です。

　アーティストがNFTで作品を販売すれば、1回の販売で、ストリーミングプラットフォームからよりも多くの収益を上げることができるかもしれません。また、NFTは継続的な収入を得ることができます。セカンダリーで作品が転売されるたびに、アーティストが収益を受け取るように設定することができます。これは全世界すべてのアーティストにとってすばらしいことです。

　また、アーティストとファンにとってさらに魅力的なのは、NFTを活用することによりアーティストは商品の構成を充実させることが可能になることです。楽曲そのものを販売するだけでなく、さまざまな追加

の特典を商品に盛り込むことが可能になります。たとえばサインデータ、未公開映像、ファンとの1対1のビデオ通話、Meet & Greet、フィジカル商品との組み合わせ等、さまざまな特典をNFTに含めることができます。

　もしもNFTとして楽曲自体の権利を購入者に付与する場合、アーティストは作品を株式投資のように展開することも可能になります。これにより、資金を提供してくれた人には実際の投資効果が得られる上、アーティストにも収益が入ってきます。つまり、クラウドファンディングのようなスキームが可能になります。

　音楽ビジネスへのNFTの利用に関しての可能性は多岐にわたりますが、たとえば以下のような展開が考えられます。

①アーティストの可能性

- レーベルや事務所を介さず、直接ファンへ作品を販売できる
- 既存ビジネスと比較し、巨大な利幅の確保が可能
- 原盤ビジネスの拡大が可能
- プライマリーの販売収益及びセカンダリー販売収益、つまり作品が転売されるたびに販売金額から一定のロイヤリティ収入を得られる
- 再販売価格維持制度や、価格設定の基準がないため、販売価格や販売方法（オークション、抽選、予約、定額販売など）、商品内容（音源、映像、写真、ロゴ、フィジカルとの組み合わせなど）、発売期間などを自由に設定できる
- 作品を制作した後、すぐ販売が可能
- デモ曲や楽譜、リハーサル映像など、いままで商品化が物理的に難しかった素材を活用できる
- グローバルに作品販売が可能
- 予約販売など、販売方法次第で制作費のリクープが容易
- オークション開催の模様をファンに見せるなど、デジタル資産を販売・所有させることによる新たなマーケティング展開

②音楽レーベルの可能性

- レーベルが保有するカタログ（旧譜）資産の再活用
- A&R、販促が保有する知見の活用による魅力的な商品構成の実現
- フィジカル商品（CD、DVDなど）との組み合わせで商品展開
- ファンが多くない新人や、ファンが固定化しているベテランアーティストの作品販売
- アイドルなど、ヴィジュアルの価値が高いアーティストの活用
- グローバルマーケット展開

③音楽イベント主催者の可能性

- チケットのNFT化による来場者へのエクスペリエンス提供、特典・記念品の追加
- チケットのNFT化による来場者との直接のコミュニケーション
- チケットのNFT化によるセカンダリー市場の管理
- 偽造チケット防止
- イベント写真・映像のNFT販売

④ファンの可能性

- アーティストと直接の作品売買
- アーティストへの直接支援、応援
- 購入した作品価値の値上がりによる保有資産上昇と、売却時の売買利益
- 限定品を保有する優越感

　アーティストがその才能を発揮し、世に送り出す価値ある作品がNFTという新たな技術により「資産」となり得る時代が訪れました。アーティストにとっても、ファンにとっても、既存の音楽ビジネスプレイヤーたちにとっても、数十年に一度の大きな機会を有効に活用し、これからもすばらしい音楽により社会に笑顔が広がることを祈念しています。

Section

11

NFT ×
海外発NFT特化型ブロックチェーン

元祖NFTを生み出した
Dapper Labsが解説する
NFT特化型インフラ

デジタルデータの希少性を担保し金融資産化を可能にするNFTの
活用方法は世界中で急速に増えつつある。一大産業になったNFT
を支えるNFT特化型インフラについて、Dapper Labs（ダッパー
ラボ）のミカエル・ナイームと北原健が解説する。

Author

ミカエル・ナイーム　2011年にFuel Poweredを
創業後、CEOとしてゲーム
パブリッシャー向けのサービスを展開。その後、Animoca
BrandsにFuel Poweredを売却、Axiom Zen社外取締役を経て、
2017年にDapper Labs参画。以降、Chief Business Officer
として、Dapper Labsで事業戦略をリード。コロンビア大学
大学院卒業。

北原 健　みずほ証券に新卒で入社後、投資銀行業務に従
事。インターネット企業およびテレコム企業の
資金調達やM&Aに携わる。その後、本邦初の独立系クリプト
投資ファンドB Cryptosに入社。以降、投資業務および投資先
BD支援に従事。Dapper Labs Japan Regional Advisor。慶
應義塾大学法学部卒業。

NFTビジネスを支える技術インフラ

今日、NFTは狭義のNFT（既存のネット構造では不可能であった「オリジナルのデジタルデータ」を可能にした「非代替」機能）をはみ出し、NFTを活用するサービスやコンテンツを含む一大産業になりつつあります。たとえば、NFTを売り買いできる場から、NFTを直接活用できるデジタルワールド、NFTの管理・活用にユーザーが使うツールをはじめとする周辺アプリまで、ユーザーから見えるサービスだけとっても、デジタルデータの希少性を担保し金融資産化を可能にするNFTの活用方法は日を追って急速に増えつつあります。

NFTを支える技術インフラを話すうえで、イーサリアムは欠かせません。NFTが世の中にデビューしたともいえるきっかけとなった元祖NFTヒットであるCryptoKitties（クリプトキティズ）もイーサリアムの技術インフラを活用したアプリでした。もっとも、イーサリアムの存在はクリプトの歴史の大半を占めており、多くの熱狂的なトークン保有者・開発者からなる充実したエコシステムが、NFT元年である2017年から

図1　NFTの技術スタック①

NFT × 海外発NFT特化型ブロックチェーン　139

4年近くたったいまでも、多くのNFTに技術インフラとしてイーサリアムが活用されている理由のひとつなのです。

実際、イーサリアムはNFT関連以外の領域においても最も多くのサービスの技術インフラとなっており、現時点ではクリプト領域においてスタンダードとして確立しつつあります。日々多様化するNFTの事例に対応する場合も、イーサリアム上でNFTサービスをつくっておけば、すでに存在する多くのサービスと最小限のストレスで連携できます。たとえば、OpenSea（オープンシー）などのNFTマーケットプレイスはイーサリアム上のNFTアセット（に完全に対応しているので）を取り扱うことは容易ですし、後述する直近のトレンドにもなっているゲーム・金融の融合といった場面でも、P2P（ピア・トゥ・ピア）でNFTを貸す・借りるといった分散型金融サービスを展開するうえで開発者のストレスを抑えられます。

一方で、実働していたNFTのインフラがイーサリアムのみであったNFT元年とは異なり、イーサリアム以外に多くのNFT特化型インフラが生まれたことも事実です。これらの多くは、当初イーサリアム上にサービスをつくろうとした開発者が、イーサリアムの技術的な制約（並行して安価に処理できる取引数の限界。制約でもあり、イーサリアムの特徴でもある）が原因で理想のサービスをつくれなかったため、こうしたギャップを埋めるために生まれました。先述したCryptoKittiesも例外ではなく、アプリとして多くのユーザーの興味を引きつけたものの、結果としてインフラ技術がイーサリアムでは需要に耐え切れず、本来のポテンシャルを発揮できなかったとも言えます。実際、NFTを使いやすく・開発しやすくした技術基盤を展開することで、直近のNFTブームに乗じてNFTをはじめるきっかけを短期間で多くのマスユーザーに提供したという観点において、Flow（フロー）をはじめとする新世代のインフラは事業者・開発者の陰の立役者といえるでしょう。

現時点で実際に使われているNFT特化型インフラは大きく以下の2種類に分けられます。

図2　NFTの技術スタック②

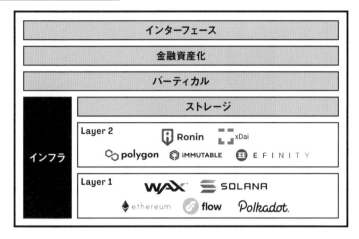

Layer 1 (L1)

　ブロックチェーンの「第一層」となる、基軸インフラ（以下、「L1インフラ」）。NFTにおいてはイーサリアムを筆頭に、当初NFT特化型として開発されたL1インフラであるFlow（フロー）やWax（ワックス）がメイン。他にはファイナンス特化型ではじまったSolana（ソラナ）なども、NFTへの取り組みを強化。

Layer 2 (L2)

　イーサリアムや他L1の基盤技術をベースにしているインフラ（以下、「L2インフラ」）。

L1インフラについて

　NFTのL1インフラにおいては、前述の通りイーサリアムが優位性をキープしており、NFT黎明期は、イーサリアム上で取り引きされるCryptoKitties、直近ではCryptoPunks（クリプトパンクス）やArtblocks（アートブロック）、Bored Apes Yacht Club（ボアド・エイプ・ヨット・クラブ）

図3　チェーン上NFT取引高

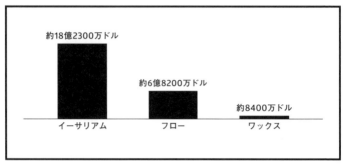

約18億2300万ドル

約6億8200万ドル

約8400万ドル

イーサリアム　　　　　　フロー　　　　　　ワックス

出所：Cryptoslam、NonfungibleのデータをもとにB Cryptos作成

といった「高級」デジタルアセットがNFT活動に貢献しています。こ
ういった高級アセットの価値が高まれば高まるほど、悪意を持った所有
権の書き換えが困難なイーサリアム上に存在することが大きな魅力とな
ります。

　高級アセットの管理にイーサリアムのL1インフラを使うことはユー
ザーニーズと合致していますが、一方でリアルタイムで大量の展開が求
められるような一般的なコンテンツ（デジタルチケットや供給量がある程度増え
ていくゲーム内アイテムなど）は、イーサリアムよりも他のL1インフラや後
述するL2インフラがより適合する場合があります。

　NFT特化インフラの初代プレーヤーとして最も歴史が長いのはWax
です。これまでNFTコンテンツのロングテールを形成する40以上のプ
ロジェクトに信頼されており、直近ではMLBのNFTを発行する「The
Topps Company（トップス・カンパニー）」（110ページ参照）や、日本でもおな
じみの「ストリートファイター」NFTのためのインフラを提供してい
ます。

　ただし、現状NFT領域においてイーサリアムに最も近いL1インフラ
プレーヤーはWaxでなく、「NBA Top Shot（NBAトップショット）」（109ペー

ジ参照）の基盤にもなっているFlowです。FlowはNBA Top Shotもつくっているダッパーラボ Dapper Labs（ダッパーラボ）社によりつくられたNFT特化インフラですが、ローンチ1年未満で、NFT特化インフラのリーディングプレーヤーになりました。

　本NFTブームの火付け役といっても過言ではないNBA Top Shotを展開するまでどういう意思決定があったか。そもそも、なぜFlowは開発されたのか、これからの展開戦略はどういったものか。Dapper LabsのCBOミカエル・ナイームによるFlowの事例を通じて、NFT特化型インフラがポジションを固めるまでの共通意識・ポイントを見ていければと思います。

L1インフラ事例

Flow （著：Dapper Labs CBOミカエル・ナイーム／訳・解説：北原健）

Origins: From Kitties to Jordans

　新しい産業の成長過程において、技術革新はインフラ開発とアプリ開発のいたちごっこです。アプリが高度化することで既存のインフラが対応しきれなくなり、インフラ技術の改良がなされる。新しいインフラによって、アプリのさらなる高度化が起きる。このサイクルの繰り返しはネット産業においても顕著で、クリプトでもこれは例外ではありません。

　このようなサイクルから、FlowはDapper Labs社のもとで生まれました。Dapper Labs社は元々Axiom Zen（アキソム・ゼン）社の社内ベンチャーとしてはじまり、そこで当時Dieter Shirley（現Flow CTO）はイーサリアムベースのNFT基軸ファイル形式となったERC-721技術の開発に携わっていました。ERC-721技術もいわゆるインフラ技術のひとつですが、それを活用したアプリを出そうということになり、CryptoKittiesを2017年末にリリースしました。CryptoKittiesはいわば「子猫のたまごっち」のようなアプリであり、クリプトマーケットの当時の熱狂を受け、ローンチまもなくして初のNFTヒットタイトルと

なりました。

　一方で、当時のイーサリアム上で扱われていた総取引の12%を占めるなど、全ネットワークを詰まらせることになってしまいました。また、ネットワークが詰まったことで取引手数料が高騰したため、一定数いたクリプト慣れしていないマスユーザーからは「買おうとしている子猫より取引手数料のほうが圧倒的に高い」ことについてコメントを多くいただく事態となりました。

> **解説**：イーサリアムはマイナーが取り引き処理を行います。取り引きは塊（「ブロック」）ごとに処理されますが、ブロックの大きさは決まっているので処理できる取引数には上限があります。ブロックに入りきらないほど取り引き需要がある場合、マイナーは処理する取り引きの順番を選ぶことになり、手数料の高い取り引きから先に処理していくため、手数料の高騰化が起きます。

　MetaMask（メタマスク）チームと解決策を模索するために夜通しコールをするなど、状況を改善しようと試行錯誤した当時のことはいまでも鮮明に覚えています。ただ、結局はイーサリアム上で根本的な解決策は打ち出せず、クリプトの熱狂が冷めたことでCryptoKittiesに対する需要が収束し、自然と負荷が減ってイーサリアムが通常運行状態に戻るほうが先でした。一通り経験して思ったことは2つありました。①イーサリアムは予想以上に脆かったこと。②イーサリアム上でマス向けのアプリは根本的につくりづらいこと。

　CryptoKittiesのローンチ後は特にですが、イーサリアムをよりスケーラブルにするニーズは業界内でありました。当時は多くのチームが「シャーディング」という、ひとつのチェーンを複数のチェーンに分け、並行取り引きを可能とするアプローチを模索していました。コンセプトは非常に興味深かったものの、複雑でない取り引き（たとえば送金）においても複雑なプログラムが必要なことが開発者にとって負荷になるかと考え、より複雑なアクションが求められるようなゲームには最適でない

という結論に至りました。

　ほかにも代替案を模索しましたが、最終的にはマス向け（メインストリーム）のアプリに耐えられるインフラを自社でつくることに踏み切ることにしました。メインストリームの追求に向けて意識したポイントは、開発者向けのUX（開発しやすさ）・ユーザー向けのUX（使いやすさ）の最大化です。Flow上での開発をしやすくすることで多くのサービスが生まれ、ユーザーにとってインフラ側のストレスなくサービスを触ってもらうことを目指しました。具体的には、取引承認を分業する独自の仕組みを提供することで、オープンソース状態を担保しながら1秒で10万取り引きを処理し、10秒でチェーン上取り引き確定（フィナリティ）を達成しました。最終的に2年間ほどの時間がかかりましたが、開発コスト・利用コストを最小限に抑え、マスユーザーにクリプトを意識させないようなサービスを実現することに成功しました。

解説：前述の通り、取引処理能力（速さ）と取引手数料（安さ）は密接に関係します。そして、取引手数料（安さ）とユーザーにとっての使いやすさも密接に関係します。取引処理コストが低ければ、取り引きごとに発生するインフラ取引手数料をサービス提供者側でまとめて払うことも可能です。イーサリアム上でつくった場合、手数料が高額になることも多々あるので、手数料をユーザー負担にせざるを得ない場合が多くなっています。

　Flow上の最初のアプリも自社で開発されましたが、その際のアプリのコンテンツ選びにおいてもメインストリームの追求を意識しました。具体的には、NFTとNFT化されるコンテンツの価値の根源とされる熱量（深さ）とマスをターゲットにしたコンテンツ（幅）のバランスを考慮しました。世界中に熱狂的なファンを持つNBAへの働きかけにより、ライセンス契約の獲得に成功し、2020年10月に、NBA・NBA選手協会・Dapper Labs社の共同プロジェクトとしてFlow上の最初のアプリとなるNBA Top Shotのリリースに至りました。

うれしいことに、NBA Top Shotは一時期ネット史上最速で$100mm GMVを遂げたマーケットプレイスになるほど、多くのユーザーにサービスに触れていただきました。CryptoKittiesのときと違い、インフラが詰まることがなかったことが、多くのユーザーに触っていただけたことに大きく寄与したと思います。もちろん、注目されがちな実績数値もうれしいです。しかし、チームとして一番うれしかったことは、自分たちのプロダクトによって、NFTが従来とらわれていた「クリプト」という殻を破り、「コレクティブル」という領域にデジタルを浸透させ、バスケットボール界においてムーブメントをつくれたことです。

> **解説**：筆者にとって、NFTのキャズム超えを感じさせた印象的な出来事が2つあります。ひとつは、ユーザーから寄せられたUXに対するコメントが「可もなく不可もない」が大半だったことです。よくよく考えれば、本来インフラとはそういうもので、Flowはそれだけクリプトに触れたことのないマスユーザーにリーチし、それらのユーザーが「クリプト色」を感じず普通に使えたということです。もうひとつはNBAにおいて、新しいカルチャーをつくったことです。選手自ら自分のカードを手に入れたり、試合後のユニフォーム交換のように他選手との交流で使ったり、はたまた相手選手がダンクを決めた際に「今のはTop Shotに載るね」という選手も出たりするほど、ファンだけでなく選手にとっても新たなスポーツ体験を提供できたことが、Top Shotの成功を真に物語っていると感じます。

Flowは決して楽な道を歩んできたわけではありません。クリプト産業全体が「冬」に突入したまっただ中にFlowの開発をはじめ、最大のエコシステムをもつイーサリアムやL２インフラなどの他のソリューションがつくられているなかで、FlowのようなNFT特化インフラの必要性に対して当時懐疑的な意見もありました。ただ、マス向けコンテンツ獲得のための事業開発や、一般ユーザー・開発者が利用しやすいUXの技術開発に注力し、「クリプト」ではなく「メインストリーム」にこ

だわった結果がNBA Top Shotの成功に寄与していると思います。

> **解説**：NFT特化型インフラでは、イーサリアムの「しきたり」に縛られ
> ずに柔軟にサービス設計を練ることができます。また、マスユーザー向
> けにひとつのヒットを出すことで、狭いクリプトの世界では大きな影響
> を及ぼすことが可能です。

　反面、Flowにとってこれからの道のりは簡単ではありません。イー
サリアムにあって他のNFT L1インフラにないものは「スポーツ」や「コ
レクティブル」に縛られない数多くのバーティカル（急速な成長を遂げており、
NFTとも相性が良いDefiと呼ばれる分散型金融領域など）と、それぞれのバーティ
カルを支える開発者やユーザーです。こうした要素により、イーサリア
ム上につくられた新規サービスが、既存のイーサリアム上のサービスと
連携しやすいことがイーサリアムの強みとなっています。FlowはNFT
特化型インフラではじまりましたが、コア事業として足許はエンタメ・
NFTに注力しながらも、今後のNFTの広がりを考えると他バーティカ
ルへの展開も含め、エコシステムを拡大させる必要があります。

> **解説**：L1インフラはOSのようなもので、同じOS仕様でつくれば、サー
> ビス同士の互換性が担保されます。もちろん、異なるOS同士でサービス
> を無理矢理連携させることは技術的に不可能ではないのですが、UXの減
> 点は避けられません。

　では、Flowはどのようなアプローチを取っているのか。全体的な戦
略として、メインストリームの追求は変えず、クリプト業界外から新し
いプレーヤーを引き込むようにしています。
　具体的には、まずはトップダウンでエコシステムを広げていくために、
既存注力分野のエンタメ領域において、NBAと同じく熱と規模を併せ
持つコミュニティであるNFL（アメフトのプロリーグ）やUFC（総合格闘技のプ
ロリーグ）といったIP（知的財産）を獲得し、Flow上への導入を進めてい

ます。Dapper Labs 社を通じて、Top Shotの「横展開」をコンサル
から実装まで主体的に行うことで、IPにひも付く既存スポーツコミュ
ニティのFlow上への誘導を目指しています。

解説：IP獲得は多くのNFTプレーヤーに共通する戦略です。たとえば、
Animoca Brands（アニモカ・ブランズ）社（288ページ参照）はF1のIPを獲
得しています。IPホルダーの多くはクリプトネイティブではないので、
保有するIPのベストな活用方法について、コンサルニーズがある場合も
少なくありません。

外部企業によるFlow上でのサービス開発も独自に進んでいます。た
とえば、「ゲームのSNS化」という大きなトレンドを意識して、大規模
なゲームパブリッシャーやデジタルアバター企業Genies（ジーニーズ）社
もFlow上での開発を進めています。こういった開発者向けに、Flow
は重点領域であるエンタメ事業だけでなく、幅広い領域・チームをカ
バーする開発者支援プログラムを提供しています。本プログラムは、ス
テーブルコインの大手事業者Circle（サークル）社による自社のステー
ブルコイン（ドルのデジタルアセット）の開発や、あるスタートアップによる
分散型取引所の開発等にも活用されています。なお、Flow上で開発す
るスタートアップを応援する施策として、自社トークンを活用した
Flow Acceleratorというファンド機能も設けています。

解説：クリプト領域において、自社トークンを使用した支援プログラムは、
エコシステム誘致に活用される一般的な手法です。例. Blockstack（L1）
のStacks Accelerator・Polygon（L2）のNFT Gaming / Defiファンド・
Axie InfinityやThe Sandbox（サービス）のAxie Fund / Creators
Fund。

また、足許を固める上で、さらなるNBAファンの引き込みと既存ユー
ザーのリテンションに尽力しています。現在NBA Top Shotにおいては

Moments（トレーディングカード）の収集・交換が主要事例ですが、Momentsをそのまま使えるモバイルゲームHardcourtを現在開発中です。なお、NBAにおけるTop Shot以外の取り組みとして、NBAのSacramento Kings（サクラメント・キングス）と協業して、ファン向けのデジタルシーズンパスを導入しました。デジタルシーズンパスは、ファンのエンゲージメント向上施策の一環として活用されているだけでなく、試合中にファンのプレー予測が当たった際に賞品をリアルタイムに贈呈する機能などももちあわせています。

解説：既存コミュニティのリテンションに対する根本的な考え方は、他の業界とも共通しています。たとえばアート・ファッションNFTの戦略でよくある「もっておけば追加でもらえる」というアプローチ（CryptoPunks / Meebits・Bored Apes Yacht Club / Bored Apes Kennel Club）はわかりやすい形になりますが、他社サービスとの連携や新規サービスの提供によってNFTアセット自体の機能を追加していくこともリテンション施策のひとつです。

　長い目で見ればクリプト業界の成熟度はまだアーリー段階です。最終的には、複数のインフラが共存し、互換性も高まることと思います。ただし本質的には、マス向けアプリにおいてインフラは意識されるべきものではなく、あくまでもユーザーの需要を満たすコンテンツ・サービスがあるかが重要です。Flowは変わらず「メインストリームの追求」に忠実にあり続け、ユーザーがほしがるサービスを支え続けることで、人々のライフスタイルの充実に貢献できればと思っています。

L2インフラについて

　Flowのようにゼロから新しくL1インフラをつくらずとも、既存L1をベース技術として活用するNFT特化型インフラは多数存在します。先

述の通り、ゼロからL1を新しくつくることは全ステージにおいて大きな労力がかかります。既存L1インフラを活用するL2インフラは、既存のL1インフラに対応しているため、一定程度既存サービスとの連携が可能であり、NFTの機能の充実化などを効率的に実施することができます。NFT領域において注目される特化型L2インフラは、大きく分けて、過去に注目されていたChild Chains、現在活用されているSide Chains、活用されはじめているRollupsの3種類があります。Side ChainsをL2インフラとして位置づけることに関しては議論がありますが、本セクションでは上記すべてをL2インフラとして扱うこととします。

Child Chains（チャイルド・チェーン）

イーサリアムをベースとして、取り引き速度の向上に特化したインフラです。処理スピードが速く、手数料が固定されていることに加え、ユーザー数にも柔軟に対応できます。さらに、イーサリアムを活用することから、セキュリティも極めて高いとされています。難点としては、多様なプログラムに対応できる柔軟性をもっておらず、アセットの移動や交換といった単純な取り引きにしか対応できない点が挙げられます。なお、Child Chainsからアセットを引き出す際に、L1インフラとL2インフラとの間の照合期間が発生するため、資産を引き出すのに1週間ほどかかる場合もあります。また、定期的にL1インフラとChild Chainsの状態を照合する必要があるので、ユーザーにとって照合コストが高い点があります。

このようなユーザービリティ面の課題から、足許では別ソリューションに移行するプロジェクトが多数存在します。

活用プロジェクト抜粋：Polygon（初期）

Side Chains（サイド・チェーン）

Child Chainsと似ていますが、イーサリアムをベースとしつつも、「上」につながっているわけではなく、別インフラとして「横」に存在

するインフラです。イーサリアムと相互連携が可能な自前トークンを活用し、L1インフラに頼らない自前のガバナンス体制とセキュリティ体制を構築しています。また、イーサリアム以外のL1インフラにも対応させることができる点や、L1インフラ・L2インフラ間の照合をSide Chainsアップデート時にのみ限定できる点が特徴です。難点としては、イーサリアムと比べ相対的に低いセキュリティをもつインフラにユーザー資産を完全に供託する必要がある点が挙げられます。

> 活用プロジェクト抜粋：Polygon・Ronin・xDai・Efinity（Polkadot をL1で活用）

Rollups（ロールアップ）

多くの取り引きをひとつの取り引きに丸め、L2インフラで処理をしながら、取引サマリーとユーザー資産をL1インフラで管理する手法です。取引処理の速さ・安さ、ユーザー資産のオープンさのバランスを目指しており、現時点では金融特化型の事例（分散型取引所など）への適用が主流となっています。NFT領域において現時点で実働しているRollupsソリューションはまだ少ないものの、Illuviumといった大規模なタイトルが開発途中であり、今後の成長が注目されています。

> 活用プロジェクト抜粋：Immutable X

L2インフラ：Polygon・Axie Infinityの事例

NFT領域において、現時点で一番需要とマッチしている手法はSide Chainsです。L2インフラを活用することの醍醐味のひとつは、既存のL1エコシステム（イーサリアム）と対応させることで同エコシステムのニーズに応えることですが、これを実現させているプロジェクトのひとつに、イーサリアムと密接にかかわっているL2インフラのPolygon（ポリゴン）があります。Polygonは現状唯一実働しているイーサリアムソリューションであり、イーサリアムとの相性の良さからNFTを活用するゲー

ム事業者だけでなく、スケーリングニーズを抱えるDeFi大手事業者による活用も進んでいます。当初はイーサリアム上のChild Chainを開発予定でしたが、いまはChild ChainとSide Chainのハイブリッドを提供しており、Side Chainへの入り口機能としてChild Chainを、実際の取り引きにSide Chainを使っています。Rollupの機能を待てない事業者にとって、すでに実働しており、イーサリアム対応していて、かつ速くて安い取り引きを可能にするL2インフラへのニーズは高く、PolygonはSide Chainを提供することでそのニーズに応えています。

PolygonはSide Chainsのみならず、今後、イーサリアム対応している全L2インフラを束ねるアグリゲーションツールをつくる予定であり、NFTを活用したゲーム領域およびNFTと相性が良い金融領域において、すでに良好なポジションを築きつつあります。さらに、Flowの戦略同様、自社トークンを活用したゲーム・NFT支援ファンドを発表しており、ロングテールのブロックチェーンゲーム事業者にも資金面の支援を提供する予定となっています。加えて、同規模のDeFiファンドも立ち上げており、たとえばNFTを担保にしたローンやNFTの価値予測市場（先物など）といった、包括的にNFTとかかわりうる領域へとさらに範囲を広げています。

Polygonは複合的なアプローチでNFT領域において存在感を高めてきましたが、対極にあるのがRonin（ローニン）と呼ばれるSide Chainsです。Roninは「Axie Infinity（アクシィインフィニティ）」をつくったSky Mavis（スカイ・メイビス）社の自社インフラですが、Roninを導入することでAxie Infinityを爆発的にヒットさせ、ゲームと金融の融合というトレンドをつくりました。

Axie Infinity自体は2018年から存在するゲームプロジェクトで、ポケモンのように保有するモンスター「Axie」を戦わせるゲームです。ブロックチェーンゲームならではの特徴として、ゲームプレイで得られるさまざまなゲーム内アセットを通じて、直接的な収益をプレーヤーが得られる点があります。Ronin導入前より、フィリピンなどの一部の国では、Axie Infinityによる収益を副収入源とする一部ユーザーが見ら

図4　2021年6〜8月の90日間におけるプロトコル別収入

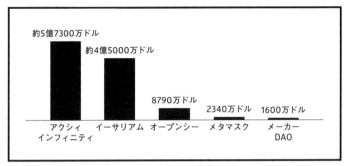

出所：Token TerminalのデータをもとにB Cryptos作成

れました（出稼ぎ労働が主要ビジネスとなっているフィリピンでは、新型コロナウィルスの流行による打撃を大きく受けたことも関係しています）。

　2021年4月のRonin導入によって、Axie Infinityの成長を妨げていた金銭的なボトルネックが解消されることになります。従来「Axieを買う」「Axieを育てる」などのアクション（トランザクション）にかかっていた高額なインフラ取引手数料が、Ronin導入により軽減されたため（手数料が安くなったため、Axie Infinityが肩代わりし、ユーザー側のコストはゼロとなった）、ユーザー層にとって「高額なコスト」という最大のペインが解消されました。金銭的な参入障壁が低くなったことにより、ゲーム内活動はさらに活発になり、既存ユーザーが自発的に新規ユーザーを呼び込んでくるようなポジティブサイクルも生じました。圧倒的なゲーム需要に応じる形で、ゲームを始めるのに必要な数のAxie（Axie Infinityをはじめるためには最低3つのAxieが必要）を貸し出す組織や、ゲーム内のプロプレーヤー集団を抱える組織など、ゲーム活動の周辺領域に専念するコミュニティメンバーや事業者も立ち上げられ、直接的にゲームで稼ぐという新しいゲームのあり方（「Gamefi」「Play-to-Earn」）に対する関心が高まりました。

　こうして、Axie Infinityは、新しいゲームのあり方を代表するプレイヤーとして、クリプト業界の範疇を超えて世界の注目を集めるようになったのです。また、2021年6〜8月の期間を見ると、ゲームによるプ

レイヤー報酬がイーサリアムのL1インフラ自体による収益 (マイナー報酬) を超えるまでに至りました。

本項のまとめと結論

イーサリアムの技術的な制約から、NFT特化型インフラ (L1・L2インフラ) は生まれました。L1・L2インフラはUXにおいてそれぞれ差はあるものの、基本的にはイーサリアムよりNFTのマススケーリングを可能にする点において優位性があります。今後、高級デジタルアセット以外にNFTの事例が多様化する中で、イーサリアム上からNFT特化型インフラに移るNFTアセットは増えるでしょう。

NFT特化型インフラの存在により、いくつかのキラーアプリが誕生しました。これらを通じて、NFT特化型インフラはさまざまなユーザーニーズに応えています。たとえばFlowは、強固なIPに紐づく熱狂的なマスコミュニティを抱えるNBA Top Shot (エンタメとしてのゲーム) を支えており、Roninは、発展途上国におけるマスコミュニティの経済基盤にもなっているAxie Infinity (新たな収入源としてのゲーム) を支えています。

NFT領域に限らずDefi領域をはじめとする広範な領域に展開し、大手事業者のサービス支援を通じてより広くユーザニーズに応えているインフラとしては、Polygonが存在します。

各インフラにとって、エコシステムの拡張が重要になっており、すでに各バーティカルにおいて、コンテンツ (IP) や開発者 (サービス提供者) の取り合いになっています。現に、Flow・Polygon・Roninもそれぞれコミュニティ支援プログラムや自前トークンを活用した支援ファンドを展開しています。

最終的には、それぞれのインフラ上にキラーアプリをどれだけ増やせ

るか、またGamefiのような複数バーティカルをまたぐトレンドを捕捉できるインフラとなりうるかがポイントになると考えます。

　クリプトでは日々イノベーションが起きていますが、資金の流れという定量的な結果を見ると、改めてNFTの勢いにはすさまじさを感じます。NFTを裏付ける技術はもちろんイノベーティブですが、NFTの爆発力の源泉は話題性が抜群でわかりやすく、時代にフィットしており、人間の本能に訴えかけるところにあると思います。オリジナルでなくてもデジタルデータにお金を払う世代にとっては、気に入ったデジタルデータに希少性が加わること自体がまず付加価値となるでしょう。さらにNFTをもつことにより、同NFTコミュニティへ所属することもできる。こうした所属意識や「自慢する権利 (bragging rights)」は人間の普遍的な本能ではないでしょうか。たとえば、これまではロレックスを身につけてゴルフ会員権を持つことに価値があると思う人が多かったかもしれませんが、これからは気に入ったプロフィール画像 (NFT) をもつことで入れる限定コミュニティのDiscord (ディスコード) で活動することに価値を見出す人が多くなるかもしれません。将来はVR空間でデジタル版のロレックスを身につけて、ゴルフ会員権を持つことがステータス、という風にトレンドが一周してもおかしくありませんが。

　画像や動画形式のNFTの売買はかつてないほど盛り上がりを見せていますが、活用ポテンシャルを踏まえると正直まだ序の口かと思います。個人的には、分散型組織を活用した新たな働き方やDeFiと組み合わせが進み、VRなどの技術とも連携が実現することで、より直感的な形で、幅広い層にNFTも理解されると思っています。とはいえ、少年期に「お金にならないから」という理由でゲームを両親に制限された立場からすると、誰もがゲームをすることで自律的に金銭的価値をつくれることは革命的な進歩だと思います。NFTが立ち上がったタイミングでクリプト業界に入った身として、今後もNFTおよびクリプト業界全般の発展に貢献できるよう精進していきたいと思います。

NFT ×
日本発NFT特化型ブロックチェーン

国内のNFTの普及を支える
NFT特化型ブロックチェーン
とは何か

マンガ、アニメ、スポーツ、音楽のコンテンツをNFTで流通させ、デジタルデータの新たな市場をつくるNFT特化型ブロックチェーン。次世代ブロックチェーンを提供するHashPortの吉田世博がその特徴と可能性を解説する。

Author

吉田世博　慶應義塾大学法学部卒業後、ボストンコンサルティンググループ等を経て、2018年株式会社HashPortを創業。2020年HashPortの子会社として、NFT特化ブロックチェーン"パレット"を開発する株式会社Hashpaletteを創業し、2021年日本で初のIEOで224億円の応募を集めた。東京大学工学系研究科共同研究員、慶應義塾大学グローバルリサーチインスティテュート「暗号資産研究プロジェクト」共同研究メンバー。

イーサリアムでNFTを利用する際の課題

　従来のインターネットを利用したコンテンツ流通をWeb2.0時代とすると、NFT及びブロックチェーンを利用したコンテンツ流通はWeb3.0時代といえるでしょう。以下の表にあるWeb2.0時代とWeb3.0時代にはさまざまな性質の違いがありますが、大きな違いはユーザーがコンテンツを所有できることです。NFTを活用することで、サービス間の往来や所有者同士のつながりなど、コンテンツを主軸とした新たなユーザー体験を生み出すことができるのです。したがって、私たちはコンテンツ流通の分野でNFTが新しい時代を切り開くと考えています。

表1　NFT関連当事者

	Web2.0時代の コンテンツ流通	Web3.0時代の コンテンツ流通
コンテンツの 流通媒体	インターネット	ブロックチェーン
ユーザーと コンテンツの関係	コンテンツの利用	コンテンツの所有
コンテンツの 流通形態	データ化されたコンテンツを送る（送信したデータは双方の端末に保存される）	トークン化されたコンテンツを送る（送信した側から送信された側にデータの所有権／アクセス権が移動する）
コンテンツの アプリケーション依存	強い（インターネットのコンテンツは、テレビの映像のようにアプリケーションがなくなるとコンテンツにアクセスできなくなる）	依存しない（トークン化されたコンテンツは、DVD化された映像のようにさまざまな形でアクセス可能）
異なる アプリケーション間の 連携	密結合	疎結合
流通データの 真偽判定	できない	できる
データ流通の エスクロー	実質なし	あり（スマートコントラクトで自動化可能）
コンテンツビジネスの 収益源	コンテンツの販売	・コンテンツの一次販売／公式二次流通マーケットプレイスの手数料 ・ユーザー間PvP流通の手数料／　非公式アプリケーションでの利用手数料

イーサリアムブロックチェーンなどの汎用型ブロックチェーンでも、NFTを流通させることは可能です。しかしながら、汎用型ブロックチェーンでは3つの大きな課題があります。

　1つ目の課題としてイーサリアムでは一般ユーザーがNFTを移転する際に、ガス代と呼ばれるネットワーク手数料を暗号資産で支払う必要があることです。また、NFTを扱うためには、ユーザーがガス代のために暗号資産を入手または購入する必要があり、ユーザー利用のハードルが高くなってしまいます。

　2つ目の課題としてイーサリアムにはNFT以外のアプリケーションも混在していることです。近年では、トランザクション単価の高いDeFi(Decentralized Finance＝分散型金融)の拡大によりガス代が高騰し、ユーザーがガス代などの面でストレスが生じています。

　3つ目の課題として、エコシステムのルールメイクに関する合意形成に膨大な時間と労力が必要であることです。イーサリアムにはさまざまな用途があり、NFTクロスチェーンのようなインフラの整備のハードルは非常に高い。

　イーサリアムでNFTを流通させるためのさまざまな問題を解決するために生まれたのがNFT特化型ブロックチェーンです。

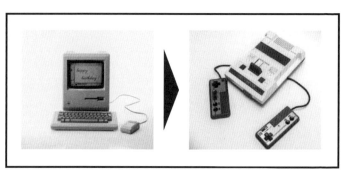

参照：HashPalette ホワイトペーパー

日本発NFT特化型ブロックチェーンの可能性

　NFTへの参入障壁を下げるため、ユーザーが気軽にNFTを使える環境をつくる必要性からNFT特化型ブロックチェーンへの注目が高まっています。イーサリアムをパソコンとすると、NFT特化型ブロックチェーンはゲーム機にたとえることができます。パソコンでは、Webブラウザや動画閲覧、プログラミングやゲームなどさまざまな利用方法がありますが、パソコンの設定やアプリケーションのインストールなど複雑な操作が必要です。一方ゲーム機では、ゲームしかできませんがゲームソフトを設置すれば、子供から大人まですぐに気軽に遊ぶことができます。この例のようにNFT特化型ブロックチェーンでは、すぐに気軽にNFTを利用することができるのです。

　NFT特化型ブロックチェーンのPalette chain（パレットチェーン）ではイーサリアムの課題を一般ユーザーと事業者両方の面で解決します。

　1つ目のポイントとして、NFT移転に対してガス代が発生しないようにすることで、ユーザーは暗号資産を意識せずにNFT及びブロックチェーンサービスを利用可能になり、暗号資産に興味がない層のユーザーにまでNFTを届けることができるのです。

図2

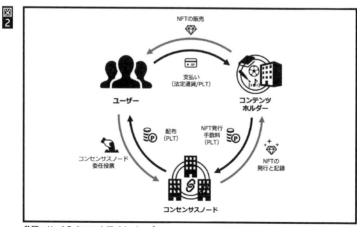

参照：HashPalette ホワイトペーパー

2つ目のポイントとして、アプリケーションをNFTのみに限定することでガス代を安定化させ、高騰の心配もなくなります。ガス代はNFTを発行する際に発生しますが、ガスの価格はコンソーシアムメンバーの会議で決めるため、事業計画の予測可能性が高まります。

　3つ目のポイントとして、クロスチェーンを導入することによりブロックチェーンネットワークをまたぐコンテンツ流通が可能になります。NFTが複数のブロックチェーンを自由に行き来できるため、事業者はどのブロックチェーンでNFTを発行するかを悩む必要がなくなり、安心してNFT事業を開始することができます。

　Palette chainの独自トークンであるPLTは日本国内で初のIEO（Initial exchange offering、暗号資産取引所による販売及び上場サポート）を実施しました。9億円相当のPLTの抽選売り出しに対して、224億円の応募がありました。二次取り引きの開始後1カ月で時価総額が40億円から一時980億円まで急騰し、その後800億円台を推移しています。単価としては1PLTあたり4.05円でIEOを実施し、98円付近の高値を付けました。この価格推移はNFTプラットフォームに対するユーザー及び市場からの高い期待の表れであり、今後もNFTの市場は大きく成長していくと考えてい

参照：https://coincheck.com/ja/exchange/charts/coincheck/plt_jpy/3600

表2　主なブロックチェーン

開発企業	HashPort/ Hashpalette	Kakao/ Klaytn	Dapper Labs	LINE/LVC	WAX
ブロックチェーンの 名称	Palette	Klaytn	Flow	LINE Blockchain	WAX Blockchain
運用会社所在属地域	日本	韓国	米国	日本/韓国	米国
独自トークンの名称	PLT	KLAY	FLOW	LN	WAX
日本国内での 独自トークンの流通	有	無	無	有	無
ブロックチェーンの 形式	コンソーシアム チェーン	コンソーシアム チェーン	パブリック チェーン （Permission型）	プライベート チェーン	パブリック チェーン
コンセンサス アルゴリズム	I-BFT/dPoS	I-BFT/VRF-PoS	BFT/PoS	PBFT/VRF-PoS	BFT-DPoS
開発言語	Go	Go	Cadence	非公表	C++
運用主体	パレット コンソーシアム	Klaytn ガバナンス評議 会	匿名の 複数ノード	Unchain （LINE子会社）	匿名の 複数ノード
発行者（IPホルダー） のガス代負担	あり／なし （利用料負担も選択可）	あり	あり	なし （開発基盤利用料を負担）	あり
利用者（ユーザー） のガス代負担	なし	あり	あり （発行者が負担）	なし	なし
NFT クロスチェーン機能	あり	なし	なし	なし	なし
発行者（IPホルダー） の独自ウォレット作成 可否	可	可	不可	不可	可
ガバナンス手法 （仕様変更方法など）	コンソーシアムに よるオンチェーン ガバナンス	評議会によるオ ンチェーンガバナ ンス	Dapper Labsが 決定（徐々に分 散化予定）	LVC による決定	WAX による決定

ます。HashpaletteはNFT市場の拡大につながる施策を、今後数多く
の企業やユーザーを巻き込んで実施していきます。

代表的なサービスの紹介

　NFT特化型ブロックチェーンはいくつか存在します。国内においては、
HashPortの子会社であるHashpalette社の運営するPalette chainと、
LINEの運営するLINE Blockchain（ライン・ブロックチェーン）があります。
表にある通り、国内のNFT特化型ブロックチェーンである両者はグロー
バルの競合と比較しても遜色ない性能を実現します。

　Palette chainの大きな特徴としてNFTのクロスチェーン機能があり
ます。NFTをPaletteにとどまらせる必要はなく、たとえば汎用型ブロッ

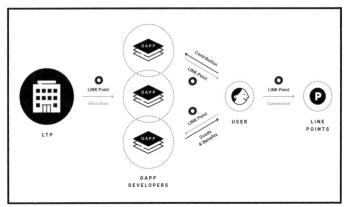

参照：https://linecorp.com/ja/pr/news/ja/2018/2366

クチェーンであるイーサリアムなどへ移転することが可能なので、NFT
事業を開始するのにどのブロックチェーンを選択するかの議論を短縮で
きます。NFTの価値をチェーンに依存せずに流通させることができます。
他にも、コンテンツホルダーの独自ウォレットが作成可能であり、各事
業者のカスタマイズ性が高い環境でNFT事業を進められます。

　LINE Blockchainはシンガポールで独自トークンであるLINK（LN）
を発行後、日本国内で2020年4月から取り引きが開始されています。
株式の希薄後時価総額として880億円まで上昇。LINEのデジタルアセッ
ト管理ウォレット「LINE BITMAX Wallet」において、2021年6月よ
りNFTアイテムの取り引きができる「NFTマーケットβ」が提供され
ています。また、ヤフー株式会社と連携し、ネットオークションサービ
スであるヤフオク!上で2021年の冬季よりNFTアイテムが取り引き可
能になる予定となっています。LINEやヤフオク!のユーザー数を考える
と、マスにNFTを届けるきっかけになると期待されています。

NFT特化型ブロックチェーンの課題

　NFTは新しいコンテンツ流通のユーザー体験を提供しますが、いくつかの課題が存在します。第一にマネーロンダリングへの対応や著作権の保護といった法的な課題があります。第二にNFTはブロックチェーン上にあるため、価格が大きく変動する暗号資産で多く取り引きされています。ユーザーやコンテンツホルダーの利便性を考えると、デジタル通貨や法定通貨に紐づいたステーブルコインへ対応することが望まれます。NFT特化型ブロックチェーンはこれらの課題に向き合い、解決していく必要があります。

　HashPortは暗号資産のマネーロンダリング対策ソリューションを提供する英Elliptic Enterprises Limited（エリプティックエンタープライズ）と業務提携しています。NFTのマネーロンダリング対策として、Elliptic Enterprisesと協力し、規制環境に対応したNFTプラットフォームを構築しNFT事業者の法的リスクを軽減し、安定したサービス提供を可能とすることを目指しています。

　著作権保護の観点については、Palette chainではパレットコンソーシアムのノードのみがNFTを発行できるように設計されており、一定のコントロールが可能になっています。

　Palette chainではNFTを取り巻く課題を解決し、グローバルスタンダードな日本発NFTプラットフォームを目指して邁進していきます。コンテンツ大国日本のすばらしいクリエイターとコンテンツが、NFTを通じて世界に届けられ、新しい経済圏が広がればと期待しています。

Section

13

NFTの技術的課題

NFT普及のために必要な
4つの技術的課題と
その解決法

NFTは市場はもちろん、技術的にもまだまだ発展途上。多くの課題が山積しており、逆にいえばまだまだ発展の余地がある。第1章の最後はコインチェックで開発プロジェクトを担う善方淳がNFTの技術的課題を4つに分けて解説する。

Author

善方 淳 コインチェックテクノロジーズ株式会社にてCTOとして技術責任者を務める。2018年3月からコインチェック株式会社にエンジニアとして入社。2018年3月から2019年3月までコールドウォレットグループで新規開発・運用・保守を担当。2019年4月から現在に至るまで、ホットウォレットグループで、ホットウォレットの新規開発・運用・保守を担当。国内初となるCoincheck NFTやCoincheck IEOの開発プロジェクトマネージャーを務めた。

NFTの4つの技術的課題と用語について

　NFTは、さまざまなブロックチェーン上で発行されているほか、色々な特徴をもったNFTマーケットプレイスが運営されています。しかし、NFTには、たくさんの技術的な課題が山積しており、まだまだ発展途上な状態です。そんな中で、本セクションでは主に4つの技術的な課題について取り上げ、また、主にイーサリアム上で発行されているNFTにフォーカスしながら、技術的な課題について見ていきたいと思います。

　ここで取り上げる技術的な課題は、「NFT画像データの管理の問題」「トランザクションのスケーリングの問題」「NFTマーケットプレイス間の互換性の問題」「環境問題への配慮」の4つになります。

　本題の前に、本セクションで使う用語について解説します。

トランザクション
ETH（イーサリアム）の送金やスマートコントラクトの実行など、ブロックチェーン上で処理された取引データが記載された情報のこと。

メタデータ
NFTは、metadata（メタデータ）と呼ばれるデータ領域をもっており、そこにはname（NFTの名前）、description（NFTの説明）、image（NFT画像のURL）がデータとして記録されている。

ディスクリプション
NFTのmetadata領域に存在する、NFTの説明を記載したデータのこと。

サードパーティ
当事者ではなく、他の第三者のこと。ここでは、管理者となるサービスプロバイダーではなく、AWS（アマゾン・ウェブ・サービス）などを指す。

インターネット経由で利用できるオンラインのデータ保存サービスのこと。

トランザクションを同時により多く処理することができる最大限の処理性能のこと。

NFT画像データの管理問題について

　現在、さまざまなブロックチェーン上でNFTマーケットプレイスが運営されていますが、それらのマーケットプレイスで取り扱いのあるNFTは、ほとんど次の2つのタイプに分かれています。

・タイプ1：
　NFTの画像データをブロックチェーン外で管理しているNFT

・タイプ2：
　NFTの画像データをブロックチェーン上で管理しているNFT

　上述する2つのタイプのNFTにおいて、それぞれNFT画像データ管理の側面で問題点が存在しています。

タイプ1：
NFTの画像データをブロックチェーン外で管理しているNFT
　現在イーサリアム上で運営されているNFTマーケットプレイスで取り扱われているNFTの多くは、メタデータと呼ばれるそれぞれ個別のNFTの独自データを取得するためのURLが、ブロックチェーン上で管理されています。そのメタデータ内には、それぞれ個別NFTの名前やNFTのディスクリプション、NFTの画像データの参照先（URL）などが

データとして存在しています。個別NFTの画像データは、ブロックチェーン上には存在せず、ブロックチェーン外のAWSなどのサードパーティのストレージサービスで管理されています。したがって、ブロックチェーン上では画像データが存在しないことから、さまざまなNFTサービスにおいては、あくまでもブロックチェーン外のAWSなどから、画像データを取得する必要が出てきます。

このような画像データの管理方法を取るのには理由があり、ブロックチェーン上に画像データなどのデータサイズが大きいデータを保存する際には、ガス代と呼ばれるイーサリアムトランザクションの手数料が高くなりNFTの管理コストがとても高くなってしまいます。そこでNFTの画像データは、ブロックチェーン外のサードパーティのストレージサービスに保存して、ブロックチェーン上には、保存してある画像データのURL（エンドポイント）のみを記録することで、データサイズを小さくしてNFTの管理コストを下げるような工夫をしています。よってこういった管理コストの側面から、一般的なNFTマーケットプレイスで取り扱われているほとんどのNFT画像データはサードパーティのストレージサービスを利用しているケースが多いのです。しかし、ここで問題になってくるのは、NFTの画像データが管理されているサードパーティのストレージサービスが何らかの影響によって利用できなくなった場合についてです。

前述するように、NFTの画像データそのものについてはブロックチェーン上にデータが存在しません。そのため、NFTの画像データが管理されているサードパーティのストレージサービスが何らかの影響によって利用できなくなった場合、NFTの画像データを取得することができません。よって、たとえば、アートやトレーディングカードゲームなど、ユーザーにある一定の視認性が求められるNFTコンテンツを取り扱っている何らかのNFTサービスがあった場合、そのNFTの画像データをサードパーティのストレージサービスから取得することができないので、NFTを購入して利用したいユーザーにとってはかなりの影響が出てしまったり、または、NFTの価値そのものが下落する可能性が出

てきてしまいます。

NFTの画像データをブロックチェーン上で管理しているNFT

　まだまだケースとしては少ないですが、最近増えてきている事例として、画像データをブロックチェーン上で管理するようなNFTが出てきました。端的にいうと、タイプ1のNFTのうち、画像データまでをブロックチェーンで管理するNFTがタイプ2となります。このようなケースのNFTは、サードパーティのストレージサービスで画像データを管理しているNFTとは異なり、すべてのNFTのデータをブロックチェーン上で管理しているため、画像データを管理する外部サービスの影響を受けて、NFTの利用や価値に影響が出るというようなことが起きません。しかし、すべてのNFTのデータをブロックチェーン上で管理する必要があるので、NFTのデータサイズが大きくなってしまい、その分だけ多くのガス代を支払わなければならず、NFTの管理コストが高くなるというデメリットはあります。

　こういった、画像データも含めて、NFTのデータをすべてブロックチェーン上で管理するというケースが出てきた背景には、「NFTを所有する」という概念をより明確化する目的がひとつとしてあります。

　たとえばタイプ1とタイプ2のNFTを比較すると、タイプ1のNFTはあくまでも外部サービスの利用を前提としたNFTの管理が前提となっており、たとえ、あるユーザーがNFTを購入して自分のものとして所有できたとしても、NFTの画像データはあくまで外部サービスに依存した形でのNFTの所有になってしまうため、NFTを自分のコントロール下として「所有している」という状態だとはなかなかいえないでしょう。しかし、タイプ2のNFTであれば、すべてがブロックチェーン上にデータとして存在しているので、NFTを購入して自分のものとして所有した瞬間から、どの外部サービスからの影響もまったく受けずに、「所有している」状態になっているのではないかと思います。どちらのタイプが正しいか、どちらがタイプがより理想的な状態かは人によって異な

ると思いますが、NFTを購入する際のひとつの指標として考えてみるのはおもしろいかもしれません。

トランザクションのスケーリング問題

　近年、イーサリアムネットワークは、Decentralized Finance（DeFi）と呼ばれる、既存金融の仲介業務をなくし、分散型の金融サービスを目的としてブロックチェーン上に構築された金融アプリケーションがとても人気を博しています。その人気さがゆえに、イーサリアム上での取り引き件数がかなり多くなってしまい、ネットワークの手数料が高騰してしまうというトランザクションスケーリングの問題が顕在化しつつあります。

　たとえば、下記のイーサリアムのトランザクション手数料が見られるサイト（https://etherscan.io/chart/gasprice）で確認してみると、2020年5月ごろからトランザクション手数料が徐々に上がっていき、現在に至るまでかなり乱高下を繰り返しながら推移していることがわかると思います。一時はネットワークのトランザクション手数料が高騰してしまい、1回の取り引きを行うのに当時のETHレートで数千円〜数万円ぐらいの手数料を支払わないと、イーサリアム上で取り引きができないという状況もありました。

　つまり、イーサリアム上でさまざまなDeFiや、NFTマーケットプレイスなどのDecentralized applications（Dapps）といわれる分散型アプリケーションのサービス取引が増えてくるにつれて、ネットワーク上の取引件数が上がっていき、それに伴いトランザクション手数料が徐々に高騰していって、それがイーサリアムのネットワーク上で行われるすべての取り引きに対して影響を及ぼしてくるということになります。

　そういったトランザクションのスケーラビリティ問題に対して、2016年ごろからさまざまな企業や団体などが技術研究を行っており、Ethereum Layer 2（以下、Layer 2）と呼ばれる技術が近年注目を集めています。このLayer 2というものは、イーサリアムブロックチェーンと

は別に、ある外部環境でトランザクションを安全に処理するための技術的な総称のことをいいます。イーサリアムブロックチェーンのメイン処理機能を1層目としてLayer 1と呼び、それ以外の処理は、2層目で行うという意味合いから、Layer 2と呼ばれています（141ページ参照）。

　　Layer 2の目的は、トランザクションを処理する機能をLayer 2という枠組みで別に設けることで、メイン処理となるLayer 1で処理するトランザクション量を減らし、トランザクションのスケーラビリティ問題を解決しようとする技術です。

　　このようなトランザクションのスケーラビリティの問題解決に対する研究開発は盛んに行われている一方で、このLayer 2を使った技術をさまざまなイーサリアムプロジェクトですぐに利用できるような状況にはまだなっていません。理由としては、ブロックチェーンとは異なる外部環境となるLayer 2において、トランザクションの安全性をどのように担保するかというセキュリティの側面にまだまだ課題があり、その課題を解決するには技術的に高いハードルを越える必要があるからです。

NFTマーケットプレイス間の互換性の問題

　　イーサリアム上で運営されているNFTマーケットプレイスは、それぞれがスマートコントラクトと呼ばれるブロックチェーン上に存在するプログラムによって、独立した機能をもち、独立した運営体によって運営がなされています。スマートコントラクトにはそれぞれのNFTのマーケットプレイスに必要な独自の機能が備わっていて、たとえば、NFTマーケットプレイス内でNFTを新たに発行する機能や、NFTの売買手数料の比率や仕組みなどがプログラムされています。

　　これらのプログラムは、それぞれのNFTマーケットプレイスで異なっていることから、たとえば、NFTを発行する際のNFTの規格が異なっていたり、NFTの売買手数料の比率がNFTマーケットプレイス間で異なっていたりします。つまり、それぞれのNFTマーケットプレイス間で互換性が担保されていないので、あるNFTマーケットプレイスで発

行したNFTを、他のNFTマーケットプレイスで使用できない可能性があったり、NFT売買手数料比率が異なることから、クリエイターであるNFT発行者に還元される利益率に差が出てきてしまったりします。これは、NFTマーケットプレイスの共通インターフェースとなるような規格がそもそも存在しないため、互換性の問題はどうしても出てきてしまう課題です。

　互換性がないということは、NFT自体により流動性を出すことを難しくしてしまうため、NFTを発行するクリエイターにとっては、発行したNFTをより多くのユーザーに使用してもらう機会、ユーザーにとってはNFTをより多くのマーケットプレイスで取り引きするための機会、NFTマーケットプレイスの運営体にとってはNFTの取扱数や売買機会が奪われるので収益機会が失われてしまったりします。そのため、NFTマーケットプレイス間の互換性がないという問題は、NFTマーケットプレイスの運営体、NFT発行者、ユーザーのどの視点で考えてもメリットがあるものではありません。したがって、NFTマーケットプレイス間の互換性の解決が、今後のNFTの発展に必要になってくる可能性が高いのです。

環境問題への配慮

　NFTに限らず、ビットコインやイーサリアムなど、ブロックチェーン技術を活用した市場が盛り上がる一方で、マイニングと呼ばれる多大な電力消費が環境に対して大きな影響を及ぼしていると、環境への配慮ついて一部で問題視されています。

　たとえば、ケンブリッジ大学が公表しているビットコインの消費電力に関する指標によると、ビットコインの年間推定消費電力は、82.18TWhとなっています。これは、世界国別年間消費電力量ランキングと比較してみると、世界第34位のアラブ首長国連邦と並ぶ電力消費をしていることになります（2021年8月時点）。

　また、ビットコインに限らず、イーサリアムもビットコインと同様に

多大な計算を行っているため、ビットコインほどではないにしても多大な電力を消費しています。このような環境問題については、環境配慮への感度が高いコンテンツ制作者やクリエイター、ユーザーなどから、懸念の声が年々上がってきています。

　ビットコインやイーサリアムなどが多大な電力消費を行う理由は、PoW（Proof of Work）と呼ばれる多大な計算に基づくコンセンサス・アルゴリズムによって、ブロック生成を行っているからです。このコンセンサス・アルゴリズムというのは、PoW以外にも複数存在していて、その中で注目すべきコンセンサス・アルゴリズムは、PoS（Proof of Stake）と呼ばれるものです。

　PoSは、計算量に基づいてブロック生成を行うPoWとは異なり、自分が保有するトークンの量に応じてブロック生成に参加することが可能となります。したがって、PoWよりも、PoSのほうがより計算量が少ない状態でブロック生成が可能になるので、ブロックチェーンネットワークを維持するために使われる消費電力を少なくすることが可能となり、環境に対して与える負荷を軽減させる可能性があります。

　現在のイーサリアムは、イーサリアム1.0と呼ばれるPoWを中心としたブロックチェーンシステムで稼働していますが、将来は、イーサリアム2.0というまったく新しいPoSで稼働するブロックチェーンシステムへと移行することを発表しています。したがって、イーサリアムが将来にわたり環境に対して与える負荷が軽減されるということは、イーサリアム上で取引されるNFTが環境へ与える影響も、結果的に軽減される可能性があります。

NFTの普及には技術的課題の解決が必須

　ここで取り上げた以外にもまだまだ技術的な課題はたくさんありますが、特に重要と思われる4つの技術的な課題に絞って見てきました。どの課題も解決するには多くの時間を要しますが、それらの課題を解決した際に得られる恩恵はかなり大きなものばかりですし、NFTを今後もっ

とより多くの人に普及させていくには、これらの課題を必ず解決していく必要があります。

　NFTは、2020年ごろから徐々に取引高が多くなっていき、2021年8月には、老舗NFTマーケットプレイスであるOpenSea（オープンシー）の過去30日間の取引高が1340億円に膨れ上がるまでにNFT市場が過熱しました。特に、その取引高が多いのがアート分野で、今年3月には、デジタルアーティストBeepleのデジタルアートコラージュが日本円で約76億円で落札されたことで話題を呼び市場を牽引していきました。デジタルアートの分野においては、NFTアートというまったく新しい技術によって、新しいコンテンツや新しい概念がいま急速に広がっています。しかし、これらのコンテンツや概念は、何も大物アーティストやデジタルアートといった限られた人物やコンテンツでの話ではなく、我々のような一般市民が気軽にNFTを活用できたり、ゲームコンテンツやトレーディングカードゲームなどもっと幅広いコンテンツ分野で利用されていったりする可能性が非常に高いのです。

　そうなった場合、ここで取り上げたNFTの課題に目を向けてみると、まだまだ一般市民が気軽に使えるような仕組みやサービス設計にはなっていないので、もっとより多くの人がNFTを気軽に使えたり、またより多くの分野でNFTが使われて、グローバルレベルで取引が可能になったりするためには、やはりここで取り上げた技術的な課題の解決が重要なファクターになってくるのではないかと考えています。

第2章

NFTの法律と会計

Chapter 2

はじめに

増田雅史

　本章では、前章の宝石箱のような各種ビジネス・技術の紹介からギアチェンジして、法律や会計といった「お堅い」内容を取り扱います。NFTビジネスを推進するうえでは、こうした制度回りの検討を避けては通れないはずですが、どうしても面倒な、とっつきにくい存在と思われがちです。そこで本章は、一線級の専門家の方々に登場していただきつつ、非専門家の方でも読み進めやすいよう配意して執筆していただきました。

本章の構成

　本章は大まかに、法律セクション（1〜3）と会計・税務セクション（4）からなります。

　セクション1（NFTの法律関係）では、NFTの法律関係全般について概説しています。NFTの発行（NFT化）とは何か、NFTの保有や移転とはどのような状態を指すか、NFTの販売を通じて何を売っているのか。NFTは「デジタル所有権」を実現する仕組みだといわれるが、そもそもそのような評価は正当か。ブロックチェーン上には、たしかにトークンの取り引きが記録されるという実態は存在しますが、その取り引きの安定化のためには、こうした法律関係の整理は欠かせません。また、NFTの典型的な活用例であるアート分野に関しては、特に著作権との関係が議論となりますので、同セクションでまとめて解説しました。アート作品のNFTを販売するとき、法的には一体何が取り引きされて

いるのか？といった深遠な問題を含め、幅広い論点に触れています。

　セクション2（NFTと金融規制）では、NFTがブロックチェーンを利用したものであることから問題となりやすい、資金決済法における暗号資産交換業規制に関する解説を中心として、そのほか関連し得る金融規制として、前払式支払手段に関する規制、為替取引に関する規制、証券規制といった各種規制を満遍なく説明しています。金融規制は、投資家・消費者保護だけではなく、金融システムの安定やAML/CFT（マネーロンダリング・テロ資金供与対策）の要請にも基づくものであり、そのため大変複雑な構造を成しています。冒頭のフローチャートから順に読み解くと良いでしょう。

　セクション3（その他の法的諸問題）では、NFTに関するその他の法的な論点のうち、特にブロックチェーンゲームやトレーディングカードサービスで論点となりやすい、賭博該当性と景品類規制を取り上げて深掘りしています。賭博該当性に関しては、大正時代や昭和初期の裁判例も多く取り上げられるなど、賭博罪に関する長い歴史をほのかに感じられる読み物となっておりますし、景品類規制についても、たとえばオンラインゲーム業界に多大なる影響を与えたコンプガチャ規制は、実は昭和の時代から告示として存在する規制であるなど、消費者保護行政の長い歴史を垣間見ることができます。こうした伝統的な規制枠組みとの整合性をとらなければならないのも、NFT法律実務の難しい点です。

　そしてセクション4（NFTの会計と税務）では、NFTの発行・保有や取り引きがどのように会計処理されるか、またNFTに関与する法人や個人についての課税関係はどうか、といった数字にまつわる点を解説しています。NFTに特化した会計基準や税務当局の通達がなくとも、会計年度が替われば会計処理をしなければなりませんし、年をまたげば確定申告もしなければなりません。やはり避けては通れない論点ということで、現時点で可能な整理が示されています。

各種ガイドライン等

　NFTやその派生サービスであるブロックチェーンゲーム分野に関しては、複数の団体から、法的論点に関する一定の整理を含むガイドラインなどの文書が公表されていますので、こちらで簡単に紹介します。

一般社団法人ブロックチェーンコンテンツ協会（BCA）

https://www.blockchaincontents.org/guideline
　「ブロックチェーンコンテンツ協会ガイドライン 第2版」（2020年12月25日）

　ブロックチェーンゲームを主な対象として、ゲーム内アイテムに用いられるNFTについて、（刑法上の）賭博、景品表示法、資金決済法、金融商品取引法といった論点に関して加盟各社が遵守すべき事項を定めるものです。「第1版」は2020年3月24日時点で公表されており、他の団体と比較しても早い段階からこうしたガイドラインが発信されています。

　なお、BCAは2021年8月19日、一般社団法人日本ブロックチェーン協会（JBA）に合流し、JBAの「ブロックチェーンコンテンツ部会」として活動する旨を発表しています。

一般社団法人日本暗号資産ビジネス協会（JCBA）NFT部会

https://cryptocurrency-association.org/news/
breakout/20210426-001/
　「NFTビジネスに関するガイドライン 第1版」（2021年4月26日）

　JCBAにおいて、NFTに関する論点整理やルール整備を行うことを目的として設置された「NFT部会」によるガイドラインです。金融規制の対象となるかどうかを検討するためのフローチャートが示されている点が特徴であり、このほか、（刑法上の）賭博、景品表示法といった論点に関して会員企業が遵守すべき事項を定めています。まずは「第1版」として公表されており、今後の改訂が見込まれます。

Japan Contents Blockchain Initiative（JCBI）著作権流通部会

https://www.japan-contents-blockchain-initiative.org/
information/130-japan-contents-blockchain-initiative-nft-
content-nft-nft

「コンテンツを対象とするNFT（Content NFT）についての考え方」
（2021年6月1日）

　NFTを通じたコンテンツ流通の円滑化、活性化等を目的として策定
されたものです。「コンテンツを対象とするNFT」を「C-NFT」と呼称し、
その法的位置づけや現状への懸念について、JCBIとしての考え方を整
理しています。発行者がコンテンツに関する正当な権利者であること、
対象コンテンツが適法に作成されたものであることなどの要件の実装に
向けた取り組みを推進すると明らかにしており、ガイドラインというよ
りは、団体としての問題意識や方針を発信する目的の文書といえます。

一般社団法人コンピュータエンターテインメント協会（CESA）
一般社団法人日本オンラインゲーム協会（JOGA）
一般社団法人モバイル・コンテンツ・フォーラム（MCF）

https://www.cesa.or.jp/guideline/blockchain.html

「ブロックチェーンゲームに関するガイドライン」（2021年6月21日）

　一般財団法人情報法制研究所（JILIS）が主催する「ブロックチェーン
ゲームの運用に関する検討会」等を検討の場として、上記3団体により
策定されたガイドラインです。「ゲームにおけるアイテム等のデジタル
データにブロックチェーン技術を用いるとともに、そのデジタルデータ
の交換が可能なゲーム」を「ブロックチェーンゲーム」と定義し、同分
野に関しては、CESA及びJOGAの自主規制であるRMT（リアルマネートレー
ド）の禁止についての規定が適用されないことを明らかにしています。

NFTの法律関係

NFTの発行（NFT化）とは何か。NFTの保有・移転の法的意味や販売での実質的取引対象とは

NFTは法令上の概念ではなく、NFTの発行・保有・販売にまつわる法律関係は、当然には明らかでない。NFTは「デジタル所有権」を実現する仕組みだといわれるが、その評価は正当か。アートと著作権の関係とは。本書編者である増田らが解説。

Author

増田雅史 弁護士・ニューヨーク州弁護士（森・濱田松本法律事務所）。スタンフォード大学ロースクール卒。理系から転じて弁護士となり、以後IT・デジタル関連のあらゆる法的問題を一貫して手掛ける。2020年まで金融庁にてブロックチェーン関連法制の立案を担当し、フィンテックにも精通。デジタルコンテンツ、著作権、暗号資産に関する著作多数。ブロックチェーン推進協会アドバイザー、日本暗号資産ビジネス協会NFT部会法律顧問。本書の共同編集代表。

古市 啓 弁護士・ニューヨーク州弁護士（森・濱田松本法律事務所）。ITやフィンテックなどのテクノロジー関連法務を中心として、プラットフォームビジネスにかかわる法務を横断的に扱うとともに、スタートアップ法務・資金調達の支援など豊富な経験を有する。また、所属事務所のリーガルテックプロジェクトのコアメンバーとして、AIを用いたシステムの開発プロジェクトに従事。

1. NFTの関連当事者と法的関係

　NFTに関連する当事者とその法的関係について整理しておきます。

　まず、NFTとは、一般に、ブロックチェーン上で発行されるトークンのうち、トークン自体に固有の値や属性をもたせた代替性のないトークンをいいます。ビットコインなど、ブロックチェーン上で発行されるトークンは、通常、ひとつひとつに個性がなく、同じトークンが多数存在していますが、NFTは、ひとつひとつのトークンが固有の値をもち、他のトークンと区別できるという特徴を有しています。この性質を利用して、本来は容易にコピーできるデジタルコンテンツをNFTに表章させることにより、デジタルコンテンツに希少性をもたせ、ブロックチェーン上で取り引きできるようにするというのが、NFTの基本的なコンセプトです。NFTに限らず、ブロックチェーン上で発行されるトークンの機能や当該トークンに表章される権利はさまざまです（そもそも何も表章しているとはいえない場合も考えられます）。

　次に、NFTの発行とは、発行するブロックチェーンの規格に準拠して（イーサリアム・ブロックチェーン上のNFTであれば、ERC-721等の規格[1]に準拠して）トークンを作成する行為です。これを発行者でない者に最初に移転する行為も含めて「発行」という場合もあるでしょう。たとえばアートNFTの発行場面を考えると、アート作品をもつアーティストと、そのNFTを購入するNFT購入者が存在し、それぞれが当該ブロックチェーン上のトークンに係るウォレットを有していれば、アーティストが作品を「NFT化」したうえで当該NFTを購入者に対して発行することが可能となります。

　もっとも、現在のNFTマーケットにおいては、NFTの発行が発行者・購入者の二者間で完結することは少なく、NFTの発行と販売を一手に担うプラットフォームが、関連当事者として無視できない存在となっています。OpenSea（オープンシー）、Rarible（ラリブル）、Nifty Gateway（ニフティ・ゲートウェイ）、SuperRare（スーパーレア）、nanakusa（ナナクサ）などのNFT専用のマーケットプレイス（オークションプラットフォーム）がその

図1　NFTの発行・販売場面における当事者の関係図

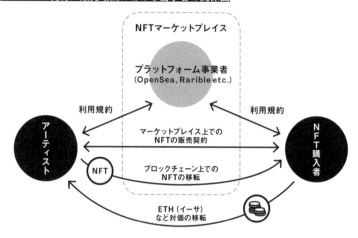

典型例です。他方、いわゆるNFTアートの分野を中心として、これまで主にファインアートを扱ってきた伝統的なオークションハウスの参入も大きなトレンドとして指摘できます。2021年3月にデジタルアーティストBeeple（ビープル）の「Everydays-The First 5000 Days」というデジタルコラージュ作品のNFTを取り扱ったChristie's（クリスティーズ）を皮切りに、同じく伝統的なオークションハウスであるSotheby's（サザビーズ）もNFTオークション事業に参入し、池田亮司氏の「A Single Number That Has 10,000,086 Digits」という作品のNFTなどの複数のアートNFTが出品されました。

　NFTの一般的な発行・販売場面における当事者の関係図を示すと、図1のようになります。

　こうしたプラットフォームは、NFTやブロックチェーンに関する技術や知識のない者に対してもNFT発行のハードルを下げることで、いわゆるプライマリーマーケットの構築（NFT発行量の充実）に貢献しているという側面があります。これに加えて、NFTの取り引きをはじめとす

表1　NFTの発行及び取り引きの過程　（アート作品に関するNFTの販売を例として）

プロセス	内容
① アーティスト によるNFT発行	アーティストは、プラットフォーム事業者との間の利用規約（のうち、特にNFT発行に関連する規定）に従って、アート作品をアップロードするなどの所定の手続を踏むことにより、同作品にひも付くNFTを発行する。これは、アーティスト自身のウォレット上に生成されることもあれば、サービス側が管理するウォレット上に生成されることもあるが、その管理責任の所在も利用規約次第となる。
② NFT購入希望者 の募集と決定	プラットフォーム上でNFT購入希望者が募集される。NFT購入希望者は、プラットフォーム事業者との間の利用規約（のうち、特にNFT購入に関連する規定）に従って、所定の手続を踏むことにより、NFT購入の意思表示を行う。特にオークション形式の場合には、アーティストやNFT購入希望者を含むすべての利用者が拘束される利用規約のルールに従って、NFT購入者（落札者）が決定される。
③ NFT販売契約 の成立	アーティストとNFT購入者との間で、NFTの販売に関する契約が成立する。④においてイーサその他の暗号資産が対価とされる場合には、この契約は、NFTと暗号資産との交換契約と評価することができる。
④ NFT販売契約 に基づく履行	NFT販売契約に基づき、(i) NFT購入者からアーティストに対し、NFT移転の対価の支払（典型的にはアーティストの指定アドレスへのイーサ等の暗号資産の移転によってブロックチェーン上で履行される）がなされ、(ii) アーティストからNFT購入者に対し、ブロックチェーン上でNFTの移転が行われる。その際、プラットフォーム事業者を含む関係当事者への手数料が利用規約に従い当事者により支払われるほか、ブロックチェーンによっては、ネットワーク上で取引を実行すること自体の手数料（イーサリアム・ブロックチェーンの場合、いわゆるガス代）が必要経費として差し引かれることとなる。
⑤ アーティスト・ NFT保有者間の 法的関係の成立	NFT保有者がアート作品に関して何らかの利用権を有することを前提としたNFTの販売である場合、アーティストとNFT保有者の間で、利用規約（やNFT販売契約）に基づき、著作権等に基づくライセンス権が設定される（下記2.（3）参照）。これはプラットフォームを通じたサブライセンス（アーティストからプラットフォームに対するサブライセンス権利付きのライセンスがなされていることが前提となる）である場合もある。

る利用条件・環境が技術仕様や利用規約の形であらかじめ定められていることによって、NFTの売主・買主間の個別交渉などの事務負担を減らし、いわゆるセカンダリーマーケットも活発化させていると評価することもできるでしょう。

　このようなプラットフォーム事業者が運営するNFTマーケットプレイスにおいて、発行と取り引きという一連の過程を法的に分析すると、プラットフォームごとの相違はあるものの、一般的には表1のようになると考えられます。

2. NFTやその保有・移転の法的性質

　上記1.では、NFTの発行・販売における関係当事者とその法律関係について整理しましたが、そもそもNFTを取り引きしているというとき、法的には一体何を取り引きしているのでしょうか。とりわけ、NFT保有者が何らかの利用権を行使できる場合に、それが法的にはどのような権利に基づいて、誰に対して主張できるものであるかを考えることは、NFTに関する法律関係を安定的なものとするためにも重要です。

　この問いは、一見単純なようですが、NFT自体が新しいものであり、既存の法的な枠組みの中で当然に予定されていたものではないため、「この法律だけが当然に適用される」というようなものではなく、NFTがもつ機能や技術、取引実態などを観察しながら考えないといけません。また、議論される場面によっても見え方や答えが違うということがあるでしょう。こうしたことから、さまざまな事例があるNFT全体を抽象的・一般的に議論するよりも、何かしらの具体的な事例を念頭に置いて議論した方が理解しやすいでしょう。

　そこで、ここではデジタルアートに関するNFTを特に取り上げ、主に著作権法の観点から考えてみます。こうしたアート関連のNFTは、(少なくとも本書執筆段階において)取り引きが特に活発化している事例のひとつであり、読者の皆さんもいろいろなニュースなどでも実例を見聞きしているかと思います。

⑴ 「NFTアート」と「アートNFT」の概念整理

　具体的な検討に入る前に、少しだけ概念の整理（言葉の使い分け）をしておきたいと思います。このあとの議論を理解するためにも大事なポイントとなります。

　デジタルアートのNFTに関する話題において、一般的に使われることの多い表現は「NFTアート」という言葉ですが、これは具体的には何を指しているでしょうか。「あの著名なアーティストのNFTアートを手に入れた」とか「あのNFTアートはとても美しくて素敵だ」という

表2 「アートNFT」と「NFTアート」の概念整理

アートNFT	• (デジタル) アート作品をNFT化した当該トークンであって、ブロックチェーン上で実際にやりとりされるものを指す。 • たとえば、Beepleの事例では、オークションにおいて直接の取引対象とされたNFTがこれに該当する。
NFTアート	• NFTの取り引きを通じて扱われる(デジタル)アート作品を指す。通常、ブロックチェーン上で作品それ自体が記録され流通するわけではなく、よってアートNFTとは区別される。 • たとえば、Beepleの事例では、「Everydays - The First 5000 Days」というデジタルアート作品それ自体がこれに該当する。

言葉を耳にしたとき、その客体として指し示されているものは何だと感じるでしょうか。じつは、この「NFTアート」という用語が指し示すものには、(もちろん正確な表現を意識的に使っている方もたくさんいますが)①NFT化の客体である(デジタル)アート作品と、②NFT化した結果として発行されるトークン (NFT) という、2つの意味があるように思われます。

この点への理解は、大変重要です。なぜなら、ここから議論する法律関係は、上記②(=トークン)のブロックチェーン上での発行及び流通そのほかの変更が、上記①(=アート作品)に関する権利・利益その他の便益にどういった影響・効果をもたらすか、という形で分解して議論する必要があるためです。この整理が曖昧なままですと、ある人が上記①の意味で「アーティストはNFTアート自体を購入者にわたしたわけではないはずだ」と主張し、別の人が上記②の意味で「購入者はNFTアートを購入してウォレットに入れたのだ」と主張しているとき、議論がまったく噛み合わないことになってしまいます。こうしたことから、本セクションでは、表2のように「アートNFT」と「NFTアート」という各用語の使い分けをしています。

通常、アート作品(のデータ)自体が直接ブロックチェーン上に記録されることはありません。これは、ブロックチェーン上に大きなデータを記録することが現実的ではないためです(分散型ストレージであるIPFS[2]を利用するなど、何らかの形でブロックチェーン外にコンテンツのデータを保管することとな

ります）。そのため、小さなドット絵などがNFT化の対象であるなど、コンテンツ自体をトークンの内容として記録することが可能であるような例外的な場合を除いて、「NFTアート」と「アートNFT」とは一致しないこととなります。そして、このように両者が一致しないときにこそ、アート作品とNFTとをどう関連付けるか（NFTの取引を通じてアート作品を取り引きしているといえる法的な状況をどう創出するか）が、いわゆる「NFT化」やその後の法律関係を明確化するうえで問題となるわけです。

(2) 著作権の基礎

　NFTの法的な位置づけを著作権法の観点から分析する前提として、著作権法や著作権についても、ここで簡単に解説しておきたいと思います[3]。

　まず、著作権法は、著作権の対象となる作品などを「著作物」と定め、「思想又は感情を創作的に表現したものであって、文芸、学術、美術又は音楽の範囲に属するもの」と定義するとともに（同法2条1項1号）、「小説、脚本、論文、講演その他の言語の著作物」、「絵画、版画、彫刻その他の美術の著作物」、「（コンピュータ）プログラムの著作物」など9つの典型例を挙げています（同法10条1項各号）。ここで、コンピュータプログラムも著作物の例として挙げられていることからもわかる通り、有体物（物理的な形を有するもの）であるファインアートに限らず、無体物であるデジタルアートも著作権の対象となり得ますが、著作権法上の著作物となるためには、「思想又は感情」を表現したものであって、かつ「創作性」があることが必要になりますので、極めてシンプルな表現物は著作物に該当しないこととなります（ただし、著作物にあたるか否かの線引きは簡単ではありません）。

　そして、ある作品が著作物に該当する場合、その創作者（著作者）には、著作権と著作者人格権が発生します（著作権法18条〜）。このうち著作権は、著作物の利用に関する財産的な権利を指し、一般的に「支分権」と呼ばれるさまざまな権利で構成されています（表3）。著作権は、著作者人格権とは異なり、第三者に譲渡することが可能ですので、創作者に限らず

表3　著作権の内容

支分権の名称 （著作権法の条文）	禁止可能な行為の具体例
複製権（21条）	個人向けの市販ソフトウェアを会社のパソコンにインストールする。
上演権及び演奏権（22条）	演劇の脚本を劇場で上演する。 音楽をライブハウスで演奏する。
上映権（22条の2）	映画を映画館で上映する。
公衆送信権（23条）	映像作品をテレビで放映する。 テレビ番組を動画投稿サービスに掲載する。
口述権（24条）	エッセイを朗読会で朗読する。
展示権（25条）	絵画を展示会で展示する。
頒布権（26条）	映画のリール（上映フィルム）を映画館に配布する。
譲渡権（26条の2）	書籍化した小説を書店で販売する。
貸与権（26条の3）	音楽CDをレンタルショップで貸し出す。
翻訳権、翻案権等（27条）	日本語小説の英語版を制作する。 小説を原作として映画化する。
二次的著作物の利用権（28条）	小説を映画化したものを、ウェブ配信する。

著作権を保有している者を「著作権者」と表現します。著作権法は、著作権の譲渡方法を特定の方式に限定していないため（同法61条1項参照）、たとえば口頭での合意による譲渡も可能です。

　著作権の侵害は、著作権者の許諾を得ないまま、こうした著作権の内容として禁止される行為を行う場合に発生します。逆に、こうした所定の禁止行為に該当しない行為を第三者が無断で行っても、著作権侵害とは評価されません。著作権侵害があった場合には、著作権者は侵害者に対して、その侵害行為を止めるように求めたり（差止請求権）、著作権者が被った損害を賠償するように求めたり（損害賠償請求権）することができます。また、著作権侵害は、一定の場合には刑事罰の対象ともなります。

　さらに、著作権者は、著作物を利用しようとする者に対して、利用方法と利用条件を定めたうえで、利用を許諾することができます。この利用許諾は、一般的に（著作権に基づく）「ライセンス」と呼ばれ、その許諾方法に関しての制限もありませんから、利用規約・契約による方法に限らず、口頭での利用許諾も認められます。たとえば、商業的利用以外で

の複製などを認めつつ、それ以外の利用は禁止するなどの制限の設定が可能です。

　これに関連して、著作権者が不特定多数に一定の条件のもとで自らの著作物を利用してもらいたいと考える場合に、その利用許諾を一方的に公表することがありますが、その場合の条件設定を簡易に行うための仕組みは「パブリック・ライセンス」と呼ばれることがあります。その代表例であるクリエイティブ・コモンズ・ライセンス[4]は、著作物を公開する際に、複数の記号やマークを組み合わせて表示することで利用条件を簡易に示すことができ、たとえば、「表示・改変禁止」(BY-ND)のマークをつけて著作物を公開すると、第三者は、著作者との直接の契約関係がなくとも、作品名や作者名といった作品情報を表示さえすれば (BY)、作品を改変しない限り (ND)、その著作物を自由に複製したり、収益化したりすることができるというわけです。

　以上の基礎知識も踏まえて、本題に入りましょう。以下では、対象となるアート作品が著作物に該当することを前提として議論を進めたいと思います。

⑶ アートNFTの正体

　さて、いよいよ「アートNFT」や、それを保有し取り引きをすることが、法的にはどのような意味を有することとなるのかを考えていきます。NFT自体、法的な定義は存在しないので、その実態を観察したうえでの整理が必要となります。

㋐ 利用規約におけるアートNFTの取り扱い

　まず、NFTの発行や取り引きの場として用いられることが多い、いわゆるNFTマーケットプレイスの利用規約ではどのように扱われているでしょうか。いくつかの利用規約を見てみると、そこでは通常、NFTの法的性質は明示されておらず、せいぜい、アートNFTの保有がNFTアートの著作権の保有を意味するわけではない旨が説明されている程度です。

アートNFTの保有者が行い得る行為も、プラットフォームやアート作品ごとに大きく異なります。非商業的利用のみを認めるもの、商業的利用も認めるもの、複製や展示など一部の利用方法のみを認めるものなどがある一方で、（特定のアートに紐づくNFTとしての）アートNFTの保有者であること（その作品の"パトロン"であること）をNFTの購入・保有という事実により世間に示せるだけで、何らかの利用が許諾されているわけではない場合も多く見られます。このような、アートNFTの保有を通じてNFTアートを利用できる範囲は、プラットフォームで一律に決まっている場合もあれば、NFTを発行するアーティストがNFTごとに個別に設定できる場合もあります。

(イ)アートNFTの保有≠NFTアートの「所有」

巷では、アートNFTの保有により、それと関連付けられたデジタルアートの「所有」を証明するといった説明が多く見られ、そのことをもって、NFTを「デジタル所有権」を実現するツールだと説明する向きもあります。このような説明は、はたして適当でしょうか。

たしかに、アートNFTを第三者に移転できる者は通常、それが記録されているブロックチェーン上のアドレス（ウォレット）に対応する秘密鍵を知る者に限られます。そうした者が当該トークンを事実上専有することから、一般的な意味でいうところの「所有」関係があると見る余地はありそうです。

しかし、そもそもデジタルアートを含むデータは、法的な意味での所有権の対象とはなりません。これは、民法が所有権の対象となり得るのは「有体物」のみ、つまり、姿かたちがあるもののみと定めていて[5]、無体物（姿かたちのないもの）であるデータは所有権の対象とならないためです。所有権があれば、その占有を奪われたら所有権に基づく返還請求権を行使することができますが、NFTには類似の権利がなく、たとえばNFTを勝手に移転されてしまっても、その返還請求権を当然に行使できるわけではありません。

したがって法的には、アートNFTの保有がNFTアートを「所有」し

ていることにはならず、「デジタル所有権」といった表現は少々不正確なものといわざるを得ません（ただし、下記4.も参照）。

(ウ)アートNFTの保有≠NFTアートの著作権の保有

　著作権についてはどうでしょうか。アートNFTの取り引きに伴って、NFTアートの著作権それ自体も一緒に移転させることは、法的には実現可能です。そのように取引当事者の間で合意すればよいのです。もっとも、NFTと著作権とを「当然に」結びつける法律上の根拠があるわけではないため、それは、譲渡による著作権移転を実現する方法として、合意に基づくNFTの移転を便宜的に用いている、と評価すべきものです。

　このように「トークンの取り引きにより著作権を移転すること」自体は法的に可能なのですが、それでは、「トークンの取り引きによって『のみ』著作権を移転可能とすること」を確保することは可能でしょうか。上記(2)でも触れた通り、著作権法上、著作権譲渡の方式自体を特定の方法に限定するということはできません（仮にある当事者間で譲渡方式を制限する約束をしていたとしても、それに反する譲渡は有効であり、著作権の移転を否定することはできません）。そのため、どこかの時点で著作権者（NFT保有者）が第三者と別途の契約を結ぶなどして、NFTの譲渡を伴わずに第三者に著作権だけを譲渡してしまった場合には、その著作権の移転自体は有効に確定します。この場合、著作権は移転したのにNFTは移転していない状態になりますので、以後は著作権者でない人物がNFTを保有していることとなります。このような状況を防ぐことは現行法上難しく、よってNFTと著作権の保有関係を一体的にとらえる仕組みには、克服しがたい難点があるように思われます。

　これに対し、（著作権自体を与えるのではなく）著作権に基づく一定の許諾をNFT保有者に与えるという方式であれば、それを実施する上での克服しがたい難点はないといえます（ただし下記3.(2)に記載するように若干の問題があります）。実際に、NFT保有者が利用規約等に基づきデジタルアートを一定の態様で利用することが許されている事例は多く存在しています。このようなケースであれば、「アートNFTの保有を通じて（著作権に基づく）

ライセンスを保有している」だとか、「アートNFTの移転によりライセンスを移転する」などと表現することも、それほど不自然ではないでしょう。

3. アートNFTに関するケーススタディ

　ここからは、具体的な場面をもとにNFTの法律関係について理解できるように、ケーススタディ形式で、アート作品のNFTに関連して発生し得る法的論点や実務的論点をいくつか紹介しつつ、若干の分析を加えたいと思います。

(1) 著作権に基づくライセンスと、複数のプラットフォームをまたいだ売買

> アーティストAが、自らの著作物であるアート作品をNFTプラットフォームXでNFT化し、購入者Bに販売した。同プラットフォームのユーザ（発行者・購入者を含む）全員が同意している利用規約によれば、NFT保有者は、アーティストからの許諾に基づき、当該アート作品をコピーして商品化してもよいこととされている。しかしBはその後、当該NFTをXではない別のプラットフォームYで転売し、購入者Cがこれを購入した。この場合、Cは当該アート作品をコピーして商品化できるか。

　あるNFTが、ERC-721トークンなど一般的なブロックチェーンで扱える形式のトークンである場合には、複数のNFTプラットフォームをまたぐ形での取り引きや、プラットフォームを利用しない相対での取り引きが行われることも考えられるでしょう。このとき、アートNFTの保有者に対するライセンスが、プラットフォームに依存したものであるか（つまり、その特定のプラットフォームを離れた場合には有効なライセンスとならないのか）、それとも複数のプラットフォームをまたいでも有効であるかは、アートNFTのエコシステムが特定のプラットフォームに依存せず拡大できるか否かの試金石であり、重要なテーマといえるでしょう。

　まず、プラットフォームXの利用規約において、Xのユーザである

NFT保有者に限定してアート作品の利用権を定めているような場合、アーティストAによる許諾は、XのユーザでないNFT保有者には及びません。この場合、購入者Cは商品化について許諾を得ていることにならず、こうした利用権を得ることが購入者Cの取り引き目的であるならば、Xでない場でトークンを購入するインセンティブ自体がそもそも働かないことになります。そのため、そのようなNFTの取り引きはそもそも、X以外では行われにくいと考えられます（ただし、Xにおける取引手数料の発生を回避するために、Xを迂回して取り引きした後Xに戻ってくる、といった取り引きは合理的に発生し得るかもしれません）。

　これに対し、利用規約が明確に、プラットフォームXのユーザでないNFT保有者に対しても利用権を許諾している場合には、購入者Cにも許諾に基づく商品化を行う可能性が出てきます。将来出現する不特定の許諾先の存在を前提として、あらかじめ包括的な許諾を公に行う方式としては、上記2.(2)でも触れたパブリック・ライセンスの実務が参考になります。

⑵ アーティストによる著作権の譲渡

> 　上記⑴の事例において、アーティストAが、購入者BにNFTを販売した後、著作権をA2（プラットフォームXのユーザではなく、利用規約に同意していない）に譲渡した場合、Bは引き続きアート作品をコピーして商品化できるか。その後にBからNFTを購入したB2についてはどうか。

　AがA2に著作権の全部を譲渡した場合、Aは著作権者ではなくなります。ここで、譲渡前に生じたAとBとの間の許諾関係自体はXの利用規約に基づくものであり、その利用規約に同意をしていないA2を拘束することはないため、その許諾関係がA2とBとの間で当然に引き継がれることにはならず、新著作権者であるA2がXの利用契約に基づきBに利用を認めなければならないという義務が当然に生じるわけではありません。

　もっとも、著作権法は、著作権者がある利用者に利用許諾を与えた場

合、その著作権者がその後に著作権を譲渡したとしても、従前から利用許諾を受けていた当該利用者は、その著作権の譲受人（新著作権者）の下でも引き続きその利用方法・利用条件の範囲で利用できることを定めています（著作権法63条の2。利用権の当然対抗制度と呼ばれています）。この制度により、既存のライセンシーであるBは、A2に対してその利用権を対抗することができます[6]。

　ただし、これですべてが解決するわけではない点には注意が必要です。つまり、利用権の当然対抗制度は、著作権譲渡の「前」に利用許諾を受けた利用者を守る制度ですので、著作権の譲渡の「後」にNFTを購入したB2自身に当然には当てはまらず、たとえば、B2がアート作品をコピーして商品化すると、A2の著作権を侵害したこととなってしまうため、B2が想定していた利用ができなくなってしまうことが懸念されます。そうすると、少なくともAが著作権を譲渡したことが判明している場合には、NFTを購入するインセンティブが失われる、又は低下するといえ、当該NFTの転売価値が損なわれる可能性があります。これを突き詰めると、著作権譲渡の可能性がある以上、「許諾権つき」NFTには転売困難となるリスクが定型的に存在することとなってしまいます。

　この問題に対する抑止策としては、利用規約において著作権譲渡の禁止を明確に規定することが考えられますが、これに反してAが著作権を譲渡した場合でも、当該譲渡自体は有効と解されるため、万能薬とはなりません。転売可能性を奪われるBや、ライセンスの伴わないNFTを購入してしまったB2には、Aの利用規約への違反を理由として損害賠償を請求できる可能性がありますが、利用規約の構成次第ではA・B（B2）間には債務不履行がないと評価されかねず、賠償の対象となる損害の範囲やその数額算定がどうなるかなど、不明確な点は多く残ってしまいます。

　この問題を一足飛びに解決する方法は現在のところ見当たらず、当面は、NFT発行者であるアーティストその他ライツホルダーの属性・信用などの事情から、このような著作権譲渡のリスクが事実上低いといえるかどうかを見極める必要がありそうです。

（3）同一アート作品の複数NFT化

> アーティストAが、自らの著作物であるアート作品をNFTプラットフォームXでNFT化し、購入者Bに販売した。Aはその後、同一のアート作品をXではない別のプラットフォームYでもNFT化し、購入者Cに販売した。この場合、BとCの関係はどうなるか。

　見落とされがちですが、ひとつのアート作品について複数のNFTを発行することの物理的な制約はありません。さすがに同一のプラットフォーム上では、唯一のNFTと謳いつつ複数のNFTを発行することはできないか禁止されていると思われますが、他のプラットフォームの利用が当然に妨げられるわけでもないため、当初唯一と謳われていたNFTが、アーティストの心変わりなどにより複数発行される事態は考えられます。

　このような場合、購入者Bは、プラットフォームXにおける利用規約違反、又は販売時における個別の合意事項への違反を主張するなどして、損害賠償を求めることが考えられます。購入者Cも、当初のNFT販売の事実を知らずに購入したのであれば、同様の主張をする余地があります。もっとも、賠償の対象となる損害の範囲やその損害額の算定がどうなるかなど、不明確な点が多いことは上記(2)と同様です。

　著作権との関係で問題となりそうなのは、Bに対して付与されたライセンスの内容とCに対して付与されたライセンスの内容が競合する場合（たとえば、BとCに対してそれぞれ独占的な利用権を付与したケース）です。もっとも、著作権法はそのような独占的許諾について定めを置いていないため、BとCのいずれが優先するかは定まらず、結局は前段落と同様、利用規約や個別合意への違反という契約上の問題に帰着しそうです。

　ところで、ここで少し視点を変えて、そもそも「2つ目以降のNFTが発行されることによって、1つ目に発行されたNFTの価値は本当に消失するのか」について考えてみましょう。この問いに対する答えは、立場や場面によっても異なるかと思いますが、必ずしも価値が消失するもの

ではないと考えることもできるかもしれません。「最初に発行された
NFT」であることには変わりがないためです。そもそも、複数のオリジ
ナルが存在し得ることはNFT固有の問題ではなく、伝統的なファイン
アートの長い歴史の中でも繰り返されてきたことでもあります。たとえ
ば、ロダンの彫刻作品「考える人」には、オリジナルがいくつも存在し
ます。また、版画作品であれば、より状態が近いものを複数制作するこ
ともできます。このような場合であっても、2つ目以降のオリジナルを
作成することによって、ただちに当初のオリジナルの価値が消失すると
は考えられていません。このように、いわば複数のオリジナルが存在し
得て、かつそのいずれも価値を有するものとして取り引きされている場
合、そのオリジナルが誰によってどういった背景で制作され流通された
のか、といった固有のストーリーがそれぞれのオリジナルに付加されて
いると見ることができるかもしれません。

　アートNFTに関しても、あるアートNFTが販売されるに至ったエピ
ソードやコンテクストが重要なのだとすれば、そうした面を捨象して、
複数作れることだけを殊更に問題視するのは、却ってこれまでのアート
取引の実態を反映しない議論となるかもしれません。

(4) 他人の著作物のNFTアート化

> Pは、アーティストAが著作権を有するアート作品を、Aの許諾なく、
> NFTプラットフォームXにてNFT化し、購入者Bに販売した。アート作品
> のデータ自体は、NFTにメタデータとして含まれているわけではなく、
> 公衆がアクセス可能なウェブサーバ上にアップロードされている。Pはど
> のような責任を負うか。

　PはAに無断でAの作品をNFT化しています。このとき、まず思いつ
くPの責任は、著作権を侵害したことによる責任でしょうか。
　しかし、他人の作品を勝手にNFT化する行為が、それ自体として著
作権侵害に該当する可能性は小さいと考えられます。なぜなら、NFT
化といっても、アート作品自体を複製したり送信したりしなければなら

ないわけではなく、極端にいうと、アーティストなどのNFT化した本人が「この作品のNFTだ」と宣言しているにとどまるからです。上記2.(2)でも触れた通り、著作権の内容は支分権として著作権法に具体的に規定されており、そうした支分権の内容である禁止行為だけが著作権侵害となるわけですが、「この作品のNFTだ」という宣言行為はいずれの支分権の範囲にも含まれそうにありません。そのため、著作権者以外がこうした宣言行為をしても、著作権侵害とはならないわけです。

　もちろん、Pがその販売にあたってアート作品の画像をプラットフォーム上で使用したり、作品のデジタルデータ自体をアップロードしたりしているとすると（上記1.の通り、NFT化に際して、アート作品のデジタルデータをアップロードする必要があるプラットフォームもあります）、そうした行為は、Aが当該作品に対して有する複製権や公衆送信権の侵害となります。また、その販売にあたってAの氏名や作品の名称を示すことが、Aの商標権やパブリシティ権を侵害する可能性もあります。実際のところ、作品の内容がわかるような画像等の情報を一切示さずにアートNFTを販売できるとも思えませんから、AとしてはPに対して何らかの主張をし得る場合が多いと思いますが、前記の通りNFT化自体は著作権侵害となるわけではなく、また他に主張できそうな明確な権利も見当たらないことについては、注意が必要です。

　プラットフォーム事業者の立場からは、こうした他人によるNFT化が発生してしまうと、利用者からの信頼を損なったり、場合によっては損害賠償責任を問われたりする可能性がありますから、あらかじめ防止したいと考えるのが自然です。その方策としては、利用規約において、自己が著作権を有しておらず、NFT化することについて正当な権限を得ていない場合のNFT化を禁止することが考えられ、現に多くのNFTプラットフォームがそのような対応をとっています。それでも、いわゆる無権限者による出品事例は多く見られるところであり、なかなか実効的な対策をとれないのが実情かと思います。

　なお、購入者Bとの関係では、Pとの間の購入契約を詐欺（民法96条1項）を理由に取り消し、代金返還請求等を通じてB・P間での解決を図るこ

とが基本となりそうですが、プラットフォームXのNFT発行・販売への関与度合いによっては、Xの責任が追及されることも考えられます。無権限者による発行であると判明するまでの間にNFTが転々流通してしまっている場合には、状況は些か複雑になりますが、その逐次の購入契約も同様に、錯誤（同法95条1項）を理由に取り消しの対象となると思われます。

⑸ NFTアートへのアクセスの永続性

> 購入者Bは、NFTプラットフォームXでデジタルアート作品のアートNFTを購入した。Xのもとで発行されたアートNFTの保有者は、Xが用意するシステムを通じて、対応するアート作品にアクセスして閲覧することができる。ところが、あるときXの事業が終了し、アート作品へのアクセスができなくなってしまった。

　現在のNFTアートには、それを取り扱うNFTプラットフォームの存在を前提としているものが少なくありません。とりわけ、NFT保有者に限ってアート作品にアクセス可能な仕組みを提供しようとする場合、そのアクセスの仕組みにはプラットフォーム自身の関与が避けられず、プラットフォームが将来にわたって存続するか否かに大きな影響を受けることとなります。そして、プラットフォームの運営が終了するなどして、そのアクセスの仕組みが将来にわたって利用できないこととなった場合、たとえNFT自体がERC-721トークンであり、イーサリアム・ブロックチェーン上で半永続的に取り引きできるとしても、本質的な価値を失う可能性があります。

　また、アクセス方法が旧式化した結果としてアクセス手段を失う可能性も考えられます。たとえば、ビットマップ形式の画像ファイルであれば、極めて単純なファイルフォーマットであるため、特定のプラットフォームに依存せずとも、それをデジタルアート作品として再現する手段はかなりの長期にわたり存続する（又は容易に再現可能である）ことが期待できます。しかし、たとえば特定のVRゴーグルを着用して閲覧するよ

うなVR作品の場合、それに対応する製品の生産が終了してから長い時間が経つと、作品を閲覧するためのツールが世の中から失われてしまうおそれがあります。

これらの点は、伝統的なファインアートにはない、デジタルアート特有の問題といえるでしょう。将来にわたり利用可能性が高いと思われるファイルフォーマットを利用する、永続性の高いストレージサービス（事業の継続性に問題がないと思われる企業のサービス、IPFS＝InterPlanetary File Systemをはじめとする分散型ストレージの仕組みなど）を利用するといった対策は考えられますが、コンテンツの種類によってはそのような対応も困難と思われ、技術的な解決が待たれるところです。

⑹アーティストへの利益還元の限界に関する問題

> アーティストAは、自らの著作物であるアート作品をNFTプラットフォームXでNFT化し、購入者Bに販売した。Xは、NFTの譲渡が行われる都度、その譲渡対価の一部をアーティストAに自動的に還元する仕組みを有している。Bが、Xではない別のプラットフォームYで当該NFTを譲渡した場合には、どうなるか。

アートNFTがアーティストからも注目される理由のひとつには、NFTが転々流通する都度、その譲渡対価の一部を、確実にアーティストに対して利益還元するように設計することができるという点があるといわれています。

このような仕組みを法制化するものとして、著作権の一部としての「追及権」制度があります。我が国には同様の仕組みはありませんが、EU各国において導入されているなど[7]、諸外国においては比較的受け入れられている仕組みです。

しかし、NFTの分野でこれを実現する利益還元の仕組みは、NFTに一般的に用いられるERC-721やERC-1155といった規格上で定義されているわけではなく、その実装は個々のプラットフォームに依存しています。そして一般に、当該仕組みを持つプラットフォームであっても、そ

の仕組みは当該プラットフォームで用いられる取引用のスマートコント
ラクトにより実現されているのが通常であるため、利益還元の対象とな
る取引は、自らのプラットフォーム上で行われたものに限定されてしまい
います。この場合、特定のプラットフォームにおいて利益還元の仕組み
が実現できているとしても、上記(5)と同様、当該プラットフォームの事
業継続リスクが問題となるのに加えて、他のプラットフォームや相対取
引の場合には、こうした利益還元を実現できないこととなります。

4. アートNFTを保有することの本質とは

　上記2.で解説した通り、NFTと著作権の保有関係を一体的にとらえ
る仕組みには克服しがたい難点がある一方で、著作権に基づく一定の許
諾（ライセンス）をNFT保有者に与えていると整理することは、実務上は
可能と考えられます。

　ところで、「AさんがアートNFTを保有している」という状態を私た
ちが観察したとき、それを単に「Aさんが、アートNFTに対応するNFT
アートについて一定のライセンスを得ている」と言い換えてしまってよ
いでしょうか。アートNFTの取引実態などを踏まえると、このように
単純に言い換えることに若干の抵抗感があるかもしれません。言い換え
れば、その本質的価値はこのような点にないか、少なくとも他にもある
（そのように思って取り引きをする人が多い）かもしれません。

　以下、試論的に考えてみます。

(1) アーティストやアートの「パトロン」としての地位

　アートNFTの保有者の中には、アートNFTの購入を通じて、アーティ
ストに対して金銭的支援を行うことを動機として取り引きに参加してい
るケースがあります。こうしたアートNFT保有者は、伝統的なファイ
ンアートにおける、（アーティストにとっての）パトロンに類似した存在とも
いえるでしょう。

　これまでのパトロンと違う点は、伝統的なファインアートの場合には

（追及権という制度がない限り）最初に作品を購入した者の支払対価のみがアーティストの手元に入る仕組みであったわけですが、デジタルアートのNFTの場合には、その後の転々流通に係る譲渡対価の一部もアーティストに還元できる仕組みを構築できる可能性があることです。その意味では、後続する譲受人にもパトロン類似の地位が移転していると見ることができます。しかも、こうしてパトロンとなった人たちがブロックチェーン上で永続的に記録され、誰もがその歴史をたどることができるということも、ファインアートと異なる興味深いポイントです。

　また、NFT保有者は、当初の購入者に限らず、アート作品それ自体の価値を高め、世に知らしめることによって美術界に貢献するという、広い意味での（アート自体にとっての）パトロン的な立場も持ち得ます。このような形での美術界への関与は、企業によるメセナ活動の一部として伝統的なファインアートの分野でも見られたものですが、アートNFTやその保有の意義は、そのような活動をデジタルアートの分野にも広げられる点にも見出せるかもしれません。

　実際、公に展示され誰でも鑑賞可能な絵画作品やその所有者と、公開されているデジタルアート作品やそのNFT保有者との関係は、表4の通り多くの点で類似しています。

⑵ 資産の保有者としての地位

　アートNFTの保有者にとって、当該NFTがその価値を毀損されるこ

表4　絵画の所有とアートNFTの保有　（カッコ内は相違点）

公に展示されている絵画作品とその所有権	公開されているデジタルアート作品とそのNFT
誰でも訪問して作品を鑑賞できる	誰でもアクセスして作品を鑑賞できる
所有者は著作権を有しているわけではない	保有者は著作権を有しているわけではない
所有者は「パトロン」扱いされる	保有者は「パトロン」扱いされる
所有者は作品を売却し所有権を移転できる	保有者はNFTを売却し移転できる
（公開を中止しいつでも持ち帰れる）	（作品の公開を止める術はない）

となく転々流通される状態を実現・維持することは、重要なポイントといえます（上記3.参照）。その背景にあるのは、アートNFTを第三者に（適切な価格で）譲渡できることに対する期待であり、この点がNFTを保有することの重要な動機となり得ることには異論がないでしょう。この点は、伝統的なファインアートの所有と同様です。

　このような整理には、現に交換価値が生じており、それを維持することにインセンティブが生じるという実態を指しているだけであって、その交換価値が何に基礎づけられているのかに答えるものではない、という批判があり得るところです。しかし、裏付けとなる資産等がないため本源的価値を観念しがたいとの指摘[8]を受けつつも、単なる投機を超えた投資対象としての社会的実体が備わりつつある暗号資産のように、アートNFTも、その取引実態に由来する価値が社会的に受け入れられる余地はあるように思われます（そもそもアート作品自体、その価値はもっぱら需給により決まるものであり、その物体としての存在形式や著作権の存在のみが本質的価値を基礎づけているとは思われません）。

(3) デジタルアートの「所有」?

　このように見た場合、NFTアートを保有することの「本質」について、新たな見方ができる可能性があります。

　上記のパトロン的地位と資産保有者的地位は、伝統的なファインアートの世界では一般的に、アート作品の「所有」という法様式によって実現されてきたところです。すなわち、ファインアートの所有者は、アート作品を購入して所有権を取得することを通じてアーティストや美術界を支援し、その所有権を移転する（移転できる）ことを通じて資産的価値を実現してきたわけです。これに対し、デジタルアート作品の場合、本セクションで整理したように、アート作品を客体とした「所有権」は観念できず、アートNFTの特質の多くがプラットフォームに依存しているなど法的な裏付けも強くはないことから、やはり「デジタル所有権」と表現することは適切ではないでしょう。

　しかし、それでもなおアートNFTは、デジタルアート作品について「所

有」類似の効果を実現しようとする野心的な取り組みといえます。より視点を広くもてば、人類の生活場面が徐々に仮想空間（メタバース）に移行していくという予測もあるなか、その仮想空間内で資産等を「所有」する方法としてNFTを活用していくことも検討されています。このように、NFTの技術やコンセプトは、将来における応用可能性も含め、今後も注目に値するものであると考えられます。

1　ERC（Ethereum Request for Comments）とは、イーサリアム・ブロックチェーン上の開発に関する技術的な共通規格を指します。NFTの発行に用いられるブロックチェーンはイーサリアムに限らず、Polygon、Polkadot、Flow、WAX、Cosmosといった他のブロックチェーンを活用する例も多く見られます。

2　IPFS（InterPlanetary File System）は、Protocol Labsが開発・提唱するピアツーピア（P2P）型の分散型ファイルシステムであり、特定のサーバに依存せずにコンテンツを保持することができる点に特徴があるとされています。本文中で触れたBeepleによる作品も、そのデジタルデータはIPFSのネットワーク上に保管されており、誰でもダウンロードが可能です。

3　インターネットにまつわる著作権に関する入門的な書籍に、福井健策・増田雅史ら『インターネットビジネスの著作権とルール 第2版』（CRIC・2020年）がある。本文中の表3は同書59ページより引用。

4　https://creativecommons.jp/licenses/

5　民法206条は「所有者は、法令の制限内において、自由にその所有物の使用、収益及び処分をする権利を有する。」としており、同法85条は「この法律において「物」とは、有体物をいう。」としています。

6　著作権法63条の2は、サブライセンスによってサブライセンシーが得る権利についても適用があると解され（文化庁文化審議会著作権分科会報告書（2019年2月）(https://www.bunka.go.jp/seisaku/bunkashingikai/chosakuken/pdf/r1390054_02.pdf) 147～149頁参照）、そのため、著作権者が直接ライセンスするケースではなく、プラットフォームを介したサブライセンスのケースであっても、結論は同様となります。この場合、サブライセンス権を有することとなるプラットフォームとしては、自身が受けている"サブライセンス権つき"の許諾が同条における「利用権」の内容であるとして、この利用権を新著作権者に対抗することができる（よってその後のNFT保有者も、同プラットフォームからのサブライセンスを受け著作物を利用できる）、

との立場を主張することが考えられ、このような解釈の成否については結論が出ていません。「利用権」制度の解釈やその限界については、実務や判例の蓄積がまたれるところです。

7　いわゆる追及権指令（Directive 2001/84/EC）に基づき、EU各国で法制化されています。

8　金融庁「仮想通貨交換業等に関する研究会 報告書」（2018年12月）7頁（https://www.fsa.go.jp/news/30/singi/20181221.html）

NFTと金融規制の関係は。どのようなNFTに規制が適用されるのか

暗号資産交換業規制等の各種金融規制は、NFTとの関係でどのように適用され得るか。JCBA NFT部会法律顧問である、弁護士の長瀬威志（アンダーソン・毛利・友常法律事務所）らが解説。

Author

長瀬威志　パートナー 弁護士/ニューヨーク州弁護士（アンダーソン・毛利・友常法律事務所外国法共同事業）。金融庁総務企画局企業開示課に出向した後、国内大手証券会社法務部に2年間出向。金融庁出向中は主に開示規制に関する法令・ガイドラインの改正等に携わり、証会社出向中は各種ファイナンス案件、Fintech案件へのアドバイスに従事。当事務所復帰後は、暗号資産交換業・デジタル証券、電子マネー決済等のFintech案件を中心に取り扱う。

小牧 俊　アソシエイト 弁護士（アンダーソン・毛利・友常法律事務所外国共同事業）。Fintech案件（主に暗号資産・デジタル証券・ブロックチェーン関連）、資金決済法・金融商品取引法等の金融規制、ウェルスマネジメント／投資ファンド、PPP／PFI、買収ファイナンス等の各種ファイナンス案件を中心に取り扱うほか、コーポレート全般に関するアドバイスも提供している。

1. NFTと金融規制法上の分類

　前セクションで述べた通り、NFTでは、ひとつひとつのトークンが固有の値をもち、他のトークンと区別できるという特徴を利用して、本来、無料かつ容易にコピーできるデジタルコンテンツを表章させ、デジタルコンテンツに希少性をもたせ、ブロックチェーン上で取り引きできるようにしています。NFTに限らず、ブロックチェーン上で発行されるトークンの機能や当該トークンに表章される権利はさまざまであり、たとえば、決済手段としての経済的機能を有し、ブロックチェーンなどのネットワークを通じて不特定の者との間で移転可能な仕組みを有しているトークンであれば、暗号資産として資金決済に関する法律（以下「資金決済法」といいます）で規制される可能性が高いと考えられます。また、トークンに株式や社債、ファンド持分などに係る権利を表章したものは、有価証券として金融商品取引法（以下「金商法」といいます）で規制される可能性があります。

　このように、NFTを含むトークンの金融規制上の法的分類を行う場合、

図1　NFTを含むトークンの金融規制上の法的分類フローチャート

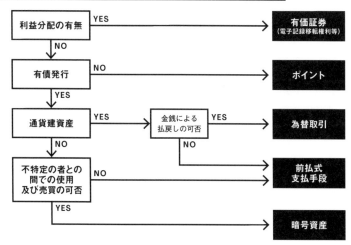

当該トークンの機能や当該NFTに表章される権利内容等を踏まえて個別具体的に検討する必要があります。概要は、前記のフローチャートのように整理することができます。

2. 暗号資産に関する法的規制

(1) 暗号資産の定義

　暗号資産（資金決済法2条5項）とは、以下の(ⅰ)〜(ⅲ)の要件をすべて満たすもの（以下「1号暗号資産」といいます）、又は、不特定の者との間で、1号暗号資産と相互に交換できるものであって、(ⅱ)及び(ⅲ)の要件を満たすもの（以下「2号暗号資産」といいます）をいいます（ただし、後述する電子記録移転権利を表章するものは除外されます）。

暗号資産の要件

(ⅰ) 物品・役務提供の代価の弁済として不特定の者に対して使用でき、かつ不特定の者との間で購入・売却をすることができること

(ⅱ) 電子的に記録された財産的価値であって、電子情報処理組織を用いて移転することができること

(ⅲ) 本邦通貨、外国通貨及び通貨建資産に該当しないこと

　NFTは、1号暗号資産であるビットコインやイーサなどと同様、ブロックチェーン上で発行されるトークンであり、イーサその他の暗号資産と交換ができることから、1号暗号資産又は2号暗号資産に該当しないかが問題となります。

　まず、NFTそれ自体に決済手段性がないと判断できる場合は、上記暗号資産の要件(ⅰ)物品・役務提供の代価の弁済として不特定の者に対して使用できるものではないことから、1号暗号資産には該当しないと考えられます。

　これに対して、NFTは不特定の者との間でビットコインやイーサそ

表1　NFT及びブロックチェーンに記録される
トレーディングカード等と2号暗号資産該当性

	NFT	トレーディングカード ゲーム内アイテム
暗号資産 ガイドライン I-1-1③	「1号暗号資産を用いて購入又は売却できる商品・権利等にとどまらず、当該暗号資産と同等の経済的機能を有するか」	
2号暗号資産 該当性	個別具体的な判断が必要	基本的には該当しない
2019年9月3日 パブコメ回答	No.1 Q：いわゆるDapps がERC721形式でゲーム内での固有トークンを発行することに対して、何か法的な規制はあるか。国内外の事業者が Dapps を開発し、日本国内でサービスを展開するにあたり、法整備を進めて頂きたい。 A：資金決済法2条5項に規定する仮想通貨の該当性については、法令に基づき、実態に即して個別具体的に判断されるべきものと考えております。ご指摘のトークンが仮想通貨に該当し、その売買等を業として行う場合には、仮想通貨交換業者としての登録を要し、法令に基づく必要な規制を遵守する必要があります。	No.4 Q：2号仮想通貨について1号仮想通貨と「同等の経済的機能を有するか」との基準を設けるべきではない。同等の経済的機能とならないような制限を加えることで、資金決済法に基づく規制の対象外になりかねない。 A：物品等の購入に直接利用できない又は法定通貨との交換ができないものであっても、1号仮想通貨と相互に交換できるもので、1号仮想通貨を介することにより決済手段等の経済的機能を有するものについては、1号仮想通貨と同様に決済手段等としての規制が必要と考えられるため、2号仮想通貨として資金決済法上の仮想通貨の範囲に含めて考えられたものです。したがって、たとえば、ブロックチェーンに記録されたトレーディングカードやゲーム内アイテム等は、1号仮想通貨と相互に交換できる場合であっても、基本的には1号仮想通貨のような決済手段等の経済的機能を有していないと考えられますので、2号仮想通貨には該当しないと考えられます。

の他の1号暗号資産と相互に交換可能であることから、2号暗号資産の定義に該当するようにも思われます。しかしながら、資金決済法の目的は「資金決済に関するサービスの適切な実施を確保し、その利用者等を保護するとともに、……資金決済システムの安全性、効率性及び利便性の向上に資すること」(資金決済法1条) にあり、決済機能を有する支払手段を規制することが前提とされています。この点、金融庁「事務ガイドラ

イン（第三分冊：金融会社関係）」（16　暗号資産交換業者関係）（以下「暗号資産ガイドライン」といいます）Ⅰ－１－１③によれば、2号暗号資産該当性の判断要素として、「ブロックチェーン等のネットワークを通じて不特定の者との間で移転可能な仕組みを有しているか」「発行者による制限なく、1号暗号資産との交換を行うことができるか」「1号暗号資産を用いて購入又は売却できる商品・権利等にとどまらず、当該暗号資産と同等の経済的機能を有するか」などの点が挙げられます。また、令和元年9月3日金融庁「『事務ガイドライン（第三分冊：金融会社関係）』の一部改正（案）に対するパブリックコメントの結果について－コメントの概要及びコメントに対する金融庁の考え方」（以下「2019年9月3日パブコメ回答」といいます）によれば、ブロックチェーンに記録されたトレーディングカードやゲーム内アイテム等については、1号仮想通貨[1]と相互に交換できる場合であっても、基本的には1号仮想通貨のような決済手段等の経済的機能を有していないと考えられるため、2号仮想通貨には該当しないとの解釈が示されている一方、NFTの仮想通貨該当性については実態に即して個別具体的に判断されるべき、との解釈が示されています。

（2）NFTと暗号資産該当性

　前記の暗号資産ガイドライン及び2019年9月3日パブコメ回答からすると、NFTは、個性があり代替性のないトークンであるという性質を有しており、通常はブロックチェーンに記録されたトレーディングカードやゲーム内アイテム等と同様、ビットコインのような支払手段としての経済的機能を有しないことから、1号暗号資産と同等の経済的機能を有しないものとして、2号暗号資産には該当しないことが一般的と考えられます。また、代替可能なトークン（Fungible Token）であったとしても、トレーディングカードやゲーム内アイテムなどのように、1号暗号資産のような決済手段等の経済的機能を有していないのであれば、2号暗号資産には該当しないと考えられます。

　これに対して、NFTであっても、他のNFTとその性質が極めて類似

しており、社会通念上、他と区別されないものが多数存在するような場合であって、かつ、1号暗号資産を通じて1号暗号資産と同等の決済手段としての経済的機能を果たす可能性があるものについては、暗号資産に該当する可能性は否定できないと考えられます。

3. 前払式支払手段

　暗号資産と前払式支払手段は、いずれも物品・役務提供の代価の弁済に使用することができる点で共通しますが、暗号資産は「不特定の者」に対して使用することができるのに対し、前払式支払手段は、発行者や加盟店等の特定の者に対してしか使用することができないという点で異なります。前払式支払手段とは、以下の(i)～(iii)の要件をすべて満たすものをいいます（資金決済法3条1項各号）。

〈前払式支払手段の要件〉

> (i) 金額等の財産的価値が記載又は記録されること（価値の保存）
>
> (ii) 金額又は数量等に応ずる対価を得て発行される証票等、番号、記号その他の符号であること（対価発行）
>
> (iii) 発行者又は発行者の指定する者に対する代価の弁済に使用することができるもの（権利行使）

　また、後述する為替取引（の手段）としてのトークンと前払式支払手段としてのトークンについては、前者は金銭による払戻しが可能である一方、後者は原則として金銭による払戻しが禁止されている（資金決済法20条2項）点で異なります。

　トークンが前払式支払手段に該当する場合、当該トークンを支払手段として使用することができる範囲によって、自家型前払式支払手段（資金決済法3条4項）又は第三者型前払式支払手段（資金決済法3条5項）の2種類に分類されます。

(1) 自家型前払式支払手段

　自家型前払式支払手段とは、発行者又は当該発行者と密接な関係を有する者 (発行者等) から物品の購入もしくは借受けを行い、もしくは役務の提供を受ける場合に限り、これらの代価の弁済のために使用することができる前払式支払手段又は発行者等に対してのみ物品の給付もしくは役務の提供を請求することができる前払式支払手段をいいます (資金決済法3条4項)。

　自家型前払式支払手段は、前払式支払手段の利用対象である商品・サービスが発行者等の提供するものに限られており、第三者型前払式支払手段と異なり、加盟店と利用者との間の資金決済を担うわけではないため、登録等の参入規制は設けられていません。自家型前払式支払手段の発行者は、原則として毎年3月末日又は9月末日の基準日における発行済み未使用残高が1000万円を超えるときに財務 (支) 局長に対する届出が必要となります (資金決済法5条1項、4条)。

(2) 第三者型前払式支払手段

　第三者型前払式支払手段とは、自家型前払式支払手段以外の前払式支

図2　自家型前払式支払手段の構造

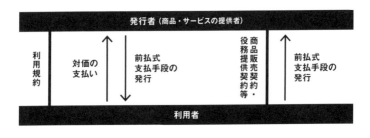

払手段をいいます（資金決済法2条、4条）。第三者型前払式支払手段は、発行者が利用者から前払いされた金銭を商品・サービスの提供者である加盟店に支払うという形で、利用者と加盟店との間の取り引きについての資金決済を行う仕組みとなっており、自家型前払式支払手段と比べて広範囲で高い金融機能を担っています。発行者以外にも支払手段として使用することができる第三者型前払式支払手段の発行者は、原則として、所管の財務（支）局長の登録を受ける必要があります（資金決済法7条）。

(3) 前払式支払手段に該当しないもの

金融庁事務ガイドライン（第三分冊：金融会社関係）「5 前払式支払手段発行者関係ガイドライン」I−1−1によれば、以下の一定の類型については、定義上、前払式支払手段の要件を満たさず、前払式手段に該当しないこととされています。

① 「日銀券」「収入印紙」「郵便切手」「証紙」等法律によってそれ自体が価値物としての効力を与えられているもの
② 「ゴルフ会員権」「テニス会員権証」等各会員権（証拠証券としての性格を有するものに限る）
③ トレーディング・スタンプ等商行為として購入する者への販売であり、

図3　第三者型前払式支払手段の構造

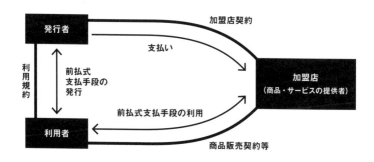

当該業者が消費者への転売を予定していないもの

④磁気カード又はICカード等を利用したPOS型カード

⑤本人であることを確認する手段等で、商標等又は番号、記号その他の符号自体には価値が存在せず、かつ、証票、電子機器その他のものに記録された財産的価値と結びつきがないもの

⑷ 前払式支払手段の適用除外

　資金決済法上の前払式支払手段は、⑴価値の保存、⑵対価発行、⑶権利行使の3要件を満たすものをいいますが、これらの要件を充足する場合であっても、以下の前払式支払手段については、前払式支払手段に係る規制の適用が除外されます（資金決済法4条各号）。

①乗車券、入場券等（同条1号）

②発行の日から政令で定める一定の期間内に限り使用できる前払式支払手段（同条2号）

③国又は地方公共団体が発行する前払式支払手段（同条3号）

④特別の法律に基づき設定された法人等が発行する証票等（同条4号）

⑤従業員向け、健康保険組合員向け等の証票等（同条5号）

⑥割賦販売法又は旅行業法の規定に基づき前受金の保全措置が既にとられている取引に係る証票等（同条6号）

⑦利用者のために商行為となる取引のみに使用される証票等（同条7号）

⑸ NFTと前払式支払手段該当性

　NFTは、個性があり代替性のないトークンであるという性質を有しており、通常はビットコインのような支払手段としての経済的機能を有しないことから、権利行使の要件を欠き、前払式支払手段には該当しないことが一般的と考えられます。

　これに対して、NFTが特定のプラットフォーム内において提供され

る商品又はサービスの購入の対価として使用でき、当該プラットフォームの外に移転できない技術的な譲渡制限が講じられており、法定通貨への換金が禁止されているようなケースでは、当該NFTは前払式支払手段に該当する可能性があります。

4. 為替取引

(1) 為替取引の定義

　為替取引の定義について、これを規制対象の一類型とする銀行法及び資金決済法においても規定されていませんが、最三小決平13. 3. 12（刑集55巻2号97頁）は、「顧客から、隔地者間で直接現金を輸送せずに資金を移動する仕組みを利用して資金を移動することを内容とする依頼を受けて、これを引き受けること、又はこれを引き受けて遂行することをいう」と判示しています。

　為替取引に該当する場合、送金額の大小に応じて銀行業免許（銀行法4条1項、2条2項2号）又は資金移動業者としての登録（資金決済法37条、2条2項）若しくは認可（資金決済法40条の2第1項）を取得することが必要となります。

(2) 資金移動業の類型

　令和2年6月5日に成立した「金融サービスの利用者の利便の向上及び保護を図るための金融商品の販売等に関する法律等の一部を改正する法律」（令和2年法律第50号）によって改正された資金決済法により、第一種資金移動業、第二種資金移動業及び第三種資金移動業の3類型が新たに創設されました（資金決済法2条2項、資金決済法36条の2）。

　従来、資金移動業は銀行以外の者が一回当たり100万円以下の為替取引を業として営むことと定義されていました。資金移動業は、その創設から10年ほどが経過し、着実にそのサービスを拡大してきました。その利用実態を見ると、海外送金など100万円超の送金ニーズがある一方、

件数ベースでは5万円未満の送金が約9割となっており、アカウント残高も5万円未満のものが9割以上となっていました。このような資金移動業の利用実態に鑑み、送金額・リスクに応じた過不足のない規制を適用すべく、従来の100万円以下の為替取引を取り扱う第二種資金移動業、100万円超の高額送金を取り扱う第一種資金移動業、5万円以下の少額送金を取り扱う第三種資金移動業として、新たな類型を創設することとしました。

表2　資金移動業の類型

資金移動業	銀行等以外の者が為替取引を業として営むことをいいます（資金決済法2項2項）。
第一種資金移動業	資金移動業のうち、第二種資金移動業及び第三種資金移動業以外のものをいいます（資金決済法36条の2第1項）。
第二種資金移動業	資金移動業のうち、100万円相当額以下の資金の移動に係る為替取引のみを業として営むこと（第三種資金移動業を除く。）をいいます（資金決済法36条の2第2項）。
第三種資金移動業	第三種資金移動業 資金移動業のうち、5万円相当額以下の資金の移動に係る為替取引のみを業として営むことをいいます（資金決済法36条の3第3項、資金決済に関する法律施行令（以下「資金決済法施行令」といいます。）12条の2第2項）。

図4　新旧資金決済法における資金移動業の類型の変遷

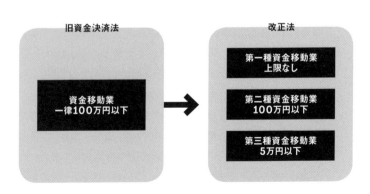

表3 資金移動業者の類型と滞留規制

	第一種資金移動業	第二種資金移動業	第三種資金移動業
滞留規制の内容	・移動する資金の額、資金を移動する日数、又は資金の移動先が明らかでない第一種資金移動業に係る為替取引に関する債務の負担の禁止(資金決済法51条の2第1項、資金移動業者内閣府令32条の2第1項各号)。 ・資金移動に関する事務を処理するために必要な期間その他の内閣府令で定める期間[2]を超えて第一種資金移動業に係る為替取引に関する債務の負担の禁止(資金決済法51条の2第2項)。	・各利用者に対して負担している為替取引(第二種資金移動業に係るものに限る)に関する債務の額が、100万円を超える場合、当該債務に係る債権者である利用者の資金(第二種資金移動業に係るものに限る)が為替取引(第二種資金移動業に係るものに限る)に用いられるものであるかどうかを確認するための体制を整備(資金移動業者内閣府令30条の2第1項)。	・各利用者に対して、5万円を超える額の債務(第三種資金移動業に係る為替取引に関し負担する債務に限る)を負担することの禁止(資金決済法51条の3、資金決済法施行令17条の2)。

〔3〕参入規制

　資金移動業を営むには、内閣総理大臣の登録を受ける必要があります(資金決済法37条)。ただし、第一種資金移動業を営もうとする場合、この登録の他、業務実施計画を定め、内閣総理大臣の認可を受ける必要があります(資金決済法40条の2第1項)。

〔4〕滞留規制

　すべての資金移動業者は、利用者から受け入れた資金のうち、為替取引に用いられることがないと認められるものを保有しないための措置を講じなければならず(資金決済法51条)、利用者から受け入れた資金のうち、為替取引に用いられることがないと認められるものについては、当該利用者への返還その他の当該資金を保有しないための措置を講じなければなりません(資金移動業者に関する内閣府令(以下「資金移動業者内閣府令」といいます)32条の2第2項)。各資金移動業者の種別ごとに係る滞留規制の概要については上記の通りです。

⑸ 利用者財産の保全

　資金移動業者は、資金移動業に係る履行保証額の最高額以上の額に相当する額の履行保証金を保全することが義務付けられています。利用者資金の保全方法は、「供託」、「履行保証金保全契約」及び「信託契約」の3つの方法が認められています（資金決済法43条、44条及び45条）。また、第三種資金移動業については、これら3つに加え、利用者資金を自己の財産と分別した預金で管理することが認められました（資金決済法45条の2第1項）。ただし、分別預金による管理については外部監査が義務付けられています（資金決済法45条の2第2項、資金移動業者内閣府令21条の5）。供託以外の方法による各利用者財産の保全方法の概要については、以下の通りです。

表4　利用者財産の保全方法

	履行保証金保全契約 （資金決済法44条）	履行保証金信託契約 （資金決済法45条1項）	預貯金等による管理 （資金決済法45条の2第1項）
保全態様	資金移動業者が一定の健全性基準を満たす銀行等との間で内閣総理大臣の命令に応じて履行保証金を供託する旨の契約	資金移動業者が信託会社等との間で、内閣総理大臣の命令に応じて信託財産を履行保証金の供託にあてることを信託の目的として、当該信託財産の管理その他の当該目的の達成のために必要な行為をすべき旨の信託契約	預貯金等管理割合等（未達債務の額のうち、預貯金等の分別管理によって保全される額の割合）を記載した届出書を提出することで、履行保証金の全部又は一部の供託をしないことができる（第三種資金移動業者に限る）。

表5　各資金移動業者の供託期限

	第一種資金移動業者	第二種資金移動業者 第三種資金移動業者
供託期限	各営業日における第一種資金移動業に係る要履行保証額以上の額に相当する額の履行保証金を、当該各営業日から2営業日以内において資金移動業者が定める期間内に供託する（資金移動業者内閣府令11条1項）。	第二種資金移動業者及び第三種資金移動業者は、1週間以内で資金移動業者が定める期間ごとに、当該期間における第二種資金移動業又は第三種資金移動業に係る要履行保証額の最高額以上の額に相当する額の履行保証金を当該期間の末日（基準日）から3営業日以内において資金移動業者が定める期間内に供託する（資金移動業者内閣府令11条2項）

㋐ 履行保証金の供託

　資金移動業者は、原則として、履行保証金を供託しなければなりません（資金決済法43条1項）。ただし、上述の通り、履行保証金保全契約により保全される金額や履行保証金信託契約により信託されている信託財産の額については、その範囲において供託をしないことができます（資金決済法44条、45条）。各資金移動業者の供託期限については、前記表5の通りです。

㋑ 最低要履行保証金

　資金移動業者は、各営業日における未達債務の額に、権利実行の手続費用の額を加えた金額を要履行保証額として保全する義務があります。ただし、各資金移動業の種別ごとに、未達債務の額と権利実行の手続きに関する費用額の合計額が、最低履行保証額を下回る場合、当該最低履行保証額を供託すれば足ります（資金決済法43条2項但書、資金決済法施行令14条）。保全すべき最低要履行保証額については、資金決済法改正前は1000万

表6　資金移動業における各種規制の概要

類型	送金上限	参入規制	資金移動業者ごとの滞留規制	利用者資金の保全方法
第一種 資金移動業	なし	認可制	・移動する資金の額、資金を移動する日数等が明らかでない第一種資金移動業に係る為替取引に関する債務の負担の禁止 ・資金移動に関する事務を処理するために必要な期間その他の内閣府令で定める期間を超えて第一種資金移動業に係る為替取引に関する債務の負担の禁止	・供託 ・保全契約 ・信託 ※全ての組み合わせが可能
第二種 資金移動業	100万円 まで	登録制	・利用者に対して負担している為替取引に関する債務の額が100万円相当額を超える場合、当該債務に係る債務者である利用者の資金が為替取引に用いられるものであるかを確認する体制の構築	・供託 ・保全契約 ・信託 ※全ての組み合わせが可能
第三種 資金移動業	5万円 まで	登録制	・5万円を超える額の債務（第三種資金移動業に係る為替取引に関し負担する債務に限る）の負担の禁止	・供託 ・保全契約 ・信託契約 ・分別した預金で管理すること（分別預金については、外部監査の義務付けあり）

円と定められていましたが、改正により、①1000万円をその資金移動業者が営む資金移動業の種別の数で除して得た額（資金決済法施行令14条1号）、又は②第三種資金移動業の場合、預貯金等管理割合が100%である場合には、最低要履行保証金を0円とすることが規定されています（資金決済法施行令14条2号）。

(6) NFTと為替取引該当性

　デジタルトレーディングカードやゲームキャラクターなどのデジタルコンテンツを表章するNFTは、通常、価格が変動することが想定され、当該NFTの取り引きを通じて「隔地者間で直接現金を輸送せずに資金を移動する仕組み」を構築することは困難であり、為替取引には該当しないことが一般的と思われます。

　もっとも、たとえば、ユーザー間で法定通貨を用いてNFTを取り引きすることが可能なNFTプラットフォームを構築し、NFTの自由な送付や法定通貨との換金などを認める場合、当該NFTを利用して隔地者間で直接現金を輸送せずに資金を移動する仕組みを構築していると評価される可能性があります。したがって、このようなNFTプラットフォームを構築する場合、NFTの取り引きを通じた資金の移動が為替取引に該当しないか、慎重な検討が必要となります。

5. ポイント

(1) ポイントの意義

　ポイントとは、一般に、商品を購入した際又は役務の提供を受けたときに無償で付与され、次回以降の買い物等の際に代価の弁済の一部に充当することができるものをいい、商品や提供されるサービスの金額に応じて一定の割合に応じたポイントが付与されるものや、来場や利用回数ごとに一定数のポイントが発行されるものなど多種多様に存在します。

ポイントの意義について、資金決済法その他の法律において規定されてはいません。

　ポイントは、通常、商品等の購入にあわせて無償で付与されるものであることから、前払式支払手段の要件である「金額又は数量等に応ずる対価を得て発行される証票等、番号、記号その他の符号であること」(対価発行) の要件を満たさず、特段の金融規制の対象とはならないと考えられます。ただし、ポイント交換などにより、利用者から商品券やプリペイドカードなどの前払式支払手段と引き換えにポイントを発行する場合は、もともと現金や暗号資産等によって購入された前払式支払手段に経済的な価値があるため、付与されるポイントは対価を得て発行されたものとして、前払式支払手段に該当すると考えられます。

　また、ポイントは、通常、当該ポイントの発行者及びその加盟店等の特定の者に対してのみ使用することができるため、「不特定の者」に対する使用可能性を欠き、1号暗号資産には該当しないものと考えられます。ただし、ポイントとして発行したトークンが、ブロックチェーン上で不特定の者との間で1号暗号資産であるビットコインやイーサなどと相互に交換することができる場合は、2号暗号資産に該当する可能性があることに注意が必要です。

(2) 景品表示法上の規制

　前記の通り、ポイントとして発行されるトークンについては、基本的には金融規制は適用されません。もっとも、当該トークンがマーケティングの一環として付与されるなど、事業者の提供するサービス又は取引に付随して提供される場合、景品表示法上の景品類の提供に関する規制に抵触しないかが問題となります。

　たとえば、ブロックチェーンゲームなどでは、ブロックチェーンゲームのサービスを提供する事業者が新規ユーザーの獲得やアクティブユーザー数を増加させる目的で、一定の条件を満たしたユーザーに対して、NFT化されたキャラクターや武器などを無料で配布するなどのキャン

図5　ポイントサービスの概要

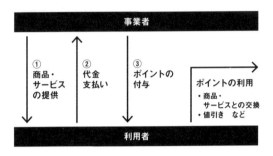

ペーンを実施することがあります。このようにキャンペーンの一環として NFT を無償でユーザーに対して提供する場合は、景品類の提供に関するルールを定める景品表示法の適用の有無について検討する必要があります。

この点については、次のセクションで詳細に整理されていますので、そちらをご覧ください。

(3) NFTとポイント該当性

NFT は、一定の対価を支払って購入するものが通常であり、無償で発行するケースは多くはないと思われますが、別途提供する商品又はサービスの「おまけ」として NFT を提供したり、事業者が提供するサービス等に誘引する目的で無償付与したりする場合、ポイントに該当するかが問題となります。また、無償で付与する NFT が景品表示法上の「景品類」に該当し、過大な景品類の提供に該当しないかについても慎重な検討が必要となります。

6. 有価証券

(1) デジタル証券に対する規制の概要

　金融商品取引法上、2条1項では紙である証券が発行される有価証券が定められており、同条2項では、通常、証券が発行されない有価証券が定められています。そして、2019年5月31日に成立した「情報通信技術の進展に伴う金融取引の多様化に対応するための資金決済に関する法律等の一部を改正する法律」に基づく金融商品取引法に係る改正法（2020年5月1日施行。以下、単に「金商法」といいます）により、新たに「電子記録移転有価証券表示権利等」及び「電子記録移転権利」という概念が設けられ、従来から定められていた有価証券に表示される権利をブロックチェーン上で発行されるトークンに表示したデジタル証券の一部について、追加的な規制が導入されました（金商法2条3項柱書）。従来から有価証券をペーパレス化する取り組み自体は行われているものの、ブロックチェーンという新たな技術を用いて有価証券をトークン化することには、以下のメリットがあると考えられています。

〈デジタル証券を発行するメリット〉

①ブロックチェーンの管理者なしに取り引き可能であるという性質上、24時間365日取引が可能となり、流通性が向上する

②スマートコントラクト[3]の利用による、証券発行から償還までの管理の自動化及び管理コストの軽減

③ブロックチェーンを利用したセカンダリ市場の創設による金融商品の多様化

(2) デジタル証券の定義

(ア) 電子記録移転有価証券表示権利等の定義

「電子記録移転有価証券表示権利等」とは、金商法2条2項（同項各号に限定されない）の規定により有価証券とみなされる権利のうち「電子情報処理組織を用いて移転することができる財産的価値（電子機器その他の物に電子的方法により記録されるものに限る）に表示される」ものをいい、トークンに表示される有価証券は「電子記録移転有価証券表示権利等」（金商業府令1条4項17号）に該当します。その内容は以下の通りであり、後述の電子記録移転権利を含む概念として定められています。

〈電子記録移転有価証券表示権利等の内容〉

---

①トークンに表示される有価証券等表示権利

※「有価証券等表示権利」とは、株券、社債券、投資信託受益証券その他所定の一項有価証券に表示される権利であって、紙媒体の有価証券が発行されないものをいいます。

②トークンに表示される特定電子記録債権

※現状は規定なし

③電子記録移転権利

④トークンに表示されているが適用除外により電子記録移転権利から除かれるもの（「適用除外電子記録移転権利」）[4]

金商法上、上記の①～③はいずれも一項有価証券として取り扱われますが、④は二項有価証券として取り扱われます。したがって、④については、有価証券投資事業権利等[5]に該当しない限り開示規制は適用されず、また、有価証券投資事業権利等に該当する場合であっても、権利の保有者が500名以上となるまでは開示規制は適用されません。

(イ) 電子記録移転権利の定義

電子記録移転権利とは、「金商法2条2項各号に掲げる権利」（いわゆるみなし有価証券）のうち「電子情報処理組織を用いて移転することができる財産的価値（電子機器その他の物に電子的方法により記録されるものに限る）に表示

される」ものと定義されていますが、「流通性その他の事情を勘案して内閣府令で定めるもの」は除外されており（金商法2条3項柱書）、従来通り、二項有価証券として取り扱われます。

　金商法上、電子記録移転権利に該当する場合は、原則として開示規制の適用を受けない二項有価証券ではなく、より厳格な開示規制及び業規制が適用される一項有価証券として取り扱われることとなります（同項柱書）。これは、電子記録移転権利がトークン化されることに伴い、事実上、一般に高い流通性を有するという性質に注目し、同様に高い流通性を有する一項有価証券と同水準の開示規制を課すこととしたものと考えられます。もっとも、株券や社債券といった従来の一項有価証券をトークンに表示させたもの（以下「トークン表示型一項有価証券」といいます）の取り扱いについては、改正後の金商法においては特別の規定は設けられていませんが、これらは一項有価証券としての性質を有する以上、トークンに表示されるとしても、一項有価証券として金商法上の開示規制が適用されます。

　以上の通り、電子記録移転権利とトークン表示型一項有価証券の関係を整理すると、後記図6の通りとなります。

(3) デジタル証券に対する開示規制

図6　デジタル証券の分類

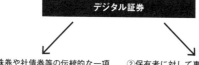

デジタル証券	
①株券や社債券等の伝統的な一項有価証券上の権利を表示するトークン（トークン表示型一項有価証券）	②保有者に対して事業収益を分配する集団投資スキーム持分等を表示するトークン（金商法第2条第2項各号に定める有価証券に該当する権利「電子記録移転権利」）

㈦ 発行開示

　電子記録移転権利が開示規制の適用対象とされることにより（金商法3条3号ロ）、電子記録移転権利の発行者には、下記の①・②いずれかの「募集」の要件に該当する場合は、原則として発行開示が必要となります。

〈募集の要件〉

①50名以上の者（適格機関投資家私募の要件を満たした有価証券を取得する適格機関投資家を除く）を相手方として有価証券の取得勧誘を行う場合

②①の場合のほか、適格機関投資家私募、特定投資家私募および少人数私募のいずれにも該当しない場合

　「募集」に該当する場合、トークン表示型一項有価証券及び電子記録移転権利の発行者は、その発行にあたり、有価証券届出書を提出し（金商法4条1項、5条1項）、目論見書を作成することが義務付けられ（金商法13条1項）、電子記録移転権利を募集又は売出しにより取得させ、又は売り付ける者は、あらかじめ又は同時に目論見書を交付しなければなりません（金商法15条2項）。以上の電子記録移転権利の募集に係る発行開示規制等の概要については、以下の通りです。

㈥ 継続開示

　電子記録移転権利の発行・募集を私募[6]により実施した等の事情により、電子記録移転権利の募集につき有価証券届出書を提出しなかった発行者であっても、その後いずれかの事業年度末日における電子記録移転権利の所有者の数が政令で定める数以上となった場合には、少なくともその事業年度を含めて5年間は有価証券報告書及び半期報告書を提出する義務が生ずることに注意が必要です（金商法24条1項4号）。

図7　電子記録移転権利の［募集］に係る開示規制等

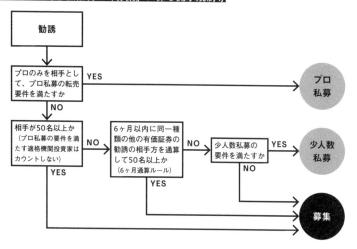

⑷ デジタル証券に対する業規制

㋐ 取扱業者に対する業規制

　トークンが電子記録移転権利に該当し、一項有価証券として取り扱われる場合、業としてその売買等や募集の取扱い等を行うためには、第一種金融商品取引業の登録を受ける必要があり（金商法28条1項1号、29条）、金商法上、二項有価証券として取り扱われる適用除外電子記録移転権利の売買や募集の取扱い等を行う場合は、第二種金融商品取引業者の登録が必要となります（金商法29条、28条2項2号）。これに加え、すでに登録を受けている金融商品取引業者が、新たに電子記録移転権利を取り扱おうとする場合には、変更登録を受ける必要があります（金商法31条4項）。

　また、いわゆる投資型クラウドファンディングについて、集団投資スキーム持分はこれまで第二種少額電子募集取扱業務の対象とされていま

したが（金商法29条の4の3）、改正後の金商法においては、電子記録移転権利に該当する集団投資スキーム持分は第一種少額電子募集取扱業務の対象とされています（金商法29条の4の2）[7]。ただし、いわゆるクラウドファンディングの方法による電子記録移転権利の募集の取扱い又は私募の取扱いのみを行う場合には、第一種少額電子募集取扱業務を行うものとしてその登録要件が一定程度軽減されています[8]。

㈠ 自己募集に係る業規制

電子記録移転権利の発行者自身がその募集又は私募を行う場合、原則として第二種金融商品取引業の登録を受けることが必要となります（金

図8　電子記録移転権利に適用される規制の概要

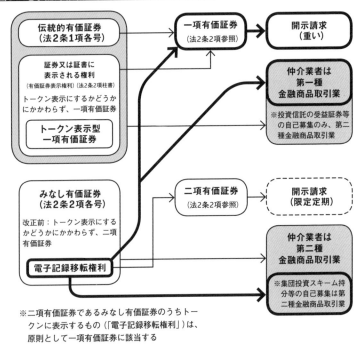

※二項有価証券であるみなし有価証券のうちトークンに表示するもの（「電子記録移転権利」）は、原則として一項有価証券に該当する

商法29条、28条2項1号、2条8項7号ヘ・ト、金融商品取引法施行令（以下「金商法施行令」
といいます）1条の9の2第2号）[9]。ただし、当該発行者が適格機関投資家等特
例業務の届出を行った場合は、第二種金融商品取引業の登録を受ける必
要はありません（金融法63条1項・2項、金融商品取引業等に関する内閣府令234条の
2第1項3号）。電子記録移転権利に適用される開示規制、業規制の概要は
後記表7の通りとなります。

【5】NFTと有価証券該当性

　前記の通り、電子記録移転権利は、その保有者に対して事業収益の配
分が行われる金商法上の有価証券であることから、決済手段のひとつと
して位置づけられ資金決済法で規制される暗号資産や前払式支払手段等
とは大きく異なるものといえます。
　現状、NFTはデジタルトレーディングカードやゲームキャラクター

表7　金商法における開示規制・業規制の概要[10]

	一項有価証券			二項有価証券	
各証券の性質	トークン化されていない一項有価証券	トークン表示型一項有価証券	電子記録移転権利	電子記録移転権利から除外されるトークン表示権利	トークン化されていない二項有価証券
発行者の開示義務	50名以上の一般投資家への勧誘＋発行額1億円以上の場合に義務あり			500名以上の投資家の保有＋発行額1億円以上＋出資金の50%超を有価証券に投資する場合に義務あり	
自己募集に二種登録を求める有価証券	投資信託など一部のファンド型証券のみに限定（株式や社債は対象外）		現行の集団投資スキーム持分等に加え、合同会社の社員権等を含む		集団投資スキーム持分・商品ファンド持分のみ
適格機関投資家特例業務	不可			利用可	
募集の仲介	一種金商業	一種金商業（変更登録が必要）		二種金商業（変更登録が必要）	二種金商業
	※クラウドファンディング制度の利用可				
業としての売買	一種金商業	一種金商業（変更登録が必要）		二種金商業（変更登録が必要）	二種金商業
募集・売買時に勧誘できる投資家の範囲	非上場株式等について自主規制で制限	自主規制による制限		一定の投資家に制限（個人：投資性金融資産＋暗号資産残高1億円以上）＋自主規制による制限	制限なし

などのデジタルコンテンツを表章するものが一般的であり、NFTが電子記録移転権利に該当するケースは多くはないと思われます。もっとも、たとえば仮想空間上のデジタルな不動産にアクセスする権利をNFTに表章し、当該仮想不動産上で行われる事業活動から得られる収益を当該NFT保有者に対して分配する仕組みを構築する場合などにおいては、当該NFTが電子記録移転権利その他の有価証券に該当しないか、個別の検討が必要となるものと考えられます。

1 　現行資金決済法下における「暗号資産」と同義です。以下同様です。

2 　内閣府令で定める期間とは、「資金の移動に関する事務を処理するために必要な期間（利用者から指図を受けた資金の移動先に誤りがある場合その他の資金移動業者の責めに帰することができない事由により資金を移動することができない場合に、当該事由を解消するために必要な期間を含む）」（資金移動業内閣府令第32条の2第2項）と定められており、資金移動業ガイドラインⅢ-1-1-11②（注3）において詳細化されています。

3 　スマートコントラクトとは、「コントラクト」（契約）というものの、それ自体が契約ではなく、事前に定められた任意のルールに従ってデジタルな資産を自動的に移転するシステムをいいます（木下信行「スマートコントラクトについて」（NBL No.1110（2017.11.15））5頁）

4 　金融商品取引法第二条に規定する定義に関する内閣府令9条の2第1項各号に規定する要件のすべてに該当するものをいう。

5 　金商法3条3項により開示義務の対象となるものであって電子記録移転権利以外のものを有価証券投資事業権利等といいます。

6 　私募とは、取得勧誘であって有価証券の募集に該当しないものをいい、具体的には、①50人未満の投資家を対象とする場合（少人数私募）、②一定の要件を満たして特定投資家のみを相手方として行うもの、③適格機関投資家のみを相手方として行うもののいずれかを指します。

7 　第一種金融商品取引業者が新たに電子記録移転権利を取り扱おうとする場合、変更登録の手続きが必要となります（金商法31条4項、同法29条の2第1項第8号）。

8 　電子記録移転権利の発行価額の総額が1億円未満であること、電子記録移転権利を取得する者が払い込む額が50万円以下であることという制限が課せられます（同条10項、金商法施行令15条の10の3）。

9 　第二種金融商品取引業者が新たに電子記録移転権利の自己募集を行おう

とする場合、変更登録の手続きが必要となります（金商法31条4項及び29条の2第1項第8号）。

10　(出典) 河合 健・高松 志直・田中 貴一・三宅 章仁　編著「暗号資産・デジタル証券法」

その他の法的諸問題

ブロックチェーンゲーム等でリスクを生みやすいNFTの法的論点とは

NFTにまつわる多種多様な論点のうち、特にブロックチェーンゲームやトレーディングカードサービスで問題となりやすい賭博該当性と景品類規制について、JCBA NFT部会法律顧問である、弁護士の斎藤創（創・佐藤法律事務所）らが解説。

Author

斎藤　創　弁護士・ニューヨーク州弁護士、東京大学法学部、ニューヨーク大学ロースクール卒。日本ブロックチェーン協会顧問、日本STO協会監事、FinTech協会キャピタルマーケッツ部門事務局、日本暗号資産ビジネス協会NFT部会法律顧問、前bitFlyer社外取締役。ブロックチェーン、暗号資産、FinTech等を専門に取り扱う。

浅野真平　弁護士（創・佐藤法律事務所　アソシエイト）。一橋大学法科大学院卒。2013年から2019年まで大手ITサービス企業法務部に勤務。一般企業法務、M&A、投資、ブロックチェーン等を主に取り扱う。

今成和樹　弁護士（創・佐藤法律事務所　アソシエイト）。早稲田大学法学部卒。大手法律事務所勤務を経て2021年より創・佐藤法律事務所。暗号資産やブロックチェーン事業に関連する法務を主に取り扱う。

1. NFTと賭博罪

[(1)]概要

　賭博罪（刑法185条、186条）とは、2人以上の者が、偶然の勝敗により財物や財産上の利益の得喪を争う行為を規制対象とする犯罪です[1]。典型例として、賭けマージャン、賭け将棋、さいころ賭博、野球賭博などがありますが[2]、賭博罪は、NFTを用いたビジネスを実施する際にもよく検討課題に出されます。たとえば、ブロックチェーンゲーム上で消費者にNFTを有償で購入させる際に、購入対象のNFTが専らゲームのプログラムによりランダムに決定されるようなサービス（「電子くじ」、「ガチャ」などといわれるサービスや、ランダムに複数のNFTを組み合わせ中身がわからない状態で売られる「パック販売」などのサービスがあります）には、賭博罪が成立する余地があります[3]。また、有償で購入させた複数のNFTやNFTとほかのゲームアイテムを消費させて、新しいNFTを生成・取得させる過程において、古いNFTが消滅しランダムで別途のNFTを取得できるというサービス（合成）についても賭博罪の検討が必要となります。さらに、参加費を徴収してゲーム大会を開催し、優勝者にNFTを与えるというサービスについても、賭博罪の検討が必要となります。

　以下では、賭博罪の各成立要件を説明しつつ、それらとNFTを利用したサービスとの関係について検討します。

[(2)]賭博罪の成立要件

　「賭博」とは以下のすべての要件を充たす行為をいいます。

> (ア)2人以上の者が、(イ)偶然の勝敗により、(ウ)財物や財産上の利益の、(エ)得喪を争う行為であって、(オ)一時の娯楽に供する物を賭けたにとどまらない行為

　上記の要件をひとつずつ確認していきます。

(ア)の要件について

　賭博罪が成立するためには、2人以上の者が賭博に参加して財物等の喪失の危険を負っている必要があります。そのため、ガチャの仕組みによりランダムにNFTが排出されるプログラムを製作した者が、独りでそれを利用するような行為について賭博罪は成立しません。

(イ)の要件について

「偶然の勝敗により」とは、当事者において確実に予見できず、又は自由に支配し得ない状態によって勝敗が決することを意味します[4]。これは、ガチャの仕組みのように、排出されるNFTが専らプログラムによりランダムに決まるという完全な偶然性に依拠する場合のみならず、NFTの購入を希望する者から参加費を徴収して特定のゲームにチャレンジさせ、それをクリアした場合にのみNFTを付与するといった、購入者の技量に依存してNFTの付与が決定されるケース[5]であっても、多少とも偶然性の影響を受ける以上、「偶然の勝敗により」という要件を充たします。他方で、ガチャの仕組みを取らない通常のNFTの相対取り引きや、オークション形式によるNFTの売買であれば、購入者に対して購入対象となるNFTの内容や取引条件があらかじめ明らかにされており、購入者による経済的利益の消費の後にNFTの内容や取引条件が変化することはなく、また、経済的利益を払ったもののNFTを取得することができないという事態も生じないため、取引過程に偶然性は介在せず、賭博罪は成立しないことになります。

(ウ)の要件について

　賭博行為で賭けられる対象は「財物」又は「財産上の利益」であることが必要です。ここで「財物」とは固体・液体・気体をいうため、ブロックチェーン上のデータは「財物」には含まれません。他方、「財産上の利益」は、債権、労務・サービスの提供等を含む広い概念であるため、NFTも「財産上の利益」に該当することにより賭博罪の客体になり得るものと考えられます。この点、有償ガチャの仕組みで提供されたNFT

を換金するシステムを事業者が提供しているような場合や、購入者が換金を目的としてNFTを購入する場合は、特に「財産上の利益」に該当する可能性が高くなると考えられます[6]。また、ブロックチェーンゲームのアイテムであるNFTについて、ゲーム内外で金銭取り引き（リアルマネートレード）を行うことができるものに限らず、ゲーム内でのみ利用でき金銭取り引きが利用契約上も技術上も制限されているようなNFTであっても、ゲーム内での利用価値それ自体により「財産上の利益」であると判断されることも考え得るため注意が必要です。

㈲の要件について

「得喪を争う行為」とは、勝負の際に、複数名が利益の喪失の危険を負っている行為を意味します[7]。すなわち、ガチャを利用することで消費した利用者の金銭や暗号資産等の経済的利益の価値を下回る価値のNFTが排出される可能性があるケースは、利用者に喪失の危険が生じているため「得喪を争う行為」に該当するものと考えられます。他方で、利用者が消費した経済的利益の価値を上回る価値のNFTの排出が確約されている場合や、ガチャの仕組みで得たNFTを利用してゲーム内でバトルゲームやRPGゲーム等を楽しめることにより、有償のガチャで消費した経済的利益の対価がNFTそれ自体というよりもゲームに参加できる利益であって各NFTに価値の差はない等といえるような場合には、消費者に喪失は生じていないと評価されることが有り得るように思われます。この点、いわゆる『一番くじ』のような「外れなし」を謳うくじ引きは前者のような考え方で提供され、一部のソーシャルゲームのガチャは後者のような考え方で提供されているのではないかと思われます。また、NFTを利用してランダムに新たなNFTを生成するようなケースでも、元のNFTが残存し、従前の価値を維持して利用できるような場合には、仮に合成で新たに発行されるNFTの価値が異なったり、生成に失敗するケースがランダムに生じても、消費者に喪失が生じていないと考えられます。このように、消費者に喪失が生じない仕組みを確保しているNFTの取り引きについては、「得喪を争う行為」には該当しない

ことになります。なお、ブロックチェーンゲームのトレーディングカードをNFTとして有償のガチャにより発売するのに際し、排出率やレアリティ、パラメータの強さに差をつけることなく販売する場合や、同一価値のものが排出される旨を宣伝して有償ガチャによりデジタルアートのNFTを販売する場合など、販売時点ではNFTに意図的な価値の差を付さずに利用者に提供されているものであっても、それらの外観や著作者の違い等のさまざまな要素によって将来のNFTの転売市場での需要に差が生じ、利用者が購入の際に消費した経済的利益の価値を下回るNFTの取引価格相場が形成されることが予想できれば、「得喪を争う行為」と評価される可能性がある点には注意が必要です。

コラム1　～賭博罪と富くじ罪との区別～

　あらかじめ番号札を発売して金銭その他の財物を集め、その後抽選その他の偶然的方法により当選者だけが利益を得る行為を規制対象とする「富くじ販売等罪」は、財産を喪失する危険を発売者が負担しない点で賭博罪と区別されます（大判大正1年10月3日刑録18輯1175頁。更に、抽選の方法により勝負を決めるか否か、財物の所有権がいつ移転するのか、といった点から賭博罪との違いを区別する判例（大判大正3年7月28日刑録20輯1548頁）もあります）。この点、ガチャ等の仕組みに対しては、ガチャを繰り返し消費者が利用すれば結果的に運営者に利益が出るような、ビジネス全体としてみれば運営者が喪失の危険を負っていないように思われるケースでも、個々のガチャの取り引きを見ると運営者に喪失の危険が生じることがあったり、開発費等の投下資本を踏まえると運営者に喪失の危険がある等といった評価が可能であると思われます。なお、判例（最決昭和54年10月26日刑集32巻6号665頁）は、スロットマシンを設置した遊技場の営業行為について、賭博罪の成立を認めています。

(オ)の要件について

　上記の(ア)～(エ)の要件を充たす行為を実施する場合でも、「(オ) 一時の娯楽に供する物を賭けたにとどまる」と評価できる場合には、その程度

の軽微性や社会的相当性が認められ、賭博罪によって処罰されないことになります。この「一時の娯楽に供する物」が何を意味するかについて、判例[8]は、その場で費消すべき飲食物ないしそれに準ずる類いの価格僅少な物と判示しており、賭けている物の価格の僅少性や費消の即時性の両方を加味して判断しているようです[9]。そして、金銭については、それが少額であったとしても「一時の娯楽に供する物」には該当しないとするのが従来の判例[10]の考え方です。NFTについても、その取得時に消費者が喪失する経済的利益が極めて僅少であるならば、「一時の娯楽に供する物」と判断される余地があると思われる[11]一方で、NFTがブロックチェーン上からすぐに消滅するものではないという性質を考慮して、費消の即時性がなく「一時の娯楽に供する物」にはなり得ないと判断される可能性もあり[12]、NFTが「一時の娯楽に供する物」に該当し得るかについての統一された見解はないのが現状です。

コラム2　～クレーンゲームと賭博罪～

　ゲームセンターに設置してあるクレーンゲーム（UFOキャッチャー）は、100円や200円等の1回当たりの利用料金額を超えた価値のあるぬいぐるみやお菓子等の景品を獲得することができ、獲得に失敗すれば投じた金銭が失われてしまう点で、賭博に該当するのではないかと思われます。もっとも、クレーンゲームの景品が800円以下の価格のものである場合には、風俗営業等の規制及び業務の適正化等に関する法律（いわゆる風営法。射幸心をそそるおそれのある遊技設備を備える店舗等を規制する法律）の規制の対象外とすることが警察庁より示されています[13]。これを受けて、一般的に換金予定のないゲームセンターの景品程度であれば、賭博罪における「一時の娯楽に供する物」に該当して不可罰となるという主張があります。他方、クレーンゲームについてのみ行政上特別な取り扱いがなされているとも考えられ、刑法と風営法の適用関係については統一された見解がないのが現状です。

コラム3　〜デジタルトレカNFTの販売と賭博〜

　米国では、NBAの選手の試合中のファインプレー等のショートビデオ
をNFTにひも付けてデジタルトレーディングカードの形にした上で、複
数枚を組み合わせて中身がわからない状態で数ドルから数百ドルの価格
でパック販売するサービス「NBA Top Shot」(109ページ参照) が人気を博
しています。当該サービスでは、トレカの二次流通市場であるマーケッ
トプレイスも用意されており、トレカには、それぞれ「Common」「Rare」
「Legendary」といったレアリティが設定され、それに応じてカードの排
出率や流通数が異なります。また、有名選手のカードは無名選手のもの
よりも高額で取り引きされる傾向にあり、無名選手のカードも後に選手
が有名になれば高値がつく傾向にあるようです。運営者は、トレカの販
売代金やマーケットプレイスでの取引手数料の収入を得る仕組みを設け
ています。不人気のトレカはパックの販売価格を下回るような価格で取
り引きされていますが、人気のトレカは価格が高騰し、10万ドルを超え
る価格で取り引きがなされているようです。

　日本でも同様のサービスを導入できないかというご相談をよく受けま
すが、このようなサービスは、「一時の娯楽に供する物」とはいえないよ
うな高額のトレカを、中身の分からないパック販売形式でランダムに提
供し、転売が容易な二次流通市場まで設けられている以上、賭博罪が成
立する可能性が高く、日本でそのまま導入することは難しいと考えられ
ます。

(3) 賭博罪の成立時期

　上記の(ア)〜(オ)の要件を充たす行為がなされた場合に、どの時点で賭
博罪が成立するかについては、賭博行為が開始されればその時点で賭博
罪が成立するとされています[14]。つまり、実際に勝敗がついて利益や喪
失が確定することは賭博罪の要件として不要となります。そのため、た
とえばNFTを販売する有償ガチャの利用の場面においても、金銭や暗
号資産等の経済的利益を利用者が消費した時点において、賭博罪が成立

することになります。

(4) 常習賭博罪

賭博行為が常習性を有するような場合には、単純な賭博罪ではなく、より重い犯罪として常習賭博罪（刑法186条1項）が成立することになります。ここで、常習性とは、賭博行為を反復累行する習癖を意味するとされ[15]、賭博が職業性を帯びていたり、生活の重要な部分を占めるに至っていたりするような場合のことをいいます。なお、複数回の賭博行為が実際に行われている必要はなく、1回切りの賭博行為であっても常習性を肯定し得る場合には本罪が成立するとされています。事業者が提供するNFTサービスの中で賭博行為が行われるような事例においては、事業者による当該サービスへの投資金額やサービス利用者数、売上・利益等によって常習賭博罪の成否が判断されるものと思われます[16]。

(5) 賭博罪の適用範囲

賭博罪は、殺人罪や窃盗罪等とは異なり、国外で罪を犯した者を処罰する規定[17]がありません。そのため、賭博が許容されているアメリカのラスベガスへ行って賭博をしても賭博罪で処罰されることはありません。他方、日本国内や日本船舶、日本航空機内において犯された賭博行為には刑法の適用があり、賭博行為の一部でもそれらの場所で行われていれば、行為者の国籍にかかわらず日本の刑法が適用され、賭博罪により処罰される可能性があります。そのため、たとえば、外国に拠点のある事業者が、外国に設置したコンピューターサーバーを用いて、日本の居住者に対し賭博に該当するNFTサービスを提供した場合には、サービスの利用が日本で行われる以上、当該事業者は賭博罪により処罰される可能性があります。

(6) 賭博罪に該当する法律行為の有効性

違法行為等の社会的相当性を欠く行為を抑制するため、契約の内容が公の秩序又は善良な風俗（公序良俗）に違反するときは、その行為は法

的に無効であるとされています (民法90条)。そのため、賭博に該当するような行為は公序良俗に反するものとして無効となります[18]。つまり、賭博行為に伴い締結されたNFTの売買契約は法的に無効なものとなる結果、契約当事者はNFTの引き渡しや代金の支払いを訴訟等の法的措置によって求めることはできません。そこで、賭博に伴って引き渡されたNFTについて、売買契約が無効であることを理由に返還を求めることができるかが問題となりますが、そのような返還請求を認めたのでは、結局、賭博行為をした者に法の保護を与える結果となってしまいます。そこで、賭博のような公序良俗に反する行為に基づき財物や財産上の利益を給付した者がその返還を求めることは、民法上否定されています (民法708条)。

2. NFTと景品表示法

(1) 景品表示法

　景品表示法とは、正式には、「不当景品類及び不当表示防止法」といい、実際の商品と異なる不当な表示や、過大な景品付きの販売などを規制する法律です。

　一般的に、消費者は、ある商品を購入したいと考えたときに、いくつか類似の商品を比べてみて、自分が良いと思った商品を購入します。その選択が合理的に行われるためには、その商品に関する情報が、消費者に正しく伝わる必要があります。すなわち、商品のパッケージに実際より良く見せかける表示が行われていたり、商品自体に直接関係のない過大な景品が付されていたりすると、消費者による商品の合理的な選択が阻害される可能性があります。また、景品による競争が過激化すると、事業者は商品やサービス自体の向上に力を割くことができなくなり、これがまた消費者に対して良い商品が供給されない原因になり得ます。

　景品表示法は、これらの商品やサービスに関する不当な表示を規制し(不当表示規制)、また、商品やサービスにそぐわない過大な景品を規制することで (過大景品規制)、消費者の利益を保護するとともに、合理的な商

品選択を妨げないようにすることを目的とする法律です。

　以下では、景品表示法の内容に触れつつ、NFTビジネスにおいてそれがどのように問題になるのかを検討します。

［2］不当表示規制

　不当表示規制は、商品・サービスの内容や取引条件について、実際のものより著しく優良・有利であると一般消費者に誤認される表示を規制することを主な内容とします。NFTビジネスにおいては、たとえば、実際にはそうでないのに、どのプラットフォームでNFTたるデジタルアートが転売された場合でも創作者に一定のフィーを支払うかのような表示をしていた場合や、実際にはそうでないのに、デジタルアートにひも付いた現物のアートの所有権もNFT購入者にあたかも移転するかのような表示をしていた場合などで問題となります。そのため、NFTの内容や取引条件について、消費者を誤認させるような表示をすることのないように注意する必要があります。

［3］過大景品規制

　過大景品規制の対象になるのは、景品表示法で定められた「景品類」を提供する場合です。すなわち、提供するものが「景品類」に該当しないのであれば、過大景品規制の問題は生じないことになります。景品表示法における「景品類」の定義[19]から抽出される要件は次の通りで、「景品類」に該当するためには、これらをすべて充たす必要があります。

㋐ 顧客を誘引するための手段として

㋑ 事業者が

㋒ 自己の供給する商品又は役務の取り引き

㋓ 取り引きに付随して

㋔ 提供する物品、金銭その他経済上の利益

　以下、それぞれについて検討します。

㈎ の要件について

「顧客を誘引するための手段」かどうかは、提供者の主観的意図やその企画の名目とは関係なく、客観的に顧客誘引のための手段になっているかどうかによって判断されます。たとえば、「サービス開始一周年記念」「利益還元」などの名目でトークンを配布した場合であっても、それが客観的にみてユーザーの会員登録を促すなどの事情があれば、「顧客を誘引するための手段」であるとされることになります。

㈏ の要件について

「事業者」には、営利を目的としているかどうかを問わず、経済活動を行っている者はすべて該当すると考えられています。そのため、営利を目的としない協同組合等であっても、商品又は役務を供給する事業については事業者に当たるとされています。

㈐ の要件について

「自己の供給する商品又は役務の取り引き」については、事業者が製造し、又は販売する商品についての、最終需要者に至るまでのすべての流通過程における取り引きが含まれます。また、ここでいう「取り引き」には、販売のほか、賃貸や交換、銀行と預金者との関係、クレジットカード会社とカード利用者との関係なども含まれます。そのため、たとえば、事業者が、発行したNFTの現保有者に対してトークンを提供するような場合、そのNFTがプラットフォーム上で流通しており、NFTの現保有者が事業者から直接購入していない場合であっても、事業者にとって「自己の供給する商品……の取り引き」ではないということはできません。

㈑ の要件について

「取り引きに付随して」について、景品類の提供は、事業者の商品又は役務に関する取り引きに付随して行われるもののみが規制対象となり得ます。自己の商品・サービスの認知促進のため、誰もが参加できる簡単

な条件を設定して応募者を募り、その中から当選者に対して経済上の利益の提供を申し出るような企画（いわゆるオープン懸賞）は、「取り引きに付随」しているとはいえず、過大景品規制の対象になりません。最も想定しやすいケースとして、取り引きを条件に他の物品を提供する場合（たとえばファッション誌を購入すればバッグがもらえる場合）は、取り引きと経済上の利益が直結しているため「取り引きに付随」するといえます。また、取り引きを条件としない場合であっても、経済上の利益の提供が、取り引きの相手方を主たる対象として行われるとき[20]は、「取り引きに付随」するとされています。他方で、たとえば、パチンコの景品のように、「パチンコ玉を入手してパチンコをする」という取り引きに当然含まれる、あるいは取り引きの本来の内容であるということができるものについては、正常な商慣習に照らして取り引きの本来の内容をなすと認められる経済上の利益の提供であるとして、「取り引きに付随」するものではないとされます。宝くじの当せん金や、カフェのコーヒーに添えられる砂糖やクリーム、オンラインゲーム等のガチャ（ゲームアイテム等をランダムにその種類が決まる方法によって提供するもの）で排出されるアイテムなども同様です。ただし、いわゆるコンプガチャの問題については(5)で後述します。

(オ) の要件について

「物品、金銭その他経済上の利益」については、提供を受ける者の側から見て、通常、経済的対価を支払って取得すると認められるものをすべて含むと考えられています。たとえば、表彰状やトロフィーのように名誉的価値を本質とするものについては、経済的対価を支払って取得するものではないため、基本的に「経済上の利益」には該当しないと考えられています。もっとも、NFTのようなデジタルアセットを提供する場合、ブロックチェーンによりその保有者が記録される仕組みが用いられ、通常は転売も想定されているため、そうでない単なる画像データ等と比べて、経済的対価を支払って取得する性質がより認められやすいといえます。

表1　懸賞により提供される景品類の上限額

	説明	例	景品類の上限額
総付景品	懸賞によらず、商品・サービスを利用したり、来店したりした人にもれなく景品類を提供すること	NFT保有者全員にプレゼント ログインボーナス	・取引価額が1000円未満：200円 ・取引価額が1000円以上：取引価額の10分の2
一般懸賞	商品・サービスの利用者に対し、くじ等の偶然性、特定行為の優劣等によって景品類を提供すること	店舗での抽選 クイズ大会 eスポーツ大会 ランキング報酬	・取引価額が5000円未満：取引価額の20倍 ・取引価額が5000円以上：10万円 いずれの場合も合計で売上予定総額の2%

(4) 景品類の価額規制

　提供する経済的利益が「景品類」に該当する場合、その提供方法に応じて、その最高額および総額について規制がかかります。NFTビジネスとの関係で問題となるのは「総付景品」と「一般懸賞」という方法であり、その規制内容は表1の通りです。

　景品類の価額の算定方法については、景品類と同じものが市販されている場合には、景品類の提供を受ける者が、それを通常購入するときの価格によります。価格が変動するものである場合には、その景品が提供される時点における価格により算定することになります。市販されていない場合は、景品類を提供する者がそれを入手した価格、類似品の市価等を勘案して、景品類の提供を受ける者が、それを通常購入することとしたときの価格を算定し、その価格によります。

　たとえばNFTのデジタルアートを提供する場合には、提供される時点の市場価格により、市場価格がなければ、同種の近しいデジタルアートの価格等を勘案して算定することになると思われます。

(5) コンプガチャ

　NFTのガチャが刑法の賭博罪との関係で問題になり得ることは前記

1.で述べた通りであり、また、景品表示法上は取引付随性がないために過大景品規制が問題にならないことは前記(3)で述べた通りです。しかしながら、ガチャのうち、いわゆるコンプガチャについては、景品表示法上のカード合わせの規制が問題となります。

コンプガチャというのは、オンラインゲームなどにおける有料ガチャによって絵柄のついたアイテムなどを販売し、異なる絵柄の特定の組み合わせを揃えた利用者に対し、特別のアイテムを提供するというイベントを指します。

景品表示法上、いわゆるカード合わせの方法 (二以上の種類の文字、絵、符号等を表示した符票のうち、異なる種類の符票の特定の組合せを提示させる方法) による懸賞については、その方法自体に欺瞞性が強く、また、射幸心をあおる度合いが著しく強いことから禁止されているところ、コンプガチャはこのカード合わせの方法によるものに該当するとされ、全面的に禁止されています。

したがって、ガチャについては、賭博罪との関係の問題のほかにも、コンプガチャに該当しないかについても注意が必要です。

⑹ ブロックチェーンゲームの報酬、eスポーツ

有料のNFTを用いたブロックチェーンゲームにおいて、トークンが報酬として提供される場合を考えてみます。トークンの提供形態にはさまざまな方法が考え得るところですが、ここでは、㈠特にゲームをプレイすることを要しないログイン報酬、㈡ランキング報酬やクエスト報酬、対人戦報酬などゲームをプレイすることで得られる報酬、㈢大会 (eスポーツ) 報酬を検討することとします。

㈠ ログイン報酬

まず、ログイン報酬が提供される場合、NFTを購入した取引対象者であるユーザーに当該ゲームを継続して利用してもらい、さらなるゲームアイテムの購入をしてもらうための誘引として提供されているとも考えられ、この場合には、「顧客を誘引する手段」として、「取り引きに付

随」して提供する経済上の利益に該当するように思われます。他方、ロ
グイン報酬自体は有料のNFTを購入しなくても無料で獲得できるよう
な場合には、取引付随性および取引価額は観念できないものとして、景
品表示法の規制は適用されないとする考え方もあります[21]。

(イ) ランキング報酬やクエスト報酬

　ゲーム内ランキングの報酬やクエスト報酬、対人戦報酬などゲームを
プレイすることで得られる報酬としてトークンが提供される場合につい
ては、仮に当該ゲームにおいて、ランキング仕様が客観的に「顧客を誘
引する手段」になっていると判断され、またNFTなどを購入すること
で報酬を受け取ることが可能又は容易になる場合（「取り引きに付随」）には、
提供される報酬は「景品類」に該当するものと思われます。ただし、別
途の考えもありえ、コラム4～報酬獲得型ゲーム～で具体例とともに検
討することとします。

(ウ) eスポーツ報酬

　NFTを用いたブロックチェーンゲームの大会（eスポーツ）報酬として
トークンが提供される場合を検討します。大会参加者から参加費用を集
めて、その一部から報酬を提供する場合に賭博の問題が生じ得ることは、
前記1.(1)で述べた通りです。このような大会が、ゲームの提供者によっ
て開催され、かつ、ゲームのプレイには一定のNFTを購入する必要が
あるような場合、一般的に、「自己の供給する商品又は役務」の「取り
引きに付随して」、大会報酬が提供されるといえます。もっとも、大会
の報酬の提供先が、いわゆるプロゲーマーや、高いパフォーマンスを行
い観客を魅了することができると認められたプレイヤーに限定されてい
る場合には、大会の賞金は「仕事の報酬等」と認められる金品の提供と
して「景品類」には該当しないとされています[22]。

(7) 規制に違反した場合

　景品表示法に違反する行為が行われている疑いがある場合、規制当局

による調査を経て、行政指導や措置命令がなされる場合があります。措置命令は、事案の必要性に応じて、違反行為の差し止め、再発防止策を講じること、これらの一般消費者への周知などを内容とします。この措置命令に従わなかった場合には、事業者に対して3億円以下の罰金などが科されることがあります。

　これらのほか、不当表示規制の違反に対しては、売上額に3%を乗じた課徴金の納付命令がなされることがあります。

　なお、海外の事業者についても、日本国内の一般消費者に対して不当表示規制・過大景品規制に違反する行為を行っている場合には、景品表示法の適用対象になります。ただし、罰則の強制執行については主権上の制限があるものと思われ、個別の検討が必要となります。

コラム4　～報酬獲得型ゲーム～

　2021年、NFTのマーケットが拡大するに伴い、NFTを用いたブロックチェーンゲームも話題となりました。中でも、Sky Mavis（スカイ・メイビス）社が運営するAxie Infinity（アクシィインフィニティ）は、その公式Twitterによれば、2021年8月時点で、1日当たりのアクティブユーザー数が100万人に迫るほどの人気を博しています。Axie Infinityにおいて、ユーザーは、ゲームに使用するためのゲームアイテム（アクシー）を購入する必要がありますが、アクシーはNFTとして構成されているため、マーケットプレイスで自由に取り引きをすることができます。ユーザーは、購入したアクシーを使ってゲームをプレイすることで、クエストの報酬や対人戦の報酬としてトークンを毎日獲得することができます。

　類似の商品・サービスを日本で提供した場合に、この報酬として獲得できるトークンが景品表示法の過大景品規制に服しないかが問題となります。この点について、報酬として獲得できるトークンは、NFTを購入した上でゲームをプレイすることで獲得できるものなので、基本的に、NFTの販売という取り引きに付随して提供される経済的利益として「景品類」に該当するものと考えられます。他方、ブロックチェーンゲームが、主として報酬としてのトークンを獲得する以外のプレイ方法を想定して

いないような場合、すなわち、ほぼすべてのユーザーがゲームをプレイすることでトークンを獲得することを目指しているような場合には、前記(3)(エ)で述べたパチンコの景品が「景品類」には該当しないという考え方と同様、報酬としてのトークンは「取り引きに付随する」景品類ではなく、取り引きの本来の内容である、と考える余地があるように思われます。

　トークンが「景品類」に該当しない場合、景品表示法は問題とはならない一方で、前記1.で述べた賭博罪の適用等を別途考える必要はあります。もっとも、NFTの購入はマーケットプレイスにおける相対取り引きとして行われ、ガチャの仕組みのようにNFTの取得の有無やその内容がランダムに決定されて購入者に喪失の危険が生じるものではないため、NFTの購入行為について賭博罪は成立しないものと思われます。また、ゲームプレイについても、パチンコや宝くじでは、遊戯や抽選で敗れた場合に、使用したパチンコ玉や宝くじは無価値となってしまうのに対して、報酬獲得型ゲームにおいては、クエストや対人戦などに負けてクエスト報酬をもらえなかった場合であっても、なおマーケットプレイスで転売できる可能性があるため保有するNFTの価値の棄損は限定的であると思われます。そのため、クエスト等の勝負については、利益の得喪を争う行為に当たらないと考える余地もあります。

　トークンが「景品類」に該当し、ゲーム内の対戦結果などの優劣によって景品類を提供する一般懸賞による場合の上限額は、前記(4)で述べた通り、取引価額が5000円以上であれば10万円ですが、報酬獲得型ゲームにおいて具体的にどのように上限がかかるのかが問題となります。この点、たとえばAxie Infinityをプレイするために複数のNFTを購入する場合であっても、それは1つのゲームに対する1つの課金取り引きであると考えれば、景品類の上限額は、1つのゲームアカウントにつき10万円であり、個別のNFT1点ごとに上限がかかったり、一定の期間で上限額がリセットされたりすることはない、ということになります。

　しかし、従前の買い切り型のゲームと異なり、ゲームに対する課金取り引きの形態も多様化しており、報酬獲得型ゲームにおいては、一定期

間ごとの課金取り引きを設定するなどしてそれぞれ別個の取引と捉えることで、その期間ごとに上限がかかる、と整理する余地があるように思われます。ただし、このような整理を行った場合でも、その期間外で購入したNFTの価額を取引価額に含めてよいかなど、必ずしも明確に整理できない部分も多いため、取引価額や期間の設定には注意を要することになります。

このほか、購入したNFTを利用する業務を行うことにより収益が得られる、としてユーザーを勧誘する場合、業務提供誘引販売取引（特定商取引に関する法律51条、一種の内職商法）と考えられる余地があり、勧誘の仕方には留意が必要であると思われます。

いずれにせよ賭博罪、景品表示法などすべての法規制をクリアする報酬獲得型ゲームの組成は必ずしも容易ではなく、弁護士と相談するなど慎重な対応が必要となります。

1　賭博罪の保護法益については、「善良な風俗」と一般に解されており、判例においても、「勤労その他正当な原因に因るのではなく、単なる偶然の事情に因り財物の獲得を僥倖せんと相争うがごときは、国民をして怠惰浪費の弊風を生ぜしめ、健康で文化的な社会の基礎をなす勤労の美風を害するばかりでなく、甚だしきは暴行、脅迫、殺傷、強窃盗その他の副次的犯罪を誘発し又は国民経済の機能に重大な障害を与える恐れすらあるのである。これわが国においては一時の娯楽に供する物を賭した場合の外単なる賭博でもこれを犯罪としその他常習賭博、賭博開張等又は富籤に関する行為を罰する所以」とされています（最判昭和25年11月22日刑集4巻11号2380頁）。

2　戦後の財政上の理由から、競輪、競馬、オートレース、宝くじ、スポーツ振興投票（サッカーくじ）などの一定の賭博又は富くじ行為は、法令により許容されています。

3　賭博遊技機を設置した遊技場の営業行為には、賭博罪よりも、賭博を行う場所を開設する行為を規制対象とする賭博場開張等図利罪（刑法186条2項）を適用する方が行為の実態に合致するのではないかとも思われますが、判例（最決昭和54年10月26日刑集33巻6号665頁）は賭博罪の成立を認めています。

4　大判大正3年10月7日刑録20輯1816頁 等。

5　麻雀について大判昭和6年5月2日刑集10巻197頁、将棋について大判昭和12年9月21日刑集16巻1299頁、オンラインカジノについて東京高判平成18年11月28日高検速報平成18年231頁。

6　平成28年9月20日消費者委員会「スマホゲームに関する消費者問題についての意見〜注視すべき観点〜」11頁「スマホゲームの電子くじと賭博罪との関係」https://www.cao.go.jp/consumer/content/20171020_20160920_iken.pdf。

7　有償ガチャサービスで賭博が問題となる場合には、サービスの運営者も喪失の危険を負っているのかが問題となりますが、ゲーム機賭博の事案において、ゲーム機を設置した店主について常習賭博罪の成立を認める考え方が判例（福岡高判昭和50年9月16日刑裁月報7巻9-10号803頁等）として定着しています（大塚仁ら著『大コンメンタール刑法第3版 第9巻』(2013年6月、青林書院) 128頁）。これに準じて整理しますと、個々のガチャの取引を見れば消費者が投じた経済的利益を超える価値のNFTを排出して運営者に損が生じることがあったり、開発費等の投下資本を運営者が負担していたりする点を踏まえ、運営者に喪失の危険があると評価され得るものと考えられます。

8　大判昭和4年2月18日刑集8巻72頁

9　「一時の娯楽に供する物」の典型例としては、飲食物やタバコ等が挙げられます。

10　最判昭和23年10月7日集刑4号323頁、東京高判昭和32年1月17日高刑集10巻1号1頁 等。なお、飲食物の代金を賭ける場合のように、少額の金銭そのものも「一時の娯楽に供する物」と解すべきという見解が学説の多数説です（西田典之ら『注釈刑法第2巻 各論 (1)』(2016年、有斐閣) 660頁）。

11　即時に消費される物自体でなくとも、それと同程度の金額の物であれば「一時の娯楽に供する物」にあたると解すべきとする学説上の主張があります。

12　一般社団法人ブロックチェーンコンテンツ協会（BCA）のガイドライン（178ページ参照。https://www.blockchaincontents.org/guideline）においては、「NFT等は資産性を有するデータであり、その場ですぐに食べてしまう飲食物とは質的に異なりますので、「一時の娯楽に供する物」には該当しない」と説明されています。

13　平成30年1月30日警察庁生活安全局長「風俗営業等の規制及び業務の適正化等に関する法律等の解釈運用基準について（通達）別添第17、10遊技場営業者の禁止行為(3)」55頁 https://www.npa.go.jp/laws/

notification/seian/hoan/hoan20180130.pdf。

14　ゲーム機を用いた賭博が問題となった事例では、コインをゲーム機に投入した時に賭博罪が成立するとした裁判例（大阪地判昭和51年1月16日判時809号107頁）があります。

15　最判昭和23年7月29日集刑3号459頁。

16　判例（最決昭和54年10月26日刑集32巻6号665頁）は、長期間営業する意思で5200万円の資金を投下して34台のスロットマシンを設置し、摘発されるまで3日間営業して利用客を延べ140人、利益を約70万円上げた事例において、常習性を認めています。

17　たとえば、刑法2条では「この法律は、日本国外において次に掲げる罪を犯したすべての者に適用する。」として、内乱（77条）や通貨偽造（148条）等の罪を列挙し、刑法3条では「この法律は、日本国外において次に掲げる罪を犯した日本国民に適用する。」として、現住建造物放火（108条）や殺人（199条）、傷害（204条）、窃盗（235条）等の罪を列挙しています。

18　裁判例（東京地判平成17年11月11日判時1956号105頁）では賭博に該当する外国為替証拠金取引を公序良俗違反を理由に無効と判断しています。

19　「景品類」とは、顧客を誘引するための手段として、その方法が直接的であるか間接的であるかを問わず、くじの方法によるかどうかを問わず、事業者が自己の供給する商品又は役務の取引……に付随して相手方に提供する物品、金銭その他の経済上の利益……をいう（景品表示法2条3項）

20　具体的には、①商品又は役務を購入することにより、経済上の利益の提供を受けることが可能又は容易になる場合（たとえば、商品を購入しなければ解答やそのヒントがわからない場合、商品のラベルの模様を模写させる等のクイズを新聞広告に出題し、回答者に対して提供する場合など）、②小売業者又はサービス業者が、自己の店舗への入店者に対し経済上の利益を提供する場合、など。

21　小野斉大ら『アプリ法務ハンドブック』（2015年、レクシスネクシス・ジャパン株式会社）367〜368頁参照

22　令和元年9月3日付消費者庁ノーアクションレター回答書参照

NFTの会計と税務

NFTの保有と取り引きに関する会計処理の考え方は。税務上の取り扱いはどうなるか

暗号資産分野でもたびたび議論されているように、その発行や売買等に関する会計上・税務上の取り扱いは、NFTでも避けて通れない問題である。会計・税務の両面について、JCBA NFT部会幹事である、公認会計士の小笠原啓祐（有限責任監査法人トーマツ）らが解説。

Author

小笠原啓祐　公認会計士（有限責任監査法人トーマツ）。ゲーム・エンターテインメント領域においてIPO準備から上場までを含めて幅広いフェーズでの会計監査及び内部統制構築支援業務を経験。2018年以降は暗号資産交換業者の財務諸表監査及び分別管理監査に携わり、現在は主に暗号資産・ブロックチェーン領域のアドバイザリー業務に従事している。ブロックチェーンに係る講演多数、日本暗号資産ビジネス協会NFT部会幹事。

藤井行紀　税理士（デロイト トーマツ税理士法人）。1996年早稲田大学法学部卒業。金融機関及び会計事務所勤務を経て2005年9月より税理士法人トーマツ（現 デロイト トーマツ税理士法人）に入社し、現在に至る。国内外の多国籍企業や金融機関に対して税務申告業務のほか、幅広い税務助言業務を提供。近年は暗号資産やセキュリティトークンなどブロックチェーンを利用したビジネスに関する税務アドバイザリー業務にも多数従事している。

1. NFTに関する会計処理の現状

　2021年8月現在、NFT固有の会計基準等はありません。そのため、NFTに関する会計処理を考えるにあたっては、適用される法令と契約関係に応じて個別に検討する必要があります。

　NFTを活用したビジネスを行うにあたって、既存のいずれかの法令に該当する可能性があるかの判断は、ビジネス設計をするにあたっても非常に重要ですが、会計処理の観点からも同様に重要です。ここでは既存の法令に該当した場合に適用される可能性のある会計基準について言及します。

　NFTが資金決済法における暗号資産に該当する場合、当該会計処理を検討するにあたっては実務対応報告第38号「資金決済法における仮想通貨の会計処理等に関する当面の取扱い」を参照する必要があります。

　また、資金決済法における前払式支払手段に該当する場合、前払式支払手段に関する明確な会計基準自体はありませんが、一般的な実務慣行における会計処理事例が多く存在しており、当該会計処理を検討するにあたってはそれらの実務慣行を勘案する必要があります。

　さらに、金融商品取引法における電子記録移転権利（いわゆるセキュリティ・トークン）に該当する場合、当該会計処理を検討するにあたっては企業会計基準第10号「金融商品に関する会計基準」及び会計制度委員会報告第14号「金融商品会計に関する実務指針」を参照する必要があると考えられます。

　なお、上記に関連して、金融商品取引法上の電子記録移転権利及び資金決済法における暗号資産に該当するICOトークンの発行・保有等に関する会計処理については、企業会計基準委員会（以下「ASBJ」という）において、2021年8月現在会計論点の整理の検討が進められています。金融商品取引法上の電子記録移転権利については、これまで識別した会計上の論点に関して、関係者からの意見を募集するために論点整理を公表する予定であるとされており、また、資金決済法上の暗号資産に該当するICO トークンの発行・保有等に係る会計上の取扱いについては、

会計上の論点の分析及び基準開発の必要性に関して論点整理を公表する予定であるとされています。これらの法令の規定するものに該当する場合には、このような動向にも留意してください。

　上記の既存の法令に規定するものに該当しない場合も、会社法第431条より、一般に公正妥当と認められる企業会計の慣行に従うことになります。しかし、NFTに関する一般に公正妥当と認められる実務慣行は現時点では成立しているとはいえない状況です。そのため、トークン設計の性質及び関連する契約を勘案し、会計主体の権利と義務を明確にした上で、既存の会計基準の趣旨及び類似ビジネスにおける実務慣行を参照しながら、最も適切な財務報告が可能となるような会計処理を選択する必要があります。なお、この場合「関連する会計基準等の定めが明らかでない場合」に該当するため、財務諸表において重要と認められるときには、重要な会計方針に関する注記が必要となることには留意が必要です（企業会計基準第24号「会計方針の開示、会計上の変更及び誤謬の訂正に関する会計基準」（以下「企業会計基準第24号」という）第4-2項から第4-4項）。

　上記のほかに、一般社団法人暗号資産取引業協会から公表されている「暗号資産取引業における主要な経理処理例示」[1]のように、自主規制団体から経理処理例等が公表されることもあり、自主規制団体等についても今後の動向について留意する必要があります。ただし、会計基準ではなく、業界の実務慣行とされている会計処理の原則及び手続となるため、このような経理処理例等のみに従う場合も、「関連する会計基準等の定めが明らかでない場合」に該当し（企業会計基準第24号第44-5項）、財務諸表において重要と認められるときには重要な会計方針に関する注記が必要となる点については留意が必要です。

2. NFTのトークン発行者の販売時の会計処理（収益）

(1) 収益認識会計基準等の範囲

　顧客との契約から生じる収益についての会計処理は、企業会計基準第

29号「収益認識に関する会計基準」(以下「収益認識会計基準」という)及び企業会計基準適用指針第30号「収益認識に関する会計基準の適用指針」(以下「収益認識適用指針」という)が適用されます。顧客とは、「対価と交換に企業の通常の営業活動により生じたアウトプットである財又はサービスを得るために当該企業と契約した当事者(収益認識会計基準第6項)」とされており、NFTが「企業の通常の営業活動により生じたアウトプットである財又はサービス」である場合は、収益認識基準等を適用することとなります。

収益認識会計基準では、その適用範囲について、以下を除くと記載されています。(収益認識会計基準第3項(7))

- 資金決済に関する法律における定義を満たす暗号資産
- 金融商品取引法における定義を満たす電子記録移転権利に関連する取引

そのため、前記1.の通り、資金決済法における暗号資産、金融商品取引法における電子記録移転権利に該当する場合には、収益認識会計基準にはよらず、それぞれに適用される会計基準を参照する必要があります。

以下においては、NFTの販売に、収益認識会計基準及び収益認識適用指針が適用される場合の会計処理を検討します。

(2)収益認識のステップ

収益認識会計基準においては、その会計処理を勘案するにあたり、以下の5つのステップを経ることとされています。

①顧客との契約を識別する。
②契約における履行義務を識別する。
③取引価格を算定する。
④契約における履行義務に取引価格を配分する。
⑤履行義務を充足した時に又は充足するにつれて収益を認識する。

いずれのステップも重要ですが、NFTビジネスの特性上、②の履行義務の識別については特に留意すべきであると考えられます。NFTビジネスにおいては、トークンの保有者がどのような権利をもつかについて自由な設計が可能であり、それがNFTの形式でビジネス設計をするメリットのひとつになっています。そのため、トークン保有者に対して、トークン受け渡し後においてもさまざまな権利を付していることもあるものと考えられますが、そのような場合トークン販売者がトークン受け渡し後にも何らかの履行義務を有していると判断される可能性があります。履行義務の内容によっては、会計処理の整理に大きな工数がかかる可能性や、想定していた時期での収益計上が不適切と判断される可能性もないとは言い切れません。可能であれば、トークンの設計段階における会計担当者の関与や、早期の監査法人等との協議の実施を検討することが望ましいものと考えられます。

(3) ステップ1：顧客との契約の識別

　収益認識会計基準を適用するにあたっては、次の①から⑤の要件のすべてを満たす顧客との契約を識別します。(収益認識会計基準第19項)

① 当事者が、書面、口頭、取引慣行等により契約を承認し、それぞれの義務の履行を約束していること
② 移転される財又はサービスに関する各当事者の権利を識別できること
③ 移転される財又はサービスの支払条件を識別できること
④ 契約に経済的実質があること（すなわち、契約の結果として、企業の将来キャッシュ・フローのリスク、時期又は金額が変動すると見込まれること）
⑤ 顧客に移転する財又はサービスと交換に企業が権利を得ることとなる対価を回収する可能性が高いこと

　ここで契約とは、法的な強制力のある権利及び義務を生じさせる複数

の当事者間における取決め、とされています（収益認識会計基準第5項）。また、契約における権利及び義務の強制力は法的な概念に基づくものであり、契約は書面、口頭、取引慣行等により成立する、とされています（収益認識会計基準第20項）。そのため、ブロックチェーン上にトークン保有者の権利が記録されているような場合は、当該記載内容は契約内容の一部であると判断できる可能性が高いと考えられます。一方、NFT販売が行われる場合、すべての契約関係がブロックチェーン上に記載されている場合は稀であると考えられ、トークン販売者とトークン購入者の間で2者間での契約や、NFTの流通プラットフォーム等における規約等が存在する場合が多いものと考えられます。NFT販売における顧客との契約を識別するにあたっては、販売者と購入者の間でどのような契約が締結されているか、またどのような規約等による合意が形成されているか等を、網羅的に把握できるように留意する必要があります。

(4) ステップ2：履行義務の識別

　顧客との契約後、契約において約束した個別の財又はサービスを評価し、顧客に移転する約束のそれぞれについて履行義務として識別します（収益認識会計基準32項）。

　トークンの引き渡しについては、NFT販売において顧客と約束している主要な履行義務のひとつであると考えられます。一方で、NFTにおいてはトークン保有者に対して、トークンの引き渡し後にも一定の権利を付与するようなサービス設計がされる場合も多いものと考えられます。トークン引き渡し後にトークン保有者が行使できる権利に対して、トークン販売者がなんらかの個別の財の引き渡し又はサービス提供の義務を負っている場合は、当該履行義務を識別する必要があります。

　たとえば、NFTに紐づけられた画像データ等がクラウドサーバー上に保管されており、ユーザー保護の観点からある一定の期間については画像データを保管することについてトークン販売者と購入者の間で合意が形成されるような場合、当該画像データの保管を、トークン販売者の履行義務として識別する必要があるか否かについて検討しなくてはいけ

ない可能性があると考えられます。

(5) ステップ3：取引価格の算定

　次に、トークン販売における取引価格を算定します。取引価格とは、財又はサービスの顧客への移転と交換に企業が権利を得ると見込む対価の額(ただし、第三者のために回収する額を除く)をいい、取引価格の算定にあたっては、契約条件や取引慣行等を考慮するとされています(収益認識会計基準第47項)。

　取引価格の算定にあたっては、現金以外の対価に関する影響を考慮し(収益認識会計基準第48項(3))、契約における対価が現金以外の場合には、当該対価を時価により算定するとされています(収益認識会計基準第59項)。トークン販売にあたっては、法定通貨だけではなく、暗号資産によって決済が行われることも一般的だと考えられますが、このような暗号資産を受領した場合には、当該暗号資産の時価によって取引価格を算定することになると考えられます。

(6) ステップ4：履行義務への取引価格の配分

　ステップ3にて算定した取引価格について、ステップ2で識別した履行義務に配分します。この際、契約に単一の履行義務しかない場合には、取引価格の配分の問題は発生しませんが、複数の取引義務が識別されている場合は、取引価格をどのように配分するかについての検討が必要となります。

　それぞれの履行義務(あるいは別個の財又はサービス)に対する取引価格の配分は、財又はサービスの顧客への移転と交換に企業が権利を得ると見込む対価の額を描写するように行うとされており(収益認識会計基準第65項)、その方法として、財又はサービスの独立販売価格の比率に基づき、契約において識別したそれぞれの履行義務に取引価格を配分するとされています(収益認識会計基準第66項)。

　ステップ2においてどのような履行義務が識別されているかにより、取引価格の配分方法は個別に検討する必要があります。識別された履行

義務によっては、独立販売価格の見積もりが困難な場合もあると考えられるため、トークン設計の段階においても、当該影響を勘案することが望ましいものと考えられます。

(7) ステップ5：履行義務の充足時期

　企業は約束した財又はサービスを顧客に移転することにより履行義務を充足した時に又は充足するにつれて、収益を認識するとされています (収益認識会計基準第35項)。この際、識別された履行義務のそれぞれが、一定の期間にわたり充足されるものか又は一時点で充足されるものかを判定する必要があります (収益認識会計基準第36項)。

　トークンの引き渡しのような履行義務については、一般的には一時点で充足されるものと考えられます。トークンの移転がブロックチェーン等に記録されることを考えると、トークン移転の事実やタイミングについては明確な証憑が残され、その点での問題が生じる可能性は低いものと考えられます。

　一方、トークンの引き渡し以外の履行義務が識別されている場合、当該履行義務が一定の期間にわたり充足されるものであるときには、履行義務の充足に係る進捗度を見積もり、当該進捗度に基づき収益を一定の期間にわたり認識することになります (収益認識会計基準第41項)。これはトークンの移転とは別個の義務として識別されるため、ブロックチェーン上のトークン移転の記録とは別に、関係する契約等の取り決めに応じて、履行義務充足の進捗度を合理的に見積もることが必要となります。

3. NFTのトークン取得者の転売時の会計処理（収益）

　トークン取得者がNFTの二次流通市場等でトークンを販売したときについても、前記2.と同様、収益認識会計基準等に準拠して会計処理を検討する必要があります。この際、トークン転売時の履行義務がトークンの引き渡し以外にも発生するようなトークン設計となっている場合には、当該義務の識別及び充足時期について慎重な検討が必要になるもの

と考えられるため、留意が必要です。

4. NFTのトークン製作時の会計処理
（棚卸資産、原価処理）

(1) 総論

　前記1.の通り、現時点でNFTを想定した会計基準はないため、トークン製作時の会計処理を検討するあたっては、トークン設計の性質を勘案し、既存の会計基準及び類似ビジネスにおける実務慣行を勘案しながら、最も適切な財務報告が可能となるような会計処理を選択する必要があります。

　トークン製作において考慮すべき既存の会計基準としては、以下の研究開発費関係の会計基準等があります。

- 「研究開発費等に係る会計基準」（以下「研究開発費等会計基準」という）
- 会計制度委員会報告第12号「研究開発費及びソフトウェアの会計処理に関する実務指針」（以下「研究開発費等実務指針」という）
- 「研究開発費及びソフトウェアの会計処理に関するQ＆A」

　上記の会計基準等を参照して、トークン製作に関する活動及び支出した費用が、研究開発に関するものか又はソフトウェア開発に関するものかを判断します。これらに該当すると判断されたものについては、上記の会計基準等に基づき会計処理を検討します。一方で、研究開発又はソフトウェア開発に関するものではなく、コンテンツ制作に関するものであると判断されたものについては、明確な会計基準等がないため、関連する会計基準の趣旨と類似するコンテンツビジネスにおける実務慣行を勘案して、会計処理を検討することとなります。

(2) 研究開発費の範囲と会計処理

研究とは、新しい知識の発見を目的とした計画的な調査及び探究をい
い、開発とは、新しい製品・サービス・生産方法についての計画若しく
は設計又は既存の製品等を著しく改良するための計画若しくは設計とし
て、研究の成果その他の知識を具体化すること、と定義されており（研
究開発費等に係る会計基準一1)、その典型例としては以下のようなものがあり
ます（研究開発費等実務指針第2項より抜粋）。

- 従来にはない製品、サービスに関する発想を導き出すための調査・探
  究
- 新しい知識の調査・探究の結果を受け、製品化、業務化等を行うため
  の活動
- 従来の製品に比較して著しい違いを作り出す製造方法の具体化
- 新製品の試作品の設計・製作及び実験
- 取得した特許を基にして販売可能な製品を製造するための技術的活動

　トークン製作が研究開発に該当すると考えられる場合、研究開発費は
すべて発生時に費用として処理することになります。なお、ソフトウェ
ア製作費のうち、研究開発に該当する部分も研究開発費として費用処理
します（研究開発費等会計基準三）。

(3) ソフトウェアの範囲と会計処理

　研究開発費関係の会計基準等において、ソフトウェアはコンピュータ
に一定の仕事を行わせるためのプログラム、と定義されています（研究
開発費等実務指針第6項）。ソフトウェアとコンテンツは別個のものとされて
いるため、トークン製作がソフトウェア開発に該当するのか、コンテン
ツ開発に該当するのかの判断には留意する必要があります。
　NFTの開発活動については、一般的にブロックチェーンやスマート
コントラクトに関する開発活動や、表章するアート、音楽、動画等のコ
ンテンツに関する開発活動等の種類によって、ソフトウェアに関連する
開発活動とコンテンツに関連する開発活動が混在するものと考えられま

す。

　ここで、ソフトウェアとコンテンツが経済的・機能的に一体不可分と認められるような場合は、両者を一体として取り扱うことができるとされています（研究開発費等実務指針第7項）。一体不可分のものとして明確に区分できない場合としては、たとえば、一方の価値の消滅が、他方の価値の消滅に直接結び付く場合が挙げられており、その場合、主要な性格がソフトウェアかコンテンツかを判断して、どちらかにみなして会計処理することになります（研究開発費等実務指針第30項）。

　トークン製作がソフトウェア製作に該当すると考えられる場合の会計処理は、研究開発費関連の会計基準等で定められています。

　一般的に、ソフトウェアの製作目的には、販売目的と自社利用目的の二つに分かれ、販売目的のソフトウェアは、①受注製作のソフトウェアと、②市場販売目的のソフトウェアの2つに分けて会計処理が定められています。現時点ではトークン製作を自社利用目的で行う場合はあまり多くないと想定されるため、ここでは受注製作のソフトウェアと市場販売目的のソフトウェアの会計処理について言及します。

㈠受注製作のソフトウェア

　トークン製作が受託によるものである場合、受注製作のソフトウェアとして、請負工事の会計処理に準じた処理を行うこととされています。

　請負工事に関する原価の会計処理については、具体的な会計基準の定めはないため、契約ごとに、実務慣行を勘案して会計処理を検討していくこととなります。

　収益認識については2.(7)で記載の通り、履行義務が一定の期間にわたり充足されるか、一時点で充足されるかを判定します。ここで、履行義務が一定の期間にわたり充足される場合は、履行義務の充足に合わせて一定の期間にわたり収益が認識されることになり、トークン製作に関連する原価についても、収益に合わせて一定の期間にわたり費用化されることになるものと考えられます。一方、履行義務が一時点で充足され

る場合は、履行義務が充足された一時点で収益の全額が認識されることとなります。その場合はトークン製作に関連する原価は収益が認識される時点まで仕掛品等として資産計上され、収益認識に合わせて費用化されることになるものと考えられます。

(イ) 市場販売目的のソフトウェア

　クリプトアートやブロックチェーンゲーム等の、一般的にイメージされるユーザーへの販売を目的としたNFTに関するトークン製作がソフトウェア開発に該当する場合は、市場販売目的のソフトウェアに該当する可能性が高いものと考えられます。

　市場販売目的のソフトウェアは、研究開発に該当する部分と製品の製造に相当する部分とに分け、研究開発に該当する部分については、研究開発費用として全額を費用処理することとなります。製品の製造に相当する部分については、製品の改良・強化を行うための費用に関しては原則として資産に計上されます。ただし、著しい改良と認められる場合は、研究開発の終了時点に達していないと考えられ、費用処理することとなります（研究開発費等実務指針第9項）。

　どの時点で研究開発が終了したかの判断にあたっては、以下の2点が例示されています（研究開発費等実務指針第32項）。

　①製品マスターについて販売の意思が明らかにされる

　②最初に製品化された製品マスターが完成する

　①については、製品番号を付す、カタログに載せる等、市場で販売する意思が明確に確認できるようになった時点などが典型的な例とされています。②については、NFTはそれぞれのトークンが非代替的であるとの特性もあることから、トークン製作にあたりどの時点がいわゆる製品マスターの完成とみなせるかに関して、個別事例ごとに慎重な判断が必要になるものと考えられます。

　資産計上された市場販売目的のソフトウェアの減価償却については、ソフトウェアの性格に応じて最も合理的と考えられる減価償却を採用すべきとされており、合理的な償却方法としては見込み販売数量に基づく

方法のほか、見込み販売収益に基づく方法等が例示されています。

(4) コンテンツの会計処理

　製作されるトークンがコンテンツに該当すると考えられる場合の会計処理は、明確な会計基準等がないため、関連する会計基準の趣旨と類似するコンテンツビジネスにおける実務慣行を勘案して検討することとなります。

　実務慣行が一定程度確立しているといえるコンテンツビジネスとしては以下が挙げられます。

・音楽コンテンツ
・映画、映像コンテンツ
・番組コンテンツ
・文章コンテンツ
・ゲームコンテンツ
・インターネットメディアコンテンツ

　コンテンツ制作に要した費用については、将来獲得すると見込まれる収益に対応する場合には、当該部分について資産計上されることがあります。資産計上される範囲については各コンテンツ業界において実務慣行が異なるため、その集計については留意が必要です。一般的にはコンテンツ制作の流れとして、企画、製作、複製等の順序を踏んでいくことになりますが、企画段階や製作の初期段階で支出した費用が将来獲得すると見込まれる収益と対応関係があるか否かについては、慎重な検討が必要になるものと考えられます。また、将来獲得が見込まれている収益を上回る費用支出が発生している等、資産性が認められないような場合では、一般的には資産計上することが不適切と考えられる可能性があります。

(ア) コンテンツ制作費用の資産計上区分

コンテンツ制作費用の資産計上科目としては、棚卸資産と無形固定資産が考えられます。

棚卸資産は「商品、製品、半製品、原材料、仕掛品等の資産であり、企業がその営業目的を達成するために所有し、かつ、売却を予定する資産の他、売却を予定しない資産であっても、販売活動及び一般管理活動において短期間に消費される事務用消耗品等も含まれる」(企業会計基準第9号「棚卸資産の評価に関する会計基準」(以下「棚卸資産評価会計基準」という) 第3項)とされています。トークンの販売を目的とする場合、当該要件に当てはまる場合は棚卸資産として計上することになると考えられます。

一方、コンテンツがそれを利用することより将来の収益獲得に貢献するものである場合は、無形固定資産として計上することになると考えられます。

(イ) コンテンツ制作費用の費用化

棚卸資産として資産計上されたコンテンツ制作費用は、将来獲得する収益と対応させて費用化されるべきと考えられます。そのため、獲得できると見込まれる収益総額を見積もって、実際の収益獲得の程度に応じて償却していく方法や、ひとつのトークン単位あたりの原価を算定しトークン販売数に応じて償却していく方法等が考えられます。

無形固定資産として資産計上されたコンテンツ制作費用は、利用可能期間を見積もり、当該年数に応じた減価償却を通じて費用化されているものと考えられます。

(5) 資産計上されたトークン製作費用の評価

ソフトウェアとして会計処理した場合でも、コンテンツとして会計処理した場合でも、資産計上されたトークン製作費用については、その計上区分に応じて評価が必要になる点については、留意が必要です。

棚卸資産として計上されたトークン製作費用については、期末における正味売却価額が取得原価よりも下落している場合には棚卸資産評価損を計上する必要があります (棚卸資産評価会計基準第7項)。

また、ソフトウェア等の無形固定資産として計上されたトークン製作費用については、収益性が低下し当該資産又は当該資産を含む資産グループに減損の兆候がある場合には減損損失認識の要否を検討する必要があります（「固定資産の減損に係る会計基準」二2.（1）及び企業会計基準適用指針第6号「固定資産の減損に係る会計基準の適用指針」第18項）。

5. NFTのトークン取得者の会計処理
（棚卸資産、原価処理）

トークン取得者は、トークンにより保有する権利やその保有目的に応じて会計処理を検討することになります。

トークンが、4.(4)(ア)に記載した棚卸資産の定義に該当する場合は、棚卸資産として計上することになります。

また、次に掲げる資産などに該当する場合は、無形固定資産として計上することになります（財務諸表等規則第27条）。

・特許権
・商標権
・実用新案権
・意匠権
・ソフトウェア
・その他無形資産で流動資産又は投資たる資産に属しないもの（版権、著作権、映画会社の原画権等）

棚卸資産、無形固定資産として計上された資産計上されたトークン取得費用については、4.(4)(イ)及び4.(5)に記載した通り、計上された資産区分に応じて、費用化及び資産評価されることになるものと考えられます。

6. まとめ

NFTに関連する会計処理について見てきました。繰り返し記載して

いるように、NFTを想定した明確な会計基準等は現時点ではなく、十分な実務慣行も成立している状況とはいえません。また、NFTについてはその設計の柔軟性から、様々な契約形態、経済的実態をもつ取り引きが発生する可能性があり、類型化することが困難な側面もあります。NFTに関する個別のプロジェクトについて、関連する法令、契約関係等を勘案し、関連する会計基準の趣旨や類似ビジネスの実務慣行を参照して、最も適切な会計処理が何かを検討することに留意してください。また、収益認識については事業計画とも関連してくるため、ビジネス設計段階から会計処理を見据えた協議を進めておくことも重要です。

　以下に、今回参照した関連基準等を記載します。これらは最低限のもので必ずしも網羅的なものではなく、トークンの設計によってはこれら以外の既存の会計基準等を参照する必要が出てくる可能性があることに留意してください。

- 企業会計基準第29号「収益認識に関する会計基準」[2]
- 企業会計基準適用指針第30号「収益認識に関する会計基準の適用指針[3]
- 「研究開発費等に係る会計基準」[4]
- 会計制度委員会報告第12号「研究開発費及びソフトウェアの会計処理に関する実務指針」[5]
- 「研究開発費及びソフトウェアの会計処理に関するQ＆A」[6]
- 企業会計基準第9号「棚卸資産の評価に関する会計基準」[7]
- 「固定資産の減損に係る会計基準」[8]
- 企業会計基準適用指針第6号「固定資産の減損に係る会計基準の適用指針」[9]
- 実務対応報告第38号「資金決済法における仮想通貨の会計処理等に関する当面の取扱い」[10]
- 企業会計基準第10号「金融商品に関する会計基準」[11]
- 会計制度委員会報告第14号「金融商品会計に関する実務指針」[12]
- 企業会計基準第24号「会計方針の開示、会計上の変更及び誤謬の訂

正に関する会計基準」[13]

　なお、当セクション1.～6.の記載は執筆者（小笠原）の私見であり、所属組織の公式見解ではないことにご留意ください。

7. 税務の取り扱い

(1) NFTをめぐる税務の概要

　2021年9月時点においては、NFTについて税法上に定義はなく、また、NFTに係る課税関係のみを規定するような税法や通達は存在していないため、NFTが有価証券、暗号資産、前払式支払手段又は美術品その他の資産のいずれに該当するかに応じて課税関係を検討する必要があると考えます。

　以下においては、ブロックチェーンゲームにおけるアイテムによって構成されるNFTを前提に、NFTを取り引きした場合の一般的な課税関係についてお話しします。なお、このようなNFTは、資金決済に関する法律第2条第5項に定められる暗号資産及び金融商品取引法第2条第1項に定められる有価証券とは考えにくいため、税務上、暗号資産及び有価証券には該当しないものとして取り扱われることを前提とします。個別取引の課税関係は、NFT及び取引の内容、並びにその取引時に適用される税法等に基づき判断する必要があります。

(2) 個人所得税の取扱い

(ア) NFTの取得時の取扱い

　個人（NFTの作成や譲渡を事業としていない個人であることを前提とします。以下、本パートにおいて同じ）がNFTを購入した場合には、通常、その購入時に支払った金額又は暗号資産の価額等を取得価額として資産として認識することとなります。ただし、NFTをその取得時の時価よりも低い金額で取得した場合には、その個人が他の個人から購入したのか、又は法人から購

入したのかによって、さらに法人から購入したときは、その個人と法人との関係によって課税関係が異なるものと考えます。

　たとえば、個人が他の個人からNFTをその購入時の時価より低い金額で購入した場合には、そのNFTの時価とその購入価額との差額相当額が贈与とみなされ、贈与税が課される可能性があります。一方、個人が法人からNFTをその購入時の時価よりも低い金額で購入した場合には、そのNFTの時価と購入価額との差額は、その個人と法人との関係によって取り扱いが異なります。具体的には、その個人が勤務する法人から購入した場合には、その差額は給与所得として取り扱われ、その個人が自身と関係のない法人から購入した場合には、その差額は一時所得として取り扱われ、それぞれ所得税や個人住民税が課される可能性があります。

　なお、個人がNFTを制作した場合には、その制作時点においては、通常、課税は生じないものと考えます。

(イ) NFTの売却時の取扱い

　個人がNFTを売却した場合の譲渡益は、通常、譲渡所得に区分されるものと考えます。したがって、NFT譲渡に係る譲渡収入以外に譲渡収入がない場合、NFTの譲渡収入からそのNFTの取得費や譲渡費用、並びに特別控除額の合計額を控除した金額が譲渡所得となり、所得税が課税されます。また、通常、個人がNFTをその取得の日から5年以内に譲渡した場合の譲渡所得は短期譲渡所得に区分され、その取得の日から5年超の期間後に譲渡した場合の譲渡所得は長期譲渡所得に区分されますが、長期譲渡所得の場合にはその課税所得金額が2分の1相当額となります。ただし、譲渡するNFTが自己の著作に係る著作物に該当する場合にはその所有期間にかかわらず、その譲渡所得は長期譲渡所得に区分されます。

　また、個人がNFTをその譲渡時の時価の2分の1未満の価額で他の個

人に対して譲渡した場合には、たとえその譲渡によって譲渡損失が発生したとしてもその譲渡損失はなかったものとされます。一方、個人がNFTをその譲渡時の時価の2分の1未満の価額で法人に対して売却した場合には、NFTはその時価によって売却されたものとみなして譲渡所得の金額を計算することになります。個人がNFTを法人に贈与又は遺贈する場合も同様です。

(ウ) NFTを年末に保有する場合の取扱い

　個人が年末においてNFTを保有する場合であっても、そのNFTの時価評価は求められていません。

【(3)】法人税の取り扱い

(ア) NFTの取得時の取り扱い

　法人がNFTを購入した場合には、通常、その購入時に支払った金額を取得価額とする資産として認識することとなります。ただし、NFTをその取得時の時価よりも低い金額で取得した場合には、その法人はそのNFTの購入時の時価と購入価額との差額相当額を受贈益として、法人税の課税所得金額の計算上、益金の額に算入する必要があります。

　なお、法人がNFTを制作した場合には、通常、その制作に係る原価相当額を資産として認識することとなります。法人税法上の資産計上額は、会計上の資産計上額と一致しない可能性があることに注意が必要です。

(イ) NFTの売却時の取り扱い

　法人がNFTを売却した場合、その譲渡益又は譲渡損失は、法人税の課税所得金額の計算上、益金の額又は損金の額に算入されます。

　ただし、法人がNFTをその譲渡時の時価よりも低い価額で譲渡した場合には、その譲渡の相手方が自社の役員や従業員であるか法人であるか、又は、自社の役員や従業員以外の第三者である個人又は法人である

かによって課税関係が異なります。

　たとえば、法人が自社の従業員や役員に対してNFTをその譲渡時の時価より低い価額で譲渡した場合には、そのNFTの譲渡時の時価と譲渡価額との差額相当額は、その法人から従業員又は役員に対して支払った給与等とみなされるものと考えます。給与等として取り扱われる場合には、通常、その給与等はその法人の課税所得金額の計算上損金の額に算入されますが、一定の従業員や役員に対して行われた譲渡に伴い発生する給与等は、損金の額に算入できない可能性があるため注意が必要です。

　一方、法人が従業員や役員以外のいわゆる第三者である個人、又は他の法人に対してNFTをその譲渡時の時価よりも低い価額で譲渡した場合には、そのNFTの譲渡時の時価と譲渡価額との差額相当額は、その譲渡した法人と相手方との関係によって、その法人が譲渡の相手方に支出した寄附金の額又は交際費の額であるとみなされ、一定の損金算入限度額を超える部分の金額は、その法人の課税所得金額の計算上損金の額に算入されません。

㈬ NFTを事業年度末に保有する場合の取り扱い

　法人がNFTを事業年度末に保有する場合、原則として、そのNFTにつき時価評価を行い、評価損益を認識することは求められていません。ただし、一定の場合には、法人がNFTにつき時価評価を行い、評価損益の額をその課税所得金額の計算上損金の額又は益金の額に算入することが認められる場合があります。

⑷ 消費税の取り扱い

㈠ 消費税の課税関係

　消費税の課税対象となる取り引きは複雑ですが、簡単にいうと、国内において事業者が事業として行った資産の譲渡又は貸付け、及びサービ

スの提供が消費税の課税対象となります。また、事業者が国内において他の者から受けた電気通信利用役務の提供や国外事業者から提供を受けた演劇等の役務の提供などに対しても消費税が課税されます。ただし、土地の譲渡など一定の資産の譲渡又は貸付け、及び一定のサービスの提供については、消費税が課されないこととされています。

　個人事業者や法人が日本国内でNFTを譲渡する場合には、原則として、その譲渡対価には消費税が課税されるものと考えます。一方、事業を営んでいない個人が趣味で作成したNFTを譲渡するような場合には、その譲渡については消費税が課税されないものと考えられます。

㈣ 消費税の納税義務

　課税事業者に該当する個人事業者又は法人は、その年又は事業年度において行った課税取引に係る消費税を申告し、納税する義務があります。したがって、消費税の課税事業者である個人事業者や法人が国内でNFTを譲渡した場合には、その年又は事業年度に行った消費税の課税売上や課税仕入れに基づき、その申告期限までに消費税の申告書を税務署に提出するとともに、納税を行う必要があります。一方、個人事業者又は法人のその年又は事業年度の基準期間（通常、2年前の年又は前々事業年度をいいます）における課税売上高が1000万円以下である場合には、その個人事業者又は法人は、通常、消費税の免税事業者となるため、NFTの譲渡に係る消費税につき申告や納税は必要ありません。個人事業者以外の個人も、課税事業者に該当しないため、NFTの譲渡を行ったとしても、通常、消費税の申告や納税は必要ないものと考えられます。

　なお、当セクション7.の記載は執筆者（藤井）の私見であり、所属組織の公式見解ではないことにご留意ください。

1　https://jvcea.or.jp/cms/wp-content/themes/jvcea/images/pdf/keiri_20200612.pdf

2　https://www.asb.or.jp/jp/wp-content/uploads/

shueki20200331_02_20200706.pdf

3 https://www.asb.or.jp/jp/wp-content/uploads/
shueki20200331_04_20200706.pdf

4 https://www.fsa.go.jp/p_mof/singikai/kaikei/tosin/1a909e1.htm

5 https://jicpa.or.jp/specialized_field/1214_2.html

6 https://jicpa.or.jp/specialized_field/1214_2.html

7 https://www.asb.or.jp/jp/wp-content/uploads/20200331_03.pdf

8 https://www.fsa.go.jp/news/newsj/14/singi/f-20020809-1/
f-20020809c.pdf

9 https://www.asb.or.jp/jp/wp-content/uploads/20190704_19.pdf

10 https://www.asb.or.jp/jp/wp-content/uploads/20180314_02-1.pdf

11 https://www.asb.or.jp/jp/wp-content/uploads/20190704_05.pdf

12 https://jicpa.or.jp/specialized_field/files/2-11-14-2-20190704.pdf

13 https://www.asb.or.jp/jp/wp-content/uploads/accounting-
policies20200331_02.pdf

第3章

NFTの未来

Chapter 3

第3章　NFTの未来

はじめに

天羽健介（日本暗号資産ビジネス協会NFT部会長）

　これまで「第1章 NFTビジネスの全体像」ではNFTビジネスにおけるさまざまな産業カテゴリーの最前線をご紹介し、「第2章 NFTの法律と会計」では国内の法律・会計状況についてご紹介してきました。現状のNFTを取り巻く全容はご理解いただけたのではないかと思います。

　終章となる本章は「NFTの未来」です。壮大なタイトルではありますが、NFTという新たなテクノロジーが今後どう進化していくのか、どのような可能性を秘めているかが読者の皆様にとっても関心のあるテーマではないかと思います。有識者の考えを参考にしながら考えていきたいと思います。

　セクション1は世界有数のデジタル資産報道メディアcoindeskの日本版「coindesk JAPAN」や国内最大級のブロックチェーンカンファレンス「btokyo」などを運営するN.Avenue株式会社／CoinDesk Japan株式会社の代表である神本侑季さんが担当です。日本だけではなく世界全体のトレンドや「NFTと無形資産」について述べてもらいました。

　セクション2の担当は日本経済新聞社のフィンテックエディター・関口慶太さんです。NFTの市場づくりについて、日ごろ暗号資産やNFTだけでなく、金融領域全般を幅広く見ている同氏に現状を俯瞰していただきました。

未来を見通す上で主観と客観の両方の視点があると、よりビジョンの解像度は上がります。国内外の動向をマクロで俯瞰・客観視するという意味でメディアのおふたりに語っていただきました。

　対して、セクション3とセクション4は事業の主体者としてNFT業界を代表するおふたりです。

　セクション3はAnimoca Brands（アニモカ・ブランズ）の、ヤット・シュウ会長に登場していただきます。香港を拠点とするユニコーン企業のAnimoca Brandsは、ブロックチェーン、NFT、ゲームにおける世界的な先駆者。今後の世界で起こる変革についてうかがいました。
　セクション4はgumi創業者としても知られる國光宏尚さん。現在ブロックチェーン関連事業「FiNANCiE」とVRゲーム開発を行う「Thirdverse」に注力している國光さんに、NFTを含むさまざまなテクノロジーが合流する未来像について語ってきただきました。

　トップ経営者の想いが詰まった考えは、NFTの展望を知る上で参考になるでしょう。

　今後、大なり小なり紆余曲折はありながらもNFTの可能性は無限に広がっていて、未来は明るく、私はインターネット以来の「革命」であると考えています。皆さんひとりひとりが描く「NFTの未来」の解像度が少しでも高くなれば幸いです。

NFTと無形資産

世界経済の新たなトレンド。新しい価値を創出するNFTは無形資産のイノベーション

世界有数のデジタル資産報道メディアcoindeskの日本版「coindesk JAPAN」、国内最大級のブロックチェーンカンファレンス「btokyo」などを運営するN.Avenue株式会社／CoinDesk Japan株式会社。その代表である神本侑季がNFTのトレンドをリポートする。

Author

神本侑季　N.Avenue株式会社／CoinDesk Japan株式会社 代表取締役社長。2013年にヤフー株式会社（現Zホールディングス株式会社）に入社。メディア・広告のビジネス開発、新規事業立ち上げを担当。2018年より、Zコーポレーション株式会社にて暗号資産・ブロックチェーン領域のリサーチ、事業開発に従事。2018年より同社の出資によるN.Avenue株式会社の立ち上げを担い、現在は代表取締役社長。coindesk JAPANやbtokyoを運営する。

NFTはただのブームか？

　国内外のブロックチェーン・デジタル資産の情報を報じるcoindesk JAPANに、NFTに関するニュースが急増し出したのは2020年後半。さらに、今年に入っていくつかのセンセーショナルな高額取り引きに注目が集まり、既存産業における大手メディアまでもが報じるようになりました。これにより、既存の暗号資産ユーザーの垣根を越え、BTC（ビットコイン）の相場の動きを必ずしも気にしていない、新たな読者の流入が増えたのは我々にとって大変喜ばしいことです。

　一方で、そのような読者の皆様が、実態がない、パソコン上の「ただのデータ」に資産価値がつきはじめているという事実を、どのように受け止めているか。もし、単なる流行り物のバブルをウォッチしておこうという程度の認識でいるとしたら、その裏に潜む本質を見逃しているかもしれません。

参照：　https://www.coindeskjapan.com/115422/
　　　　https://www.coindeskjapan.com/102139/
　　　　https://www.coindeskjapan.com/103169/

世界は無形資産に向かっている

　その背景を理解するにはまず、今日の世界経済のトレンドに注目する必要があります。

　いま世界経済は、無形資産によって支配されはじめています。「無形資産」とは、物的な実体の存在しない資産のことです。たとえば特許やブランド商標権や著作権、データ、ソフトウェアなどといった知的財産。また、技術やノウハウを持つ従業員の人的資産、企業文化や製品管理プロセスなどといったインフラ資産なども含みます。

　米国では、GAFAの強大化に象徴されるように、不動産や自動車などの物質的な「モノ」を売る企業よりも、このような無形資産に多くの投資を行い、デジタルを活用して個々人の最適化された、よりスケーラブルなサービスを提供する企業が多くの価値を生み出し経済の中心となっています。

　近年の新型コロナウィルスによる強制的なデジタルシフトと、世界的な金融政策による行き場のないマネーは、このような無形資産をもつ企業やアセットへの資金流入を後押ししました。

　ビットコインを中心とした暗号資産が、誕生から12年、飛躍的に成長してきたこともそのひとつの現象といえるでしょう。

NFTは無形資産のイノベーション

　NFTマーケットプレイスでは、たとえば、一定の商業利用が許可されたキャラクターのライセンスや、有名シェフのレシピ動画、通信社が保有する歴史的瞬間の映像の一部が、NFTとして売り出されています。これらの現象と、この世界的な無形資産へのお金の動きは同じ線をたどっているのではないでしょうか。

　なぜならNFTは、まさに知的財産などのさまざまな無形資産をデジタル上で特定し、希少性を与え、誰にでもアクセス可能にし、金融価値をつけて流動化させることができるからです。これまで眠っていた資産

を、価値のあるものとして流通させることができるのです。

　その意味で、NFTは単なるバブルではなく、大きな流れの中の時代の要請として、今後ひとつの経済インフラとして伸びていくのではないかと期待しています。

　かねてからブロックチェーンは、暗号資産（ビットコイン）が最初のアプリケーションであったことから「金融のイノベーション」であるといわれますが、中でもNFTは「無形資産のイノベーション」であるといえます。

新しい価値と文化の創出

　さて、私たちが国内外でNFTを取り扱うプレイヤーの皆様と会話をするときにいつも思うのですが、NFTの有効性を考えるには、相応の想像力が必要です。

　例として、プライマリーで15億円売り上げたHashmasks（ハッシュマスクス、49ページ参照）というアートプロジェクトを紹介しましょう。このアート作品のNFTを保有していると、彼らが独自で発行する暗号資産NCT（Name Change Token）が1日10枚自動で配布されます。これを半年ほど貯めるとNFT所有者には、作品の命名権が与えられます。NFTアートを所有することで暗号資産の利息をコツコツ貯めることもできるし、半年分のNCTを購入して命名しすぐに作品を売却し利益を得ることもできる。リアルアートにはない、さまざまな楽しみ方が設計されています。

　また、世界ではいくつかのVRゲームが、アバターや土地などのゲーム内のアイテムをNFTとして販売し、世界中でユーザー数を拡大しています。

　このように、NFTの価値を考えるには、デジタルネイティブなユーザーに対して、どのような特典や体験が価値となるのか、アナログな常識を取っ払って考えてみる必要があります。なぜなら私たちは、それが新しい文化となっていくいままさに変革期にいるからです。

「金融包摂」の手段としてのNFT

　2019年、フェイスブック社は「リブラ(現ディエム)」という新しいグローバルな通貨の構想をアナウンスしました。銀行口座をもっていなくてもスマートフォンをもっていれば、誰でも金融サービスを利用できるようになるというものでした。その後世界中の金融当局からの強い批判を受け、計画を縮小することになってしまいましたが、その構想の中心にあった「金融包摂(ファイナンシャル・インクルージョン)」という魅力的なテーマを、いまではNFTが、別の形で実現しています。

　ベトナムのSky Mavis (スカイ・メイビス) が開発した「Axie Infinity (アクシィインフィニティ)」は、イーサリアムブロックチェーンを使った分散型アプリ (Dapp) です。プレイヤーはAxieと呼ばれるかわいいデジタルの生き物を繁殖、飼育し、戦わせ、NFT化されたAxieを取り引きし、ゲーム内通貨を換金することで収入を得るというもので、コロナ禍のフィリピン経済を支えています。成人のわずか23%しか銀行口座をもってい

画像
3

報酬獲得型・NFTゲームは銀行口座を越える【オピニオン】

2021年 8月 1日 06:00 ・ 2021年 8月 1日 09:00 更新

🐦 f B!　　　　　　　　　　　　NFT

Beryl Li

金融包摂の証として称賛されているのかもしれないが、銀行口座はそれを持たない人たちにとって、ほとんど意味のないものだ。

口座を持てる恵まれた人たちにとっても、銀行口座単独では必ずしも、競争力のある利子付きの預金口座やローン、保険など、実際に財政状況や経済的立ち位置を改善する役に立つような商品やサービスにアクセスできるようになる訳ではない。

私はフィリピンで生まれ育った。この国では、成人のわずか23%しか銀行口座を持っていない。フィリピンの中央銀行による金融包摂に関する2017年の調査では、銀行口座を持たない主な理由は、口座が必要なほどのお金を持っていないというものだった。

参照：https://www.coindeskjapan.com/117620/

ないフィリピンでは、スマートフォンやPCを通したこのブロックチェーンゲームが、どんな政策よりも金融包摂の機能をはたしているという事実は特筆すべき事象でしょう。

　とはいえ、日本では多くの人が銀行口座をもっていて、フィリピンのような課題を身近に感じることは難しいでしょう。ですがNFTは、日本特有の意味での金融包摂を果たすものになるのではないかと思っています。

　日本では、「貯蓄から投資へ」というスローガンが掲げられるようになってしばらく経ちますが、その流れは遅く、日本人の家計金融資産は、依然として「投資」よりも「現金」や「預金」が主です。
　デジタル資産でおもしろいのは、金融的な価値と、そのトークン自体が用途をもつユーティリティ要素が、一緒に設計できることです。たとえば、前述のAxie Infinityが発行しているAXSは、暗号資産でありな

がら、ゲーム内通貨という用途ももっています。

　NFTは、より感情的で、個々人の趣味を反映するものとして、それを補足するような機能をはたすかもしれません。たとえば、最初に紹介したHashmasksなどは、初めて証券口座を開設して難しいリターン予測や投資目論見書を読み解いて金融商品を買うよりも、気に入ったデジタルアートを購入しリターンを得るという体験が、金融リテラシーの低い日本人が金融取引に関心を寄せるきっかけになるかもしれません。

　NFTは、非常に高価で、一部の人にしか価値がわからないニッチな市場としてはじまりましたが、今後手数料などのさまざまな課題を超えて、大衆向けのものとして発展していくでしょう。

　多様化した価値がより多くの人々のモチベーションをとらえ、金融取引へと導くことで、企業やプロジェクトとの中長期的な関係をつくるという流れがあるとすると、金融がメディア的な側面をもつことになり、これが日本経済に与える「金融包摂」的な影響は大変興味深いところです。

高まる日本での期待

　日本経済では、知財を中心とした無形資産が競争力の源泉として、より重要な経営資源となったいまでも、いまだに実体のモノへの投資が重要視されていることで世界のイノベーションに後れをとっています。

　一方、日本には「ジャパンコンテンツ」としてすでに世界で認知されている素晴らしい知財や伝統的な技術が多数あるため、NFTを活用していける材料にあふれていると思います。

　特に、原則金融規制の外にあるからこそ、グローバルでも後れをとらずに業界でルールやさまざまな事例をつくりながら発展させていけるチャンスが大きいと期待しています。

　本書『NFTの教科書』執筆にこれだけの執筆者の皆様が賛同されているこそがすでに動き出している証拠だと思いますが、我々coindesk

JAPANも、国内外のデジタル資産を報じる専門メディアとして、その発展に少しでも貢献していきたいと思っています。国内では、複数のマーケットプレイスが立ち上げられるだけでなく、中には大手IT企業などすでに多くのユーザー数を抱えるプラットフォームが参入しています。今後のマーケットの広がりに注目したいところです。

NFTと市場づくり

デジタル資産市場づくりの
先頭バッターに
日本はなれるか

海外でも人気の高いゲームやアニメ、漫画を多く保有する日本は世界でもNFT市場の中心となる可能性を秘める。だが、投機マネーが席巻しすぎるとNFTバブルが崩壊し、短命になる懸念を抱える。日経フィンテックエディターの関口慶太が解説する。

Author

関口慶太　2001年3月一橋大学法学部卒、日本経済新聞社に入社。証券部を振り出しに経済部、政治部などに在籍。兜町、霞ケ関、永田町と多角的視点で金融・マーケットを取材。みずほフィナンシャルグループや野村ホールディングス、大手4大生命保険など多くの金融機関の担当を通じて手厚い金融取材ネットワークを構築。2020年よりフィンテックエディター。共著に『仮想通貨バブル　日経プレミアシリーズ』(日本経済新聞出版)。1979年生まれ。東京都出身。

メタバースが現実世界に寄ってきている

　日本で暗号資産（仮想通貨）交換業者に口座を持つ人は述べ480万人（2021年6月末）います。こうした暗号資産に興味がある人の中でもNFT（Non-Fungible Token、非代替性トークン）と聞いてピンとくる人はまだ多くないでしょう。実際にNFTを新聞記事で取り上げる過程でいろいろ表現に悩みました。「鑑定書と所有証明書が付いたデジタル資産」「仮想通貨の兄弟分」となるべくわかりやすい表現を考えてみましたが、本当に伝わっているかどうかいまだに不安です。頭をひねっていると、米国のイノベーション（技術革新）の担い手がイメージしやすいヒントを与えてくれました。

　「人々が使いたいと思うものを開発するだけでは十分ではない。経済的機会、社会的にみんなが参加できるという包括的なものでなければいけない」。米Facebookのマーク・ザッカーバーグ最高経営責任者（CEO）は2021年7月、米メディアのインタビューでこんな見解を明らかにしました。語っているのはメタバースについてです。「超越した」を意味するメタと「世界」を意味するユニバースを組み合わせた造語で、インターネット上に構築される仮想の3次元空間を指します。SF作家のニール・スティーブンスン氏が1992年に小説「スノウ・クラッシュ」で使ったのが最初といわれています。

　この世界観をわかりやすいかたちで2018年に世に示したのが、スティーブン・スピルバーグ監督の映画『レディ・プレイヤー1』です。主人公はネットワークでつながれた広大な仮想現実（VR）世界「オアシス」を舞台に活躍します。サンリオのキャラクターであるハローキティやガンダムなど日本でもなじみのキャラクターが登場し、話題になったので記憶にある方もいるでしょう。それから3年。ゲーム業界で長らく語られてきたそのメタバースが現実世界に一気に寄ってきています。その触媒になっているのが、本書で取り上げているNFTなのです。

　利用者は仮想空間においてアバターと呼ばれる分身を操作して空間内

を移動し、現実世界と同じように労働をして稼ぎ、物を買うことができます。稼いだ対価は暗号資産やトークンで受け取り、土地や家などのNFTを購入することができます。仮想空間の新たな経済インフラというべきものになっているのです。実際にNFTゲーム「Axie Infinity（アクシィインフィニティ）」はブラジルやフィリピンなど新興国で人気のゲームとなっています。ザッカーバーグ氏がいう「包括性」とは貧富の差によらず、だれでもアクセスできる世界観のことを指しています。フェイスブックは2021年10月28日、社名を「メタ」に変更したと発表。SNS企業からメタバース企業に変わろうとしています。

　日本総合研究所によれば、2021年に入って市場は急拡大。1〜3月だけで15億ドルとなり、20年（3.38億ドル）の4.4倍になりました。大手取引サイトOpenSea（オープンシー）によれば、NFTの取引高は2021年8月に30億ドル（約3300億円）と1月比で570倍に膨らんでいます。人気ゲーム「NBA Top Shot（NBAトップショット）」（109ページ参照）を展開するカナダのDapper Labs（ダッパーラボ）は2021年3月、3億ドル強の資金を調達したほか、日本ではGMOインターネットやLINE、メルカリなど大手がNFT事業への参入を相次いで表明しました。ZOZO前社長の前澤友作氏がNFT特化のブロックチェーン（分散型台帳）を開発するスタートアップ企業であるHashPort（156ページ参照）の第三者割当増資4.8億円を引き受けるなど今後の競争は激しくなりそうです。

NFTは一過性のブームなのか

　ただ、どうしても現在のNFT市場は「投機バブル」というワードと切り離せません。米Twitterのジャック・ドーシーCEOが2006年に最初に投稿したツイートがNFTとして競売にかけられ約3億円の値がついたことをまねして、日本の著名人が自らのツイートをNFTにして1000万円超で売却しました。人気ユーチューバーの中にも自分のコンテンツをNFTにして販売する人も出てきています。もちろんその人のファンで、所有することが目的の場合もありますが、その多くは転売目的の投機マ

ネーです。新型コロナウイルス禍が起こした世界のカネ余りがビットコインをはじめとする暗号資産の時価総額を膨張させ、そこからあふれ出たマネーがNFT市場に流れ込んでいます。ビットコインの価格が急落すれば、マネーの逆回転がおきかねません。アンダーソン・毛利・友常法律事務所の河合健弁護士は「NFT市場が安定成長を続けるには適正な価値をみつける市場に変わる必要がある」と指摘しています。

　もうひとつ見逃せないのが、本書の第2章で法律の専門家の皆さまが指摘したように、イノベーションが早すぎて法律の整理が追いついていない点です。たとえば、NFTの鑑定・所有書を偽造できなくてもデータそのものはコピーできます。実際にインターネット上にあったデジタルアートを勝手にコピーしてNFTを発行する事例も出てきています。これを旧来の著作権で保護するべきなのか、新法を制定すべきなのか早急に議論が必要になるでしょう。さらにNFT自体が換金性をもつことから、従来のゲーム・ガチャの形態では賭博法に抵触する可能性もあります。

　2021年に入ってからNFTについてまとめた情報メディアやコンサルティング会社が続々立ち上げられています。NFTは可能性が大きく広がるイノベーションで、産業のデジタル化にも一役買うことはたしかです。ただ、どうしても金の匂いがちらつき、ここに一山あてたい人たちが群がります。2017年から18年に世界で起きた暗号資産による資金調達であるイニシャル・コイン・オファリング（ICO）ブームは詐欺が多く紛れ込み、本当に資金を調達したいエンジニアや企業を駆逐してしまいました。その時の教訓は生きるでしょうか。暗号資産イーサリアム創始者のヴィタリック・ブテリン氏も「裕福な著名人がさらにお金を稼ぐために使うのではなく、より社会的価値の高い方向性に作用することを期待する」と話しています。大事なのはNFTは資産管理の仕組みであるということです。NFT自体が価値をもつと錯覚する人々が増殖しすぎると、NFTビジネスは短命に終わってしまうかもしれません。

世界とNFT

香港のユニコーン企業 アニモカ・ブランズ会長が 考えるNFTの可能性

香港を拠点とするAnimoca Brands（アニモカ・ブランズ）は、ブロックチェーン、NFT、ゲームにおける世界的な先駆者。2015年の創業で、2021年に評価額10億ドルを以上を達成、ユニコーン企業となった。創業者のヤット・シュウ会長が未来を語る。

Author

ヤット・シュウ（蕭逸） Animoca Brands（アニモカ・ブランズ）の共同創設者兼会長、Outblaze（アウトブレイズ）の創設者兼CEO。香港を拠点とするテクノロジー起業家／投資家。1990年にAtari Germanyでキャリアを開始し、1995年に香港に移りアジア初の無料Webページ・電子メールプロバイダーであるHong Kong Cybercity / Freenationを設立。その後も香港のIT業界を牽引し、アジアを代表する経営者として数々の賞を受賞。

2021年、世界的な盛り上がりを見せるNFT

　現在のNFTビジネスの状況は、20年ほど前のいわゆる「ITバブル（ドットコム・ブーム）」のころに似ています。1990年代末から2000年代はじめ、世界中でIT関連企業の株価が高騰し、活発にITベンチャーへの投資が行われた。その中心地はいうまでもなくアメリカのシリコンバレーであり、盛んに新たなビジネスモデルの検証が行われていました。

　当時、ITといいさえすれば世界中から資金が集まっていたのと同じように、いまNFTビジネスに資金が集まっているし、さまざまなプロジェクトが行われています。

　ただし、実際の市場規模はまだまだ小さい。つまり、現在のNFTビジネスのプレイヤーは、NFTマーケットの飛躍的な拡大にチャレンジしている「アリーアダプター」といえるでしょう。

　みなさんご存じのように、わずか2〜3年でITバブルは弾け、多くのベンチャーが消えていきました。その危機を乗り終え、生き残ったアリーアダプターの代表がGoogleやAmazonです。要するにITバブルは弾けても、その後ITビジネス自体は指数関数的に急成長したというわけです。こうした現象は、10年ほど前のモバイルゲームのブームでも見られました。

　私たちアニモカ・ブランズはNFTビジネスも同様だと考えています。つまり、インターネットやモバイルゲームの世界が爆発的に拡張したように、NFTの世界はこれからも確実に拡張していく。私たちはそのリーディングカンパニーであり続けることを目指しているのです。

　たとえば、アニモカ・ブランズの子会社nWayが2021年6月にリリースしたNFTオリンピックピンも市場規模の拡大に貢献するでしょう。これは国際オリンピック委員会（IOC）と同社がライセンス契約を結び、公認グッズとして配信・販売されて世界的な話題になりました。2021年12月には同様のスキームでオリンピックゲームもリリースされる予定です。

　またアニモカ・ブランズは、世界的に影響力のあるマーケットプレイ

アニモカ・ブランズがリリースしたブロックチェーンゲームのひとつ、REVV Racing（REVV レーシング）

スのBinance（バイナンス）やOpenSea（オープンシー）、コインチェックと戦略的パートナーシップを結んだり、既存の人気ゲーム「Star Girl（スターガール）」をDapper Labs（ダッパーラボ）の独自ブロックチェーン「Flow（フロー）」に移行したりしています。これも市場規模の拡大を見越した施策なのです。

さて、私が共同創業していま会長を務めているアニモカ・ブランズは、2014年に香港を拠点に設立されたゲーム開発会社です。アメコミを代表する猫キャラの「ガーフィールド」や「トーマス＆フレンズ（きかんしゃトーマス）」「ドラえもん」など、数多くの世界的人気IP（知的財産）のゲームにかかわるライセンスを保有し、そのモバイルゲームやサブスクリプション製品をグローバルに展開して成長してきました。

ブロックチェーンゲームに本格的に参入したのは2018年からです。たとえばこの年、Crypt Kitties（クリプトキティズ）の発行元Axiom Zen（当時、開発元Dapper Labsは同社の子会社で、2018年に独立）と業務提携をしたり、サンフランシスコのモバイルゲーム会社Pixowl（ピクソウル）社を買収したりしました。同社は2012年にピクセルアート・ゲーム「The Sandbox（ザ・サンドボックス）」（80ページ参照）をリリースした会社です。

当時「The Sandbox」は続編「The Sandbox Evolution」（2016年）と合わせて、4000万ダウンロード、月間アクティブプレイヤー数100万人という超人気ゲームになっていました。このころ、Pixowlはその

ブロックチェーン版を開発中だったのです。つまり、私たちアニモカ・ブランズはNFTビジネスが大きなものになるだろうと確信し、早い段階からブロックチェーンゲームなどに投資していたというわけです。

　もちろん、アニモカ・ブランズが今日まで順風満帆に進んできたかというと、決してそんなことはありません。資金調達や投資の問題はもちろん、上場にまつわるトラブルやデジタル資産に関する誤解などと戦ってきました。

　そうした苦労を経て、アニモカ・ブランズの目標は達成されてきたのです。そして今日、NFTビジネスは世界的な盛り上がりを見せています。それは、いわば私たちの提示した仮説が次々と立証されていく過程であり、いまこの瞬間も進行中です。それを目の当たりにしているのですから、われながら「すごい！」と感じています。

アニモカ・ブランズのNFTの取り組み

　アニモカ・ブランズの企業評価額は2021年8月現在、約1100億円です。私たちの重要なミッションは「すべてのユーザーが価値を享受できるメタバースを構築する」こと。たとえば、ゲーマーがアイテムの所有権などを設定してプレイすることで収入を得られる仕組みをつくっています。そうしたビジョンに、世界中の投資家が大きな可能性を感じてくれているのです。

　2021年7月にも約150億円の増資による資金調達に成功しました。投資家がアニモカ・ブランズをNFTビジネスにおける「最先端のイノベーター」と高く評価している証しでしょう。そんな期待に応えるためにも、私たちは今後も戦略的投資や買収、製品開発、人気IPのライセンス取得を活発に行っていかなければなりません。

　資金面に限らず、収益面でもアニモカ・ブランズは前年同期比で数十パーセントという高い伸びを続けてきました。2021年5月には「アジア太平洋地域で最も成長率の高い500社」（フィナンシャル・タイムズが日経アジアとリサーチプロバイダーStatistaと提携して発表）に選ばれています。

ただし、これからも成長し続けるためには、当然ながらさまざまな課題を解決していかなければならない。市場規模の拡大はもちろん、その管理にも課題があります。最も難しいのは、どうしたらNFTの「ビジョン」を損なわないように成長していけるかという部分です。

　NFTのビジョンとは、端的にいうと「デジタル財産権の確立」です。ゲームアイテムに限らず、私たちそれぞれが所有している独自のデジタルデータを十分に機能させるには、NFTビジネスのフレームワークをオープンなものに保つ必要があります。それによって、ユーザー同士のネットワーク効果が発揮されて、NFT化されたデータの価値が極めて民主的に上がったり下がったりするからです。

　つまり、NFTの世界を誰でも参加できる、いつでも多額の資金が関与できる状態に保つことが重要なのです。

　GoogleやFacebookのビジネスモデルを見ればわかるように、じつはこれまでのITビジネスのフレームワークでは、常に強者による制御や独占の試みが行われ、ユーザー同士のネットワーク効果が著しく阻害されてきました。

　改めて確認しておきましょう。今日、ITビジネスで最も価値のあるものは何か。それはいうまでもなくデータです。データがビジネスの最も重要な原材料になっています。しかし現状では、データの所有者や作成者への見返りはごくわずかしかありません。

　それは、いわばお米や野菜をつくっている農民のような状態です。農作物は安価でレストランに買われ、シェフがすばらしい料理をつくり、何倍も高い値段で売られます。でも、そうして生み出された収益は農民に還元されることはありません。

　それと同じように、私たちは毎日データを作成して、そのデータをGoogleやFacebookといった巨大プラットフォームに提供しています。けれども、その原材料を加工する方法がわからないために、それが生み出す価値のほんの一部しか得られていません。加工方法を知っているプラットフォームが価値をほぼ独占しているのです。この状態は率直に言って非常に不平等であり、解決に取り組むべき世界的な課題ではない

F1® Delta Time の「70周年記念エディション」のモデルのNFTは約207万ドルで販売された

でしょうか。

　価値を生み出すデータの加工方法とは、要するに、データをネットワークにのせてその効果を享受するテクノロジーであり、ビジネスの仕組みです。それをGoogleやFacebookは独占的・閉鎖的にコントロールしているわけです。

　NFTの世界はそうではありません。たとえば、アニモカ・ブランズのブロックチェーンプラットフォーム「The Sandbox」でNFTの「LAND」を購入したユーザーは、自由にオリジナルのゲームやアイテム、キャラクターなどをつくるだけでなく、コミュニティをつくったり、暗号資産「SAND」を使ってさまざまな取り引きをしたりと、そのネットワーク効果をみんな公平に享受することができます。

　アニモカ・ブランズのブロックチェーンゲーム「F1® DeltaTime」や「MotoGP Ignition」「Formula E」も同様です。暗号資産「REVV」が使えるなど、誰でもネットワーク効果が享受できるようになっています。当然ながら、そうした営みはユーザーみんなに公開されていて誰でも捕捉可能になっています。

　繰り返しになりますが、オープンでなく捕捉可能でなければ、必然的にネットワーク効果を秘密裏に制御して独占するGoogle的、Facebook的な存在が出てきます。アニモカ・ブランズはそれを防ぎた

い。NFTビジネスのフレームワークがオープンであり続ける未来を確実にし、なおかつ成長し続ける。これこそ、私たちにとってこれからも取り組むべき最大の課題なのです。

　実際、アニモカ・ブランズのグローバルなプロジェクトは、常にすべてのユーザーに公開され、誰でも捕捉可能な「オープンスタンダード」で行われています。「The Sandbox」や「F1® DeltaTime」にしろ、その暗号資産「SAND」や「REVV」にしろ、すべての製品がオープンスタンダードの仕組みで構築されています。つまり、私たちはユーザーをまったくコントロールしていないし、マーケットも独占していないのです。

　この姿勢は、私たちのさまざまなブランドがIPライセンスを取得する際も変わりません。たとえば、最近のNFTオリンピックピンにしても、購入者が自由に取り引きできたり、将来ゲームに使用できたりする契約になっています。これも、いわばオープンスタンダードの仕組みです。

　そして、アニモカ・ブランズは非常に多額の投資を続けています。これまでにNFT関連の企業75社ほどに投資してきました。今後も積極的に投資しますが、ただその選定には必須の条件があります。それはオープンスタンダードと「相互運用性」です。この条件を守り続ける会社であれば、私たちは必ずサポートし続けます。それが市場規模の拡大につながる最もよいフレームワークとアニモカ・ブランズは考えているのです。

アニモカが描くNFTの未来

　NFTは、インターネットが急激に私たちの社会を変えたのと同じような大きな変化をもたらすでしょう。ネットは情報アクセスの公平性、いわば知識の公平性を生み出し、すべての人に影響を与えました。NFTは私たちひとりひとりのデジタルデータに公平性をもたらし、同時に新たな価値を生み出し、すべての人によい影響を与えるはずです。

　先にも述べましたが、現在、私たちは巨大プラットフォームが制御・

独占する仕組みの中で生きています。そのため、ひとりひとりのデータに価値がありながらも、ほんの一部しかリターンを受け取っていません。これは、いわばデータを所有していないのと同じ状態で、まるで領主が農民を完全に支配していた中世の封建社会のようです。つまり、現在は「デジタル封建社会」なのです。それを民主資本主義のデジタル社会に移行するテクノロジーがブロックチェーンであり、NFTというわけです。

　また、デジタル技術やAI、ロボットなどテクノロジーの進化によって、今後ますます人間がやっていた仕事を機械が行うようになります。

　それは必然的に、これからは機械にない、人間しかもっていない能力の価値が高まることを意味します。その代表が想像力です。その重要性は昔から変わらないけれども、今後はビジネス上の「資本」として、より明確に評価されなければならない。

　それを可能にするのがNFTなのです。NFTによって、いわば創造的資本のアウトプットとインプットのサイクルが公正に回るようになり、誰にとっても公平なマーケットが誕生します。

　最もわかりやすいのがIPです。いまデジタル空間には、オリジナルかコピーかわからないコンテンツが氾濫しています。これは、明らかにクリエイターたちの創造的資本が不当に棄損されている状態です。NFT化すればそのコンテンツがオリジナルだと証明できるし、それを所有財産として公正に取引できるようになり、想像力ゼロのコピーは排除されていくでしょう。

　マンガやアニメなど世界的IPの宝庫である日本は、こうした課題の解決、つまりNFTの活用にもっと積極的に取り組むべきだと思います。

　さらに今後10年から20年の間に、ブロックチェーン及びNFTによって、デジタル空間の金融システムが完全にオープンになる可能性が高いでしょう。

　今日のインターネット時代でも金融システムは相変わらず閉鎖的です。たとえば、ネットバンクに口座をもっている人は銀行を通じて間接的に企業などに投資していますが、直接投資先を選べる仕組みにはなっていません。そのせいで、ほとんどの人にとって銀行と直接関係する機会は

「借金」という、ひどい状況です。株式投資にしても、ほとんどの人はネット証券を通じて行っています。

　ブロックチェーン及びNFTは、銀行や証券会社のような既存の金融システムに頼らず、私たち一人ひとりが直接、公平にさまざまなものに投資してリターンを受け取ったり、融資を受けたりすることができるデジタル空間を誕生させるでしょう。それは、これまでになかった完全に民主的な資本経済の到来であり、ある意味で革命なのです。

　このように、金融システムを含め、デジタルデータの財産権にかかわるすべてのプロセスが劇的に民主化されることによって、近い将来、数兆ドル規模の新たなマーケットが誕生すると私たちアニモカ・ブランズは考えています。しかもそれは漸進的な成長ではなく、かつてインターネットで経験したような非対称の指数関数的な成長となるでしょう。

　もちろん、ブロックチェーン及びNFTはデジタル空間にとどまらず、リアル空間に大きな影響を及ぼします。それは、現在の私たちの暮らしや経済活動が、もはやインターネットを抜きには考えられないのと同じような状態になることを意味します。

　いまやほとんどすべてのビジネスは、オンラインでなければ成立しなくなっており、そのために、あらゆる情報がデジタルデータ化されています。リアル空間だけで完結するはずの屋台のような非常に小さなビジネスでさえ、宣伝や顧客サービスのためにデジタル空間にアクセスする必要があります。

　あるいは、もしあなたがデジタル空間にアクセスできなくなったら、友だちをつくる能力やお金を稼ぐ能力を著しく失うでしょう。つまり、あらゆるデータがオンラインでつながっているデジタル空間は、人間の可能性と不可分なものになっているのです。

　したがって、デジタル空間にアクセスする権利や個人のデジタルデータに関する権利は、現実の世界と同じように「人権」でなければならないはずです。誰でも普通は人権がちゃんと保護されている民主主義の社会で暮らすことを好むでしょう。わざわざ北朝鮮のような場所に住みた

いとは思いません。

　ところが、現在のデジタル空間ではそうした権利は、いち民間企業が決めたビジネス上の利用規約によってコントロールされています。これまでGoogleやFacebookがアカウントを削除したために、人生の可能性を失った人たちがいったいどれくらいいたか。何者かもわからないようなシリコンバレーにいる何人かが人権を奪っても問題にならない。そんな不公平な状態が許されていいのでしょうか。

　現実の世界では、何かを盗まれたら警察に行ったり、人権侵害があれば行政機関や裁判所に訴えたりします。いまのデジタル空間には不正を訴える先がほとんどありません。ユーザーは巨大プラットフォームが決めた条件の中で生きていて、みんながそれに翻弄されています。先に述べた通り、まさにデジタル封建社会であり、その不公平さがリアル空間での暮らしや経済活動に悪影響を及ぼしているのです。

　重要なのは、何度もいうようにひとりひとりが作成したデジタルデータは個人の資産であるということです。その資産をひとりひとりがきちんと所有すべきだし、それを誰かに与えたら、その価値に見合うリターンをきちんと受け取るべきです。そのために、現在の不公平な関係を変えて、公平な関係をつくっていかなければなりません。

　繰り返しになりますが、デジタル空間を劇的に民主化するのがブロックチェーン及びNFTなのです。最初にブロックチェーン及びNFTがインターネットと同じように現実の世界の未来を変えるといいましたが、その意味では、デジタル空間の人権が保護されることによって、リアル空間の人権もより手厚く保護されるようになるでしょう。

NFTの展望

資本主義をアップデート、NFT事業に参戦した國光宏尚が考える時代

gumi創業者として知られる國光宏尚は、現在ブロックチェーン
関連事業「FiNANCiE（フィナンシェ）」とVRゲーム開発を行う
「Thirdverse（サードバース）」に注力している。なぜ、NFTと関
連深い世界を選んだのか──その理由をうかがった。

Author

國光宏尚　株式会社Thirdverse 代表取締役CEO／ファ
ウンダー、株式会社フィナンシェ 代表取締
役CEO／ファウンダー。1974年生まれ。米国Santa Monica
College卒業後、2004年5月株式会社アットムービーに入社。
同年に取締役に就任し、映画・テレビドラマのプロデュース及び
新規事業の立ち上げを担当する。2007年6月、株式会社gumi
を設立し、代表取締役社長に就任。2021年7月に同社を退任。
2021年8月よりThirdverse、フィナンシェ代表取締役CEO。

新しいテクノロジーをビジネスに生かすために重要なこと

　僕自身のライフジョブはシンプルです。それは「新しいテクノロジーとそのテクノロジーでなければ実現できない新しいエンターテイメントをつくる」こと。

　SNSサービスやモバイルオンラインゲームを提供する「gumi（グミ）」を起業した2007年当時、iPhoneやFacebook、Twitter、Amazon Web Services（アマゾン・ウェブ・サービス、AWS）のクラウドなど、まさに新しいテクノロジーが世の中に出はじめたころでした。

　いまでこそモバイルゲームやソーシャルゲームといっても、いわゆるテクノロジーの香りは一切しなくなっていますが、当時は最先端のテクノロジーを活用したかなり挑戦的なビジネスだったのです。

　2015年ごろからVR（バーチャル・リアリティ、仮想現実）とAR（オーグメンテッド・リアリティ、拡張現実）、2017年ごろからブロックチェーンに取り組んでいるのも、もちろん僕のライフジョブの延長線上にあります。

　新しいテクノロジーが出てきたとき、どうビジネスに活用していくか。僕は既存のものをそのテクノロジーで再現するというのには意味がないと思っています。やはり最も重要なのは、そのテクノロジーならではのこと、そのテクノロジーでなければできないことを見つけることでしょう。

　たとえば、スマホが出てきたときに多くのゲーム会社は家庭用ゲームやガラケーのゲームをスマホに移植しましたが、そういうのはまったく流行らなかった。流行ったのは「パズル＆ドラゴンズ（パズドラ）」や「モンスターストライク（モンスト）」など、スマホファーストのゲームです。

　これは何もゲームに限りません。スマホでは、たとえばヤフオク！やMMSメッセンジャーは通用しない。勝ったのはメルカリやLINEです。やはりそのテクノロジーならではの、UI（ユーザーインターフェース、顧客接点）とUX（ユーザーエクスペリエンス、顧客体験）を再定義、再発明したところが勝つのです。

NFTにしかできないこととは何か

　さて、新しいテクノロジーであるNFTでなければできないこととは何か。改めて考えてみましょう。

　まず、ブロックチェーンならではの特徴は大きく3つあると思います。1つ目はトラストレス。つまり、従来の中央集権的な「信用」を必要としない、自律的に動くネットワークであること。2つ目はインセンティブ（参加するメリット、たとえばマイニングの成功報酬）があるトークンエコノミー（代替貨幣を用いた経済圏）であること。そして3つ目がコピーや改ざんができないこと。

　NFTは3つ目の特徴に深くかかわる新しいテクノロジーといえます。つまり、NFTの最大の特徴は、端的にいうと、デジタルデータでありながら10個限定とか100個限定とか「限定商品」をつくれることです。限定という情報がパブリックなブロックチェーンに記載されると、世界中の誰もが参照できて、決してコピーや改ざんができなくなります。そのため、NFT化された10個、100個のデジタルデータは限定商品として資産的価値を持ち得るわけです。

　じつは、リアルの世界でもそれが本物か偽物かはわかりにくい。たとえば、ZOZOTOWN元社長の前澤友作さんが1億1000万ドルで買ったバスキアの現代アートにしてもレオナルド・ダ・ヴィンチのモナ・リザにしても、一般の人には区別がつかない出来のいい贋作を案外簡単につくれるでしょう。

　でも贋作である以上、それには一切価値がありません。つまり、絵画の価値は作品の出来にあるのではなく、「本物である」という「証明」にこそ価値があるといえるわけです。

　裏返していうと、本物という証明さえあれば、贋作にも本物と同様の価値が生まれてしまう。だから、リアルな世界では鑑定書も偽装されるし、それもまた案外簡単なので、素人がだまされたりするのです。

　それに対してNFTは、そのデジタルデータが本物であることを容易に証明できます。なので、誰もだますことができません。リアルの世界

で困難なことをブロックチェーンが克服したという意味でも、やはり画期的なテクノロジーといえるでしょう。

　Beeple（ビープル）のデジタルアートやTwitterのジャック・ドーシーの初ツイートが何十億円、何億円という高額で取り引きされたのも、じつはNFTが公明正大に本物であることを証明できるからこそ、というわけです。

NFTが可能にしたデジタルデータの「資産価値」

　いままでデジタル、ネットの世界では本当の意味で限定商品をつくれませんでした。コピーするコストがゼロなので、違法コピーを含めてコピー商品が一気に出回ってしまうのです。でも、ブロックチェーンを使ってNFT化するとそれが不可能になり、文字通りの限定商品になります。

　たとえば、これまでもオンラインゲームでは、この武器は日本限定、このアバターは100個限定などと、いわゆる限定アイテムを販売してきました。ただし、本当にそれが限定かどうか、ユーザーが知る余地はまったくなかったわけです。そもそもデータベースを見られないので確認のしようがありません。

　もちろん、ゲーム会社はウソをついてない。とはいえ、本当のことはわからない状態です。いまは数百円程度だからそれで済んでいますが、もっと高額になったらそんな不確かな限定アイテムにお金は払わないと思います。

　でも、NFT化して本当の意味での限定アイテムであれば話は変わってくるでしょう。いうまでもなく、モノの価値は多くの場合、需要と供給のバランスで決まります。モノの供給量に対して、ほしいと思う人が増えれば価値は上がるし、減れば価値は下がります。

　インターネット以前、コンテンツビジネスはその商品を音楽ならCDに、映像ならDVDに、ゲームならゲームパッケージに入れていました。商品の中身はもちろんデータですが、CD、DVD、ゲームパッケージに入

れることで供給量をコントロールし、価格をコントロールしていたといえます。

　ところがインターネット時代になって、肝心の商品データの複製コストがゼロになってしまい、需要と供給のバランスが崩壊してしまった。つまり、それがたとえ違法行為であったとしても、実際にはネット上で商品データの供給量が無限になったことで、その価値がゼロになったわけです。なので、従来の商品が売れなくなったコンテンツビジネスはサービス業になっていきました。サブスクなど、サービスを提供してお金をもらうといったかたちに変わらざるを得なくなったのです。

　NFTはこうした状況を変えることができるテクノロジーです。コピーや改ざんができないので、バーチャル空間の中でも供給サイドが数量を制限できる。そのことによって、NFTのデジタルデータはアセットバリュー（資産価値）をもつようになるわけです。これはコンテンツビジネスにとって、いわば新しいCD、DVD、ゲームパッケージの誕生です。つまり、かつてよりも高額でコンテンツを販売することができる新たなビジネスチャンスといえるでしょう。

NFTが生み出す新たな経済圏

　ブロックチェーン業界の中には、いままでのインターネットを「Web2.0」、ブロックチェーンのインターネットを「Web3.0」と呼ぶ人もいます。前者は情報をやり取りする「情報のインターネット」。後者は価値をやり取りする「価値のインターネット」です。

　たとえば、eメールでテキストやパワーポイントのファイルをやり取りするとき。元のテキストやファイルは送信者の手元に残ったまま、受信者にコピーが送られるわけです。それが何度も繰り返されて、情報がいわば無限に広がっていくのがWeb2.0のインターネットです。

　価値は情報とは違い、無限に広がることができません。たとえば、お金をやり取りするとき。自分がもっている1万円を相手にわたすと、自分の1万円はなくなって相手に移ります。コピーできないので所有者が

AからBに移転するだけ。これが価値の特性です。

　つまり、ブロックチェーンを使うことで、これまで不可能だったインターネットで価値を移動させることができるのがWeb3.0というわけです。

　たとえば、プレイヤーが「道具」や「家」などをつくって遊ぶMinecraft（マインクラフト）。ゲームの中で苦労して建てた家がどんなにすごいものでも、現実には金銭的に無価値です。でも、それがブロックチェーンでNFT化されると、世界で1個しかない家になります。そうなれば「お金を払ってでも買いたい」という人が出てきても、何の不思議もないでしょう。

　そんなふうにバーチャルの世界の中にある土地や家具、絵画、服、スニーカー、武器、アバターなどがNFT化されて、価値あるものとして取り引きされるようになると、そこにひとつの経済圏が生まれるわけです。

　これまでのインターネットでは、バーチャルのデータに価値がなく、お金に換える部分は必ずリアルとの接点が必要でした。そのため大きくいうと、決定的なビジネスモデルはまだ2つの分野しか出ていません。ひとつがネット広告、もうひとつがネット経由でリアルな商品を売るコマース（通販）です。結局、リアルに結びつかないとビジネスとして成立しなかったのです。

　それがNFTによって、インターネット上のバーチャル世界の中に不動産屋さん、建築屋さん、家具屋さん、服屋さん、武器屋さんという感じで、さまざまなかたちのビジネスができるようになるわけです。

　バーチャル空間の中に、リアル空間とは別の金銭的な文字通りの経済圏ができる。これはまさに画期的な出来事だし、より豊かな未来に必ずつながっていくでしょう。

<u>ストーリーのあるNFTのみが生き残る</u>

　僕は、現在のNFTはまだ「NFT1.0」だと思っています。これまで

NFTのマーケットは、取り引きの活発さでいうと一点物の高額アートが中心でした。つまり、高額で売買できるデジタルデータのほうが取り引きが成立しやすい状況だったのです。

なぜそうなったのか、理由はシンプルです。これまでNFTは、主にイーサリアム上で動いていました。イーサリアムはガス代（取引手数料）が高くて、当初は1個のNFTを発行するのに2万〜3万円かかっていた。ということは2、3万円以下の売値をつけたら赤字になるということです。

たとえば、100個限定のNFTをつくって、200万〜300万円以上で売れなかったら損をする。売れ残ったNFTは、いわばデジタル在庫になるわけです。

いまは購入者が決まってからNFT化するという仕組みに変わったり、ガス代が2000〜3000円まで下がったりして、マーケットの状況は変わりつつあります。したがって「NFT2.0」の中心はアートではなくなるでしょう。

僕は、NFTのアート作品は買い手が10年後も20年後も価値があると思えるものじゃないと高額にならないと思っています。そのため本来、数量的にはマーケットの中心になるような取引対象にならないはずなのです。

たとえば、ジャック・ドーシーのオークションの後に、ソフトバンクの孫正義さんのツイートのNFTが売りに出されましたが、ぜんぜん売れなかった。ジャック・ドーシーの場合、彼がTwitterをつくったので、そのNFTは世界初のツイートです。だから「デジタル時代のロゼッタ・ストーン」とも表現されました。約2200年前の石碑であるロゼッタ・ストーンは大英博物館の所蔵なので、もちろん売ってはいませんが、売りに出たら3億円どころの話ではないでしょう。

たしかに、世界初のツイートだからロゼッタ・ストーンと同様の価値があるといわれてみればそんな気がします。高額のNFTには、そんな10年後も20年後も通用する魅力的なストーリーが不可欠なのです。その点、孫さんのツイートには多くの人が魅力を感じるようなストーリーがありません。

僕は、将来的にはライトノベル・アニメの「ソードアート・オンライン」のように、みんながVR、メタバースの世界で日常的に過ごす時代が来ると思っています。

　ジャック・ドーシーのツイートやBeeple（ビープル）の絵のようなNFTアートは、その中にある現代美術館に飾られているはずです。そこを訪れた親子はきっとこんな会話をするでしょう。「これがジャック・ドーシーのツイート。知ってるか？　世界初のツイートだぞ」「えっ、テキストなの？　動画とかじゃないの？」「いや、ここからはじまったんだ」。

　Beepleの絵もデジタルアートの初期の代表作として親が説明するはずです。「昔は複製自由だったけど、複製ができないNFTというのが出てきて、デジタルアートがすごく花盛りになった。このビープルの絵はNFTが出てきた初期の代表的な作品だよ」。

　要するに、そんなふうに歴史的に語れるストーリーをもっているNFTアートだけが高額で取り引きされるようになって、それがないNFTはどんどん淘汰されていく。つまり、その取引量は自然と少なくなっていくはずなのです。

「GameFi」というビジネスモデル

　では、「NFT2.0」でマーケットの中心になるのは何か。それは高額アートのようなコレクションではなく、「利用用途」が付け加えられているNFTでしょう。

　具体的には、いまNFTビジネスで最も勢いがあるプロジェクト「GameFi（ゲームファイ）」が代表例です。これはゲーム×ディファイ（DeFi＝Decentralized Finance、ディセントラライズド・ファイナンス＝分散型金融）のことで、ゲームとファイナンスを掛け合わせたビジネスモデル。そのコンセプトの核心は、ゲームをしながら稼ぐ「Play-to-Earn（プレイ・トゥ・アーン）」です。

　昔のゲームは街のゲームセンターでお金を払ってプレイする「Payto-Play（ペイ・トゥ・ペイ）」でした。やがて無料で遊べる「Free-to-Play（フリー・トゥ・プレイ）」に移っていった。そして、eスポーツやYouTubeのストリーマー（ライブ動画配信者）が出てきて、最近は見せるためにゲームをする「Play-for-Watch（プレイ・フォー・ウォッチ）」が主軸になっています。その次がPlay-to-Earnというわけです。

　ゲームをしてお金を稼ぐというのは、まさに画期的でしょう。先にも述べましたが、いまは、どんなに「マイクラ」や「モンスターハンター（モンハン）」をやっても、まったくお金になりません。でも、マイクラの家やモンハンの武器が高く売れるようになったら、それだけで生計を立てられる可能性があります。つまり、バーチャル空間上にひとつの経済圏ができるわけです。

　eスポーツやストリーマーなどのPlay-for-Watchコンセプトが世の中に与えた影響は、少なくないと思います。ほとんどの親は子どもが一日中勉強していても野球やサッカーをしていても怒りませんが、一日中ゲームをしていたら怒ります。「ゲームは時間の無駄」というのがこれまでの教育やしつけです。

　なぜ、親が時間の無駄というのか。それは、どんなにゲームがうまくなってもお金を稼げる可能性がないからでしょう。ところがPlay-for-Watchが急速に定着してきて、ゲームがうまくなったら将来eスポーツ選手やストリーマーになることもできるという可能性が出てきました。

　もちろん、野球やサッカーでも将来プロになるのは相当ハードルが高いわけです。その意味では勉強に比べて時間の無駄といえなくもない。ただし、その可能性があるか、ないかというのがすごく重要で、子どもが「プロになりたい」とか親が「プロにしたい」と思っていたら、それでお金を稼げる可能性がある以上、誰も無駄とはいえないのです。

　つまり、Play-for-Watchというゲームの楽しみ方にもその可能性が出てきたことによって、いまは、ずっとゲームをやり続けることに対しての免罪符が与えられている状況といえるでしょう。

　とはいえ、eスポーツにしてもYouTubeのゲーム実況にしても、それで十分なお金を稼げる確率は野球やサッカーのプロ選手になる確率と同

Thirdverseが開発・運営を行うVR剣戟マルチアクション「ソード・オブ・ガルガンチュア」

じくらい低いわけです。それが生業として成立するのはごく一部の人に限られます。

　さて、こうした状況がNFT2.0のPlay-to-Earnという世界になってくるとどうなるか。自分のつくったMinecraftの家が1000万円とはいわなくても、10万円、20万円で売れたという話が頻繁に出てくるはずです。つまり、ゲームを生業にする人が格段に増えてくる。すると、ひとつの新しい経済圏というものが生まれてくるわけです。

　ここ数年内で、ゲームをプレイして親よりも稼ぐ息子・娘が山ほど出てくる。そう僕は確信しています。つまり、Play-to-Earnの世界では大人ではなく子どもがお金を稼ぐ主役になるのです。

　それはデジタル空間、バーチャル空間ならではの現象といえるでしょう。大人が気づかない間に子どもがその世界の中で仕組みをきちんと整えていきつつ、ひとつの経済圏をつくっていく。これからそんな「変革」が起こってくると思います。

　僕がCEOを務めるVRゲーム開発会社「Thirdverse（サードバース）」が目指しているのも、要は「レディ・プレイヤー1」のようなみんなが経済活動を含めて楽しめるバーチャル世界をつくることです。

スマートコントラクトが広げる可能性

　もちろん本書で紹介しているように、ゲームを介さない直接的なNFT×金融の動きなどいろんな事例が出てきたことで、NFTは1.0から2.0の時代に突入しているといえるでしょう。

　僕が代表取締役を務めるもうひとつの会社「FiNANCiE（フィナンシェ）」が行った最近の取り組みも紹介しておきます。2021年5月、幻冬舎の編集者・箕輪厚介さんが創刊した雑誌「サウナランド」をNFT化してネットオークションを開催し、約276万円で落札された事例です。

　現在、ほとんどのNFTは所有権を取り引きしているだけで、商用利用権などは移動していません。なので、たとえばBeepleのNFTを購入した人は転売の利益やレンタル料で儲けることができますが、コラージュをデザインしたTシャツをつくったりマグカップをつくったりして儲けることはできません。商用利用権はリアル空間と同じように著作権者であるBeepleにあるわけです。

　でも、デジタル空間がその仕組みを真似る必要はないと考えて、「サウナランド」のNFTは電子書籍を出版・販売できる商用利用権も付けて売り出しました。

　結果的には、出版社の手にはわたらず、一般の人がコレクションとして落札しました。ただ今後、「サウナランド」の電子書籍が市場に出てくる可能性は残されているし、フィンランドの人に転売されたらフィンランド語の電子書籍が出るかもしれない。それでまた転売されて、ブラジルの人が買ったらポルトガル語の電子書籍と、転売、転売で世界中に「サウナランド」が広がるかもしれません。

　こうした商用利用権の移動は、ロイヤリティー（知的財産権の利用に対する対価）などの取り扱いが煩雑になりますが、NFTなら、スマートコントラクトに契約内容を書き込むことで非常に簡単に、しかも永続的に管理できます。

　実際、マーケットプレイスでNFTが売買されるときには、多くの場合、買った人が手数料として販売価格の10％を払います。そのうち2.5％は

参照：https://opensea.io/assets/0x19bbb792667bc123f5d99c4f6077a06f79f6dbe4/1?
locale=ja&fbclid=IwAR3oBnx_M3_2Qmr5dqF-nHDJiTTIlkMUQRqydB9_
G5n9RBYv87jwIul7Z4I

マーケットプレイス、7.5％は売ったクリエイターやパブリッシャー（コンテンツ事業者）のところに入るのですが、こうした割合もスマートコントラクトに書き込まれていて、転売の場合も同様に自動的に処理されています。

　つまり、NFTの転売や二次利用、三次利用による収入は、スマートコントラクトで一度指定すれば半永久的に払われ続けるわけです。

　商用利用権について、たとえば音楽ならJASRAC（一般社団法人日本音楽著作権協会）がすごくがんばってクリエイターたちの収入を守っています。ただし、その徴収のために莫大なコストがかかっています。それがスマートコントラクトというプログラムを使うだけで、日本国内に限らず、世界中ノーコストで徴収できるようになるわけです。

　またアイデアレベルでいえば、1年以上そのNFTをもっていると何かいいことがあるとか、逆に時間の経過とともに価値が減損していくとか、そうした仕組みも可能です。こうしたことが次々と実現していくのがNFT2.0でしょう。

資本主義をアップデートする

　最後に、僕がNFTを含めブロックチェーンに注目して行っているビジネスについて、簡単に紹介しておきます。

　前述のThird verseとフィナンシェのほか、2018年2月に「gumi Cryptos Capital（グミ・クリプトス・キャピタル）」というファンドを設立して、欧米のスタートアップを中心に投資をしています。ブロックチェーンゲームの開発会社「doublejump.tokyo（ダブルジャンプ・トーキョー）」の取締役も務めています。

　先に「若者の生き方をアップデートしたい」といいました。それがThird verseやdoublejump.tokyoでの活動なのですが、僕は「資本主義をアップデートしたい」とも考えています。それがフィナンシェでの活動で、「クラウドファンディング2.0」というビジョンを掲げ、「クリエイターズ・エコノミーの実現」を目指しています。

　資本主義のアップデートとは、もう少し具体的にいうと「株式会社の再発明」です。ここまで僕が述べてきたことをあえて簡単にまとめると「ブロックチェーンは世の中を変えていく」非常に大きなイノベーションといえるわけです。

　では、これまでで最大のイノベーションは何だったか。よくいわれるのは18世紀にワットが開発した蒸気機関でしょうか。それが産業革命をもたらし、その後、鉄道や自動車などいろんな発明品が続々と生まれ、世の中を変えました。でも、僕が一番大きなイノベーションだと思うのは「株式会社」なのです。

　株式会社は蒸気機関以前の1602年、オランダの東インド会社で発明されました。それまでは何か事業をやろうと思ったら自分でお金を稼いで貯めるか、借金するしかなかった。だから事実上、お金持ちの家でなければ事業ができなかったわけです。

　ところが株式会社という仕組みができて、自分のビジョンに賛同する投資家たちがいれば、誰でも事業にチャレンジできるようになりました。それが究極的に完成したのがシリコンバレーだと思います。投資が続く

限り自分の事業が続けられる。これが株式会社の画期的なところなのです。

　さて、近年「これからは企業の時代ではなく、個の時代だ」といわれるようになりました。ユーチューバーがわかりやすいと思いますが、アーティストはもちろん、スポーツ選手なども含めたクリエイター個人が中心のエコノミーが生まれてくるというわけです。

　でも、彼・彼女らが自分のやりたいこと、ビジョンを実現するために株式会社が最も適した仕組みかどうか。僕は極めて疑問に思っています。

　たとえば、ある男性ユーチューバーがおもしろい動画に挑戦したいと、株式会社をつくってベンチャーキャピタルからお金を集めたとします。ただし、株式会社は成長し続けなければダメなのです。つまり、売り上げアップを続けて利益を増やし続けなければいけない。ということは、彼が自分1人で活動していたら会社の成長に限界があるので、必然的に他の人を雇うしかなくなるわけです。

　ここには大きな矛盾があります。彼は優秀なクリエイターかもしれないけれども、優秀なティーチャーじゃない可能性があるし、たとえ他の人を教育できたとしても、彼のファンは彼が育てた人を見たいのではなく、やはり彼自身を見たいのです。

　こうした矛盾を解決するのがフィナンシェというわけです。フィナンシェでは、クリエイターは、自分のやりたいことを実現する資金を集めるために自分のトークン（NFTやポイント）を発行します。それを買うのはクリエイターのファンです。ファンたちは売り上げや利益は望んでいません。基本的には自分たちが出した資金でできたクリエイターの作品がリターンになります。この仕組みなら株式会社のような矛盾は存在しません。

　要は、売り上げや利益など企業の時代の価値の尺度は、個の時代には合わないということ。つまりクリエイターズ・エコノミーは、それ以外の尺度を持つ必要があります。これが株式会社の再発明、資本主義のアップデートなのです。

近年、クリエイターズ・エコノミーの資金調達面を支えるサービスとして、クラウドファンディング1.0や、ファンクラブやサロンなどのサブスク型、投げ銭型のサービスが行われています。寄付金を集めるNPOもあります。それらとクラウドファンディング2.0はどこが違うのか。

　既存のクラウドファンディング1.0やファンクラブなどは、資金提供したファンに金銭的メリットがありません。ただギブだけです。クラウドファンディング2.0は前述のようにトークンを発行します。そのトークンは、ほしいという人が増えると価値が上がるという可能性をもっています。つまり、ギブだけでなく金銭的メリットのテイクがあるわけです。この仕組みが決定的に違います。

　フィナンシェを立ち上げる際、サッカーの本田圭佑さんと長友佑都さんにアドバイザーに入ってもらってよく話をしました。彼らは「ファンはすごく大切。でもほとんどは有名になってからファンになった人たちで、やはり無名だった昔から応援してくれた人のほうがありがたい。そういう少数の人に報いる仕組みがあったらいいのに」といったことをいっていました。

　長友さんは、高校時代は全国的には無名で、大学時代も当初は故障で試合に出られず、しばらく観客席で太鼓を叩いていたそうです。もしそのころに「長友トークン」があって、当時のファンが買っていたら、いまはすごく価値が上がっているでしょう。

　スポーツ選手やアーティストだけではありません。こういうギブ＆テイクの仕組みなら、たとえば、海外に留学して将来的に新しい事業を起こしたいという若者がトークンを発行して、留学費の支援を募ることもできるはずです。

「将来、成長しそう」とか「夢を応援したい」とか、そういう人のトークンを買って支援する人がたくさん出てくると、株式会社の時代ではできなかった個の時代ならではのさまざまなリスクを取ったチャレンジが生まれてくると思います。それはきっと、従来の資本主義的な価値観とは違う新しい価値観をもったチャレンジになるでしょう。

これまでは大量生産が必要だったから大量にお金が必要だった。だから株式会社が必要でした。でも、これから必要なのはクリエイター個人の挑戦を後押しする少量のお金です。そのためには株式会社とは違う仕組みをつくって、資本主義をアップデートしなければならない。これがフィナンシェのミッションなのです。

こうしたクリエイターと支援者の関係は、スタートアップの会社とそのメンバーの関係に似ていると思います。スタートアップのメンバーは自社株を持っています。上場や事業売却ができたら金銭的に大きなリターンがあるので、会社が成功するようにメンバー全員ががんばります。つまり会社の株を持っていると、自分も会社のオーナーの1人という主体性がすごく出てくるわけです。

それと同じように、ファンが好きなクリエイターのトークンをもつことで、自分もクリエイターの夢を実現するパートナーの1人という、これまでになかった主体性をもつようになるでしょう。

ファンのかたちは近年、かなり変化したと思います。かつてのテレビ中心のマスの時代は、ただ一方的にコンテンツを消費する、いわば「見るだけのファン」でした。それがインターネットが出てきて、SNSのフォロワーになってシェアしたり、YouTubeでチャンネル登録してコメントを書き込んだり、二次創作したりする「参加するファン」になりました。逆にいうと、クリエイター個人が昔のようなコンテンツの垂れ流しではなく、ファンのひとりひとりを双方向的に巻き込んでいかないとファンが増えない時代になったのです。

そして、僕がもうすぐくると思っているのはその先、つまり、ファンがクリエイターのビジョンに共感する運命共同体的なパートナーになる時代です。クラウドファンディング2.0はそんな時代にふさわしい仕組みといえるでしょう。

あとがき

NFTは可能性の塊（かたまり）

　インターネット黎明期、私は中学生でビジネスマンではありませんでした。自分で何かをするわけでもなく、インターネット革命のトレンドと共に外部環境が大きく様変わりしていくなか、いち消費者として眺めていました。振り返るといち消費者としては便利な世の中になったと思いますが、大人たちがビジネスでさまざまな取り組みをしていくなか、ビジネスマンではない子供の自分ははっきりとわからないながらも、もどかしさに似た感情を抱いたような気がします。だからこそ、いまこのNFT・ブロックチェーンによる「産業革命」という時代のうねりにビジネスの主体者としていられることを非常にうれしく思い、市場を振興し発展していく様子をしっかりと見届けたいという強い意志があります。

　いま、我々は新しい時代の入り口にいます。もし本書を手にとったあなたがNFTを使ったビジネスを検討している企業の経営陣や新規事業開発担当者の方なら、参入を前向きに考えてみてください。調べれば調べるほど一過性のブームではないことや、ゲームのルールが変わろうとしていることに気づき、そしてそれらの可能性に開眼し、きっとワクワクしてくるはずです。

　NFTやブロックチェーンに限らず、メタバースなどのVR／ARや5Gのテクノロジーが進化し合流することによって、これからも現実世界と仮想世界の融合は進んでいきます。そして同時に、その経済圏も発展していき、関連する法律も徐々に整備されていく——そんな「インターネット以来の産業革命」とも呼ぶべき大きな流れのなかで、NFTによってデジタルデータが限定化・可視化されることで経済的価値をもち、現実世界の「唯一無二のモノやコト」と変わらないかたちで活用されていくのです。現実世界のさまざまなモノやコトがNFTに置き換わり、ビ

ジネスに限らず行政手続きにも取り入れられる。たとえば、不動産の権利などもネット上で簡単に移転できるようになるでしょう。そして同時に、新たな価値の移転がデジタル上でどんどん行われるようになっていくのです。

　少しだけ、私が本書を発行することになった背景について触れさせてください。私は現在、日本暗号資産ビジネス協会でNFT部会長を務めさせていただいていますが、同時に暗号資産取引所を運営するコインチェック株式会社にて新規事業をはじめとしたビジネス周りの責任者をしています。本書の発行やNFT部会を立ち上げたことも、元々はコインチェックの新規事業としてNFT事業参入を意思決定し推進してきた延長線上の話であり、避けては通ることができないものでした。

　元々私はインターネット系企業で働いており、2018年にコインチェックに参画。暗号資産・金融系の事業に触れていくなかで、利用者の保護やマネーロンダリングなどの犯罪を防止する目的で、日本は金融における法規制などのルールがとてもしっかりしていると感じていました。しかし、安心して利用できるルール整備などの重要かつ良い部分がある一方、事業としてスピーディーに動けない部分があることを感じることもありました。

　2019年から2020年にかけては業界各社が暗号資産・ブロックチェーンの活用事例を創出すべく各社事業検討がされていました。プラットフォームビジネスとしてはCBDC（中央銀行デジタル通貨）やセキュリティトークン（株式や債権などのトークン化）、暗号資産やNFTという裏側の技術はすべてブロックチェーンではあるものの法的な位置づけや用途が異なる、大きく分けて4つの事業のカテゴリーがある状況でした。CBDCやSTO（Security Token Offering）というのは国を巻き込み、既存のルールとの整合性をとっていく意味でかなり大掛かりな作業です。そこで我々は法規制上一定の勝ち筋や可能性が見えていて、クイックに進められることができるNFT事業を進めて差別化していくことにしました。

いまでこそ頻繁にメディアに取り上げられるようになったNFTも当時は「NFTって一体何？」という状態で、業界関係者以外はほとんど知られていませんでした。そんななかではありましたが、新しい活路を見出すべくNFTビジネスに対する解像度を上げ、既存の暗号資産ビジネスを掛け合わせることによって複合的な事業シナジーが見込め、コインチェックらしいエコシステムを創造できるのではないか、と考えるようになったのです。

　具体的には2019年の年末から、既存の仕事の合間を縫って毎日のように構想を練っていました。当時開発リソースは埋まっていたのですが、「コインチェックでNFTはできないだろうか」「やるとしたらどういうプロダクトが良いのか」ということを考えていたところ、2020年の4月にたまたま他の開発案件が伸びたこともあり、空いたリソースを何に使うべきかという話が経営陣で話題になったのです。

　当時はNFTの市場がまだまだ小さく「おもしろそうだけど本当にビジネスとして成立するのか」という雰囲気があったのですが、未来を考えると、ゲームや新しい技術が好きなメンバーが多い自社のカルチャーと合うと思いました。また、海外のベンチャーキャピタルとWEB会議をしたり、NFTに触れている人々に実際に会って一次情報として生の意見を聞いたりしたり、ネット上には出ていない温度感を感じたりしました。その結果、改めて進めるべきだと確信し、すかさず経営陣で議論をし、短期間でNFT事業に参入することに決めました。それが2020年の6月ごろの話です。

　さらに2020年の5月ごろから夏にかけて、世界的にはDeFi（分散型金融）やNFTが盛り上がってきており、日本のスピードとグローバルのスピードの違いを実感し、グローバル全体のトレンドも注視しなければいけないと思いはじめていたのです。これは暗号資産の業界進行スピードを内側から見ていたからこその学びなのですが、この業界の進行スピードは異常なまでに早く、新規事業をするときに波が訪れてから準備するのでは遅く、予測して先に用意しておかないと間に合わないのです。この危機感は約半年後、2021年2月の日本最大級のNFT取引所「miime（ミー

ム）」運営会社をM&Aすることにもつながっていきます。

　また、ビジネスのトレンドをキャッチすることに加え、市場全体を拡大するためにNFTビジネスを行う上での土台となる販売や流通のルールを整備する必要がありました。事業者が安心してスピーディにNFT事業に参入し多くの良質なNFTが市場に提供されることでユーザーの選択肢が増え、さらに事業者が増える──この好循環をつくることで市場を活性化できると考えたからです。それが2020年7月に暗号資産ビジネス協会（JCBA）におけるNFT部会発足の背景とベースにある思いです。その後、40社以上の企業が部会員として参加いただき、メンバーの主体的な貢献により2021年4月26日にNFTガイドラインを公表することができました（ガイドラインは今後も適宜アップデート予定）。

　ガイドラインの中身は主に周辺の法規制に抵触しないためのフローチャートと、NFT設計時に考慮すべきポイントを記載していますが、もっと具体的な国内外の事例やNFTの第一線で奮闘している事業者の考え、専門家の知見を伝えることで前述の事業者の参入促進、ユーザー増加の循環構築による市場発展が加速する一助となってほしい、そしてもっと多くの方にNFTとその可能性について知ってほしい。このNFTビジネスは良質なIP・コンテンツがある日本にアドバンテージがあります。コンテンツ大国である日本が世界でプレゼンスを高めるためには国内だけで競争するのではなく、切磋琢磨しながら一丸となり力を合わせて世界中でNFTビジネスによって影響力を発揮していくべきでありその環境整備が重要なのです。そんな無邪気な大義からくるシンプルな思いを基に、本書の話がはじまりました。多忙にもかかわらず突然のお声がけに快諾し執筆していただいた27名の方々には感謝してもしきれません。本当に、ありがとうございました。

　さまざまな企業が徐々にNFT事業に参入しはじめたこの1年は、壮大なコンテンツ流通革命のほんの序章に過ぎません。NFTは新しい産業

JCBA NFT 部会発足に関して

2020 年 7 月 31 日

コインチェック株式会社

天羽 健介

１．概要

JCBA において新たにノンファンジブルトークン（以下、NFT）を調査・議論・整理する部会の発足を提案するもの

２．NFT 部会の目的

・NFT 事業者の参入促進及び利用ユーザー増加の循環による市場発展の環境整備

・部会参加企業の皆さまと共に事業機会及びリスク等について検討及び論点整理すること

・外部監督官庁及び既存業界団体との意見交換の上、販売や流通のルール整備を行うこと

３．現状及び背景

・日本国内において NFT はブロックチェーンの技術（主に暗号資産であるイーサリアムをベースとした ERC 規格）が使われているが、暗号資産ではないという法的整理がなされている。

・NFT の利用用途はゲーム内アイテムやトレーディングカード・芸術・骨董品、著作権物・電子債権などは多岐に渡り、それらは既に資産性を持っていて事業として一定のポテンシャルがある。

・一方で今後 NFT において投機性や賭博性が出た場合は関連法及び自主規制により解釈が変わる可能性もある

・前述の通りベースの技術はブロックチェーンであるため JCBA 会員の既存ビジネスと高い親和性があり、事業としての拡張性がある

・利用用途が多岐に渡るが故、既存及び新規のビジネスにおける各プレイヤー整理の方向性においては様々であり各所との調整が必要

４．NFT 部会の実施頻度・開催場所・連絡手段

・1 月に 1 回程度を想定

・ZOOM などの WEB 会議システム or 会員様の任意のスペースを借りて実施することを想定しております

・連絡手段は他の部会同様にメーリングリスト or Slack などにて実施を想定しております。

５．部会立ち上げが承認された後、推定される初回参加企業数

・立ち上げが承認されたあと会員及び社外の企業に打診

以上

日本暗号資産ビジネス協会（JCBA）NFT部会発足起案時の資料

革命になり得るテクノロジーであり、可能性の塊。そしてNFTはいうならば大切な写真を入れる「フレーム」のような枠組みであり手段です。そのフレームにどんなストーリーや意味を込めた写真を挿しこむかは皆さん次第。本書が読者の方にとってNFTビジネスをはじめるための良いフレームのような存在となることを願いながら、あとがきとさせていただきます。

2021年9月
共同編集代表　天羽健介

編著　**天羽健介**　あもう・けんすけ

大学卒業後、商社を経て2007年株式会社リクルート入社。新規事業開発を経験後、2018年コインチェック株式会社入社。主に新規事業開発や暗号資産の上場関連業務、業界団体などとの渉外を担当する部門の責任者を務め国内暗号資産取扱数No.1を牽引。2020年5月より執行役員に就任。現在はNFTやIEOなど新規事業の開発や暗号資産の上場関連業務などを行う新規事業開発部門に加え、顧客対応部門を担当。2021年2月コインチェックテクノロジーズ株式会社の代表取締役に就任。日本暗号資産ビジネス協会（JCBA）NFT部会長。

増田雅史　ますだ・まさふみ

弁護士・ニューヨーク州弁護士（森・濱田松本法律事務所）。スタンフォード大学ロースクール卒。理系から転じて弁護士となり、IT・デジタル関連のあらゆる法的問題を一貫して手掛け、業種を問わず数多くの案件に関与。特にゲーム及びウェブサービスへの豊富なアドバイスの経験を有する。経済産業省メディア・コンテンツ課での勤務経験、金融庁におけるブロックチェーン関連法制の立案経験をもとに、コンテンツ分野・ブロックチェーン分野の双方に通じる。The Best Lawyers in Japan 2022にFintech Practice、Information Technology Lawの2分野で選出。NFTについては、ブロックチェーンゲーム草創期である2017年末からアドバイスを開始。ブログ記事「NFTの法的論点」(https://masudalaw.wordpress.com/2021/04/06/nft/) は、法実務に関する論考としては異例の公開日3000PVを記録。ブロックチェーン推進協会（BCCC）アドバイザー、日本暗号資産ビジネス協会（JCBA）NFT部会 法律顧問。

エヌ エフ ティー
NFTの教科書
きょう か しょ

ビジネス・ブロックチェーン・法律・会計まで
デジタルデータが資産になる未来

2021年10月30日　第1刷発行
2022年2月20日　第6刷発行

編著者　　天羽健介
　　　　　増田雅史

装　丁　　天池 聖（drnco.）

発行者　　三宮博信

発行所　　朝日新聞出版
　　　　　〒104-8011 東京都中央区築地5-3-2

電　話　　03-5541-8832（編集）
　　　　　03-5540-7793（販売）

印刷所　　大日本印刷株式会社